Verhaltenstraining für Schulanfänger

Verhaltenstraining für Schulanfänger

Ein Programm zur Förderung sozialer und emotionaler Kompetenzen

von
Franz Petermann, Heike Natzke,
Nicole Gerken und Hans-Jörg Walter

2., veränderte und erweiterte Auflage

Prof. Dr. Franz Petermann, geb. 1953. 1972-1975 Studium der Mathematik und Psychologie in Heidelberg. Seit 1991 Lehrstuhl für Klinische Psychologie an der Universität Bremen und seit 1996 Direktor des Zentrums für Klinische Psychologie und Rehabilitation.

Dipl.-Psych. Heike Natzke, geb. 1962. 1992-1997 Studium der Psychologie in Bremen. Seit 1998 Wissenschaftliche Mitarbeiterin am Zentrum für Klinische Psychologie und Rehabilitation der Universität Bremen und als Psychotherapeutin in der Jugendhilfe tätig.

Dipl.-Psych. Nicole Gerken, geb. 1972. 1992-1998 Studium der Psychologie in Bremen. Seit 1999 Mitarbeiterin am Zentrum für Klinische Psychologie und Rehabilitation der Universität Bremen.

Dr. Hans-Jörg Walter, geb. 1951. 1981-1986 Studium der Psychologie in Bonn. Seit 1999 als niedergelassener Psychotherapeut für Kinder, Jugendliche und Erwachsene in Bremen tätig.

Bibliografische Information der Deutschen Nationalbibliothek

Die Deutsche Nationalbibliothek verzeichnet diese Publikation in der Deutschen Nationalbibliografie; detaillierte bibliografische Daten sind im Internet über http://dnb.d-nb.de abrufbar.

Zu diesem Buch ist außerdem das Arbeitsheft für Kinder „Auf Schatzsuche. Ein Abenteuer mit Ferdi und seinen Freunden", 2., veränderte Auflage 2006 lieferbar (ISBN-10: 3-8017-2027-6; ISBN-13: 978-3-8017-2027-8).

© 2006 Hogrefe Verlag GmbH & Co. KG
Göttingen · Bern · Wien · Toronto · Seattle · Oxford · Prag
Rohnsweg 25, 37085 Göttingen

http://www.hogrefe.de
Aktuelle Informationen · Weitere Titel zum Thema · Ergänzende Materialien

Das Werk einschließlich aller seiner Teile ist urheberrechtlich geschützt. Jede Verwertung außerhalb der engen Grenzen des Urheberrechtsgesetzes ist ohne Zustimmung des Verlages unzulässig und strafbar. Das gilt insbesondere für Vervielfältigungen, Übersetzungen, Mikroverfilmungen und die Einspeicherung und Verarbeitung in elektronischen Systemen.

Illustrationen: Iris Walter
Gesamtherstellung: Hubert & Co, Göttingen
Printed in Germany

ISBN-10: 3-8017-2011-X
ISBN-13: 978-3-8017-2011-7

Vorwort zur 2. Auflage

Der Bedarf an frühzeitiger und systematischer Verhaltensförderung unserer Kinder ist in den vergangenen Jahren seit der Veröffentlichung dieses Trainingsprogramms weiterhin gestiegen. Es ist letztlich die Vielfalt der Nachrichten über auffälliges und aggressives Verhalten von Kindern und Jugendlichen, die scheinbare „Salonfähigkeit" mangelnder Wertschätzung, Gleichgültigkeit und Rücksichtslosigkeit, die uns im alltäglichen Miteinander oft beunruhigen.

Diese Entwicklung hat in jüngerer Zeit nicht nur öffentliche Diskussionen darüber entfacht, sondern auch zu Initiativen geführt, die eine breitere Verhaltensförderung von Kindern unterstützen.

Eine Initiative haben wir selbst ins Leben gerufen: Mit unserem Luxemburger Modell einer frühzeitigen, breit gefächerten und langfristig angelegten sozialen Förderung von Kindern wird dieses Training zu einem Baustein in einer Reihe von unterschiedlichen Präventionsmaßnahmen. Das „Verhaltenstraining im Kindergarten" (Koglin & Petermann, 2006) und das „Verhaltenstraining in der Grundschule" (Petermann, Koglin, Natzke & von Marées, 2007), ein Programm für Kinder der dritten und vierten Klassen, bilden einige Facetten dieser Initiative.

Mit der zweiten Auflage unseres „Ferdi-Trainings", wie Kinder das „Verhaltentraining für Schulanfänger" vielfach nennen, verfolgen wir weiterhin die rechtzeitige und gezielte Verhaltensförderung von Kindern zu Beginn ihrer Schulzeit. In diese überarbeitete Auflage sind wertvolle Erfahrungen von Lehrern, Pädagogen schulexterner Einrichtungen und Psychologen eingeflossen, die das Training regelmäßig durchführen. Dafür möchten wir uns herzlich bedanken. Hervorzuheben sind hier Herr Dipl.-Psych. Peter Hegeler und Frau cand. Psych. Mara Zoe Krummrich, die uns mit ihrem Engagement für die „Ferdi-Idee" tief beeindruckt haben. Für die Zukunft wünschen wir den Lesern bei der Umsetzung des Trainings viel Freude und Erfolg und möchten Sie zu einem Feedback an uns herzlich ermutigen (E-Mail: fpeterm@uni-bremen.de).

Bremen, im Mai 2006   Für die Autorengruppe
                                                                                    Prof. Dr. Franz Petermann

Vorwort zur 1. Auflage

Jeder Übergang im Leben ist mit neuen Anforderungen und Aufgaben verbunden. Mit dem Eintritt in die Schule beginnt der „Ernst des Lebens!" – so drohten uns früher unsere Eltern. Die Einschulung ist oft gleichbedeutend mit dem ersten, unumkehrbaren Schritt des Kindes ins Erwachsenenleben. Man wird erstmals mit unausweichlichen Anforderungen, festen „Dienstzeiten", „Urlaub" (Ferien), Aufgaben und Hausaufgaben konfrontiert. Die Kinder arbeiten in weitgehend willkürlich zusammengesetzten Gruppen, die abgelieferte Arbeit wird bewertet und ein Curriculum gibt das Arbeitstempo vor.

Viele Kinder sind diesen neuen Herausforderungen nicht gewachsen. Sie reagieren mit ungünstigem Sozialverhalten. Ungünstiges Sozialverhalten (mangelnde Mitarbeit, Unsicherheit, soziale Angst, oppositionell-aggressives Verhalten) gefährdet jedoch den Schulerfolg. Gerade in der Phase des Schulbeginns führt ungünstiges Sozialverhalten oft zu schlechten Schulleistungen. Darüber hinaus torpediert ungünstiges Sozialverhalten das „soziale Klima" in der Klasse. Wenn bereits beim Eintritt in die Schule „das Faustrecht" regiert, kann sich das Verständnis für soziale Regeln, die Freude am konstruktiven Wettbewerb und besonders die Entwicklung von Teamgeist nur sehr bedingt herausbilden.

Aus diesem Grund traten die Bremer Schulbehörde, das Landesinstitut für Schule (LIS) des Landes Bremen und die Senatorische Behörde für Bildung und Wissenschaft (Bremen) mit der Bitte an uns heran, ein präventives Verhaltenstraining für Schulanfänger zu entwickeln. Eine Arbeitsgruppe des Zentrums für Klinische Psychologie und Rehabilitation um Frau Dr. Dorothee Verbeek erarbeitete mit mir vor dem Hintergrund internationaler und eigener Präventionsprogramme ein Konzept, das vom Land Bremen finanziell unterstützt und gemeinsam mit dem Landesinstitut für Schule (LIS) realisiert wurde. Das Land Bremen übernahm den Hauptanteil der Kosten dieses Praxisprojektes, das in den Jahren 1999 und 2000 durchgeführt wurde.

Frau Dipl.-Psych. Heike Natzke und Dipl.-Psych. Nicole Gerken ist die Umsetzung des theoretischen Konzeptes in das nun vorliegende Verhaltenstraining für Schulanfänger zu verdanken. Zu ihren besonderen Leistungen gehörte darüber hinaus die Entwicklung und Durchführung der Lehrerfortbildungen, die Gestaltung unserer „Ferdi-Geschichte" und vieles andere mehr. Mit Rat und Tat und seiner langjährigen praktischen Erfahrung als Psychologischer Psychotherapeut stand uns dabei Dr. Hans-Jörg Walter zur Seite. Frau Iris Walter (Bremen) erstellte als Mitglied unserer Gruppe alle Zeichnungen.

Wir bedanken uns bei den vielen Bremer Grundschulen, die uns durch ihre Kooperation und ihr Engagement unterstützten. Die Begeisterung der Lehrer, der Eltern und der Kinder verdeutlichte uns unmittelbar, dass unser eingeschlagener Weg richtig war.

Den Lesern[1] und den Kindern, die mit unserem Training arbeiten, wünschen wir Spaß und Erfolg. Bitte nehmen Sie mit uns Kontakt auf, wenn Sie unsere Hilfe bei der Umsetzung des Trainings brauchen.

Bremen, im Februar 2002　　　　　　　　　　　　　　　　Für die Autorengruppe
　　　　　　　　　　　　　　　　　　　　　　　　　　Prof. Dr. Franz Petermann

1　Wir benutzen in unserem Buch immer die männliche Form, das heißt, wir sprechen von Lesern, Lehrern, Schülern, Trainern usw. Da wir von selbstbewussten weiblichen Nutzern unseres Buches ausgehen, hoffen wir auf Verständnis für diese sprachliche Vereinfachung.

Inhaltsverzeichnis

1	**Einleitung**	11
2	**Trainingsbereich: Sozial-kognitive Kompetenzen**	14
3	**Trainingsbereich: Emotionale Kompetenzen**	18
4	**Trainingsbereich: Soziale Kompetenzen**	22
5	**Problematisches Sozialverhalten**	25
6	**Lerntheoretische Grundlagen**	29
7	**Klassenführung und Problemmanagement**	32
	7.1 Schulwirklichkeit und proaktives Lehrerverhalten	32
	7.2 Klare und bestimmte Anweisungen geben	34
	7.3 Loben des Kindes	35
	7.4 Mögliche Konsequenzen bei Nichtbefolgen einer Anweisung	36
	7.5 Mögliche Konsequenzen bei erneutem Auftreten des Problemverhaltens (Auszeit)	37
	7.6 Abschließende Bemerkungen	41
8	**Konzeption und Aufbau des Verhaltenstrainings**	42
	8.1 Zum Präventionsbegriff	42
	8.2 Rahmenbedingungen des Verhaltenstrainings für Schulanfänger	42
	8.3 Ziele des Verhaltenstrainings	44
	8.4 Aufbau des Trainings	44
	8.5 Die „Schatzsuche" als didaktischer Rahmen des Trainings	48
	8.6 Die Handpuppe „Ferdi"	49
	8.7 Aufbau der Trainingsstunden	49
	8.8 Verlaufskontrolle	50
9	**Umgang mit den Materialien**	52
	9.1 Umgang mit dem Trainingsvertrag	52
	9.2 Umgang mit dem Verstärkerplan	53
	9.3 Einsatz von Selbstinstruktionen	54
	9.4 Der „Ferdi-Plan"	55
	9.5 Rollenspiele	56
	9.6 Umgang mit Transfer- und Hausaufgaben: Die Ferdi-Aufgaben	57

10 Einbeziehen der Eltern 59

11 Inhalte und Instruktionen des Trainings 66
    11.1 Ferdi stellt sich vor 68
    11.2 Die Schatzsuchergeschichte 73
    11.3 Der Schatzsuchervertrag 86
    11.4 Der Schatzsucherruf 105
    11.5 Das Orakel 111
    11.6 Das Missverständnis 114
    11.7 Baltasar ist traurig 119
    11.8 Wir helfen Baltasar! 127
    11.9 Mortimer hat Angst 134
    11.10 Wir helfen Mortimer! 140
    11.11 Cäsar ärgert sich 146
    11.12 Wir helfen Cäsar! 152
    11.13 Das „Wann-bekomme-ich-Ärger?"-Spiel 158
    11.14 Wir lernen Rollenspielregeln 170
    11.15 Mein Platz ist besetzt! 175
    11.16 Die Beschimpfung 184
    11.17 Das Missgeschick 188
    11.18 Das Federmäppchen 196
    11.19 Lust auf Kekse 205
    11.20 Vordrängeln am Kiosk 212
    11.21 Das Murmelspiel 219
    11.22 Der Klassenkasper 227
    11.23 Die Bewährungsprobe 234
    11.24 Die Drachenprüfung 242
    11.25 Der Schatz wird gehoben! 248
    11.26 Was wir von Ferdi gelernt haben und wie es weitergeht 252
    11.27 Hinweise zur Stabilisierung der Effekte 256

12 Evaluation 257

Literatur 263

Anhang 267
Trainerbeobachtungsbogen 269
Problemanalysebogen 272
Arbeitsbogen „Konkretisierung des Zielverhaltens" (Schatzsucherregeln) 273
Arbeitsbogen „Logische Konsequenzen bei Regelbefolgung und Regelverletzung" 274

1 Einleitung

Schulisches Lernen und Sozialverhalten entscheiden über den Schulerfolg eines Kindes. Oft behindert ungünstiges Sozialverhalten das schulische Lernen. Um die Schullaufbahn von Anfang an positiv zu beeinflussen, entwickelten wir seit 1999 ein neues Programm für die Phase des Schulbeginns, um den Kindern das „Einleben" in die Schule zu erleichtern.

Wir bezeichnen unser Programm als „Verhaltenstraining", wobei diese Wortwahl verdeutlichen soll, dass Sozialverhalten lern- und einübbar ist. Durch das Einüben von positivem Sozialverhalten soll problematisches Sozialverhalten reduziert werden. Problematisches Sozialverhalten wird vielfach schon im Kindergarten beobachtet und vom sozialen Bezugsfeld des Kindes oft (ungewollt) bekräftigt. Das bewirkt, dass Kinder bestimmte emotionale und soziale Fertigkeiten (= Kompetenzen) nicht entwickeln. Neuere entwicklungspsychologische Studien weisen zudem darauf hin, dass der Erwerb sozialer Fertigkeiten ein breites Spektrum an sozial-kognitiven und emotionalen Kompetenzen voraussetzt. So mangelt es Kindern mit auffälligem Sozialverhalten häufig an geeigneten Emotionsregulationsstrategien (Siegler, DeLoache, Eisenberg, 2005; Webster-Stratton, 2000). Der Erwerb wirksamer Emotionsregulationsmuster ist eng mit der Fähigkeit zur Verhaltens- und Aufmerksamkeitssteuerung verbunden. So gelingt es beispielsweise sozial kompetenten Kindern besser, ihre selektive Aufmerksamkeit auf positive Reize zu lenken. Kinder können auf diese Weise ihre innere (emotionale) Erregung reduzieren. Umgekehrt schaffen es Kinder weniger gut, ihre Aufmerksamkeit in problematischen Situationen auf deren positive Aspekte zu fokussieren (Eisenberg et al., 2005). Eine differenzierte soziale Wahrnehmung bildet demnach einen bedeutsamen Faktor im Rahmen der Entwicklung von sozial-kognitiven Kompetenzen und muss bereits früh gefördert werden (Beelmann & Lösel, 2005).

Durch ein frühzeitig durchgeführtes Verhaltenstraining kann es gut gelingen, sozial-kognitive, soziale und emotionale Kompetenzen bei Schulanfängern aufzubauen, um so der Entwicklung unangemessener Verhaltensweisen entgegenzuwirken. Das im Folgenden dokumentierte Programm wurde wissenschaftlich überprüft und die Stabilität der Ergebnisse konnte belegt werden (vgl. Gerken et al., 2002). Unser Verhaltenstraining basiert auf verhaltenspsychologischen Prinzipien, die in diesem Buch kurz ausgeführt werden.

Bevor auf die Grundlagen des Verhaltenstrainings eingegangen wird, soll das Trainingspaket kurz skizziert werden. Das Paket setzt sich aus drei Komponenten zusammen:
– dem vorliegenden *Trainingshandbuch*,
– einer dem Trainingshandbuch beiliegenden *CD* sowie
– einem *Arbeitsheft* für Kinder.

Die für die Durchführung des Verhaltenstrainings notwendige *Chamäleon-Handpuppe* ist nicht im Trainingspaket enthalten und muss separat bestellt werden. Die Bestellung kann über die Testzentrale Göttingen (Robert-Bosch-Breite, 25, 37079 Göttingen, http://www.testzentrale.de) oder bei der Firma Folkmanis (Jochen Heil, Handpuppen und Therapiematerial, Am Haag 11C, 97234 Reichenberg; http://www. Folkmanis-and-more.de) erfolgen.

Das Trainingshandbuch

Das vorliegende Buch gliedert sich in einen theoretischen und einen praktischen Teil, dem eigentlichen Manual zur Trainingsdurchführung. Der *theoretische Teil* umfasst alle Grundlagen des Trainings. Der *praktische Teil* des Buchs enthält eine ausführliche Darstellung der einzelnen Trainingsstunden, inklusive aller Bildmaterialien. Da in einigen Trainingsstunden zusätzlich zum Bild- auch Tonmaterial bearbeitet werden soll, liegt diesem Buch eine *CD* mit kurzen Hörspielen und einem Lied bei. Um Veränderungen im Verhalten der Kinder dokumentieren zu können, befindet sich im Anhang (vgl. Seiten 269 bis 271) ein auf die Trainingsinhalte abgestimmter Trainerbeobachtungsbogen.

Im praktischen Teil dieses Buches (vgl. Kap. 11) wird jede Trainingsstunde ausführlich in Struktur und Inhalt geschildert. Die detaillierte Darstellung jeder Trainingsstunde wird durch eine Tabelle mit den Lernzielen, dem praktischen Vorgehen sowie einer Aufstellung der für die jeweilige Trainingsstunde benötigten Materialien eingeleitet. *Ein Teil der Bildmaterialien des Verhaltenstrainings ist ausschließlich im Kapitel 11 und nicht im Arbeitsheft enthalten.* Es handelt sich hierbei im Wesentlichen um Motive, die für die Einbindung in das Arbeitsheft der Kinder ungeeignet erschienen. Beispielsweise werden die Kinder auch mit unangemessenen Problem- und Konfliktlösungen konfrontiert. Um die Kinder davor zu bewahren, sich die Negativbeispiele einzuprägen, sollen diese Lösungen den Kindern lediglich per Overheadprojektor zugänglich gemacht werden. Dazu müssen sie zuvor aus dem vorliegenden Buch auf eine Folie kopiert werden.

Das Arbeitsheft für Kinder

Um den Kindern die Sammlung loser Arbeitsblätter zu ersparen und eine über den eigentlichen Trainingszeitraum hinausreichende Wirkung der Trainingsinhalte zu gewährleisten, sollte jedem Kind ein auf das Verhaltenstraining abgestimmtes Arbeitsheft zur Verfügung gestellt werden. Das Arbeitsheft für die Kinder hat den Charakter einer „Fibel", in der die wichtigsten Bildmaterialien des Trainings enthalten sind. Es sollte in Gruppenstärke vorliegen (Petermann, Natzke, Gerken & Walter, Auf Schatzsuche, Ein Abenteuer mit Ferdi und seinen Freunden, 2., veränderte Auflage 2006, ISBN 3-8017-2027-6). Im Trainingsmanual (Kapitel 11) dieses Buches finden Sie genaue Angaben über die Verwendung des Arbeitsheftes.

Die Trainingshandpuppe

Die Trainingshandpuppe, das Chamäleon „Ferdi", spielt eine wichtige Rolle bei der Durchführung des Trainings. Um den Trainingsleitern den Umgang mit der Handpuppe zu erleichtern, werden in den Darstellungen im Trainingsmanual (Kapitel 11) so genannte

Textvorschläge für die Handpuppe angeboten. Diese grau hinterlegten Textvorschläge dienen lediglich als Anregung für die individuelle Gestaltung durch den Trainer. Bei der Realisierung der Handpuppenszenen genügt es, die Kernaussagen der Textvorschläge umzusetzen. Um eine lebendige Ausgestaltung der Szenen zu erreichen, sollte auf Gesten und Stimmmodulation geachtet werden. Die Modulation der Stimme sollte so erfolgen, dass sie für den Zuhörer angenehm klingt. „Ferdi" sollte dadurch eine freundliche und eigene „Persönlichkeit" annehmen. Es hat sich als vorteilhaft erwiesen, dieses vor Beginn des Trainings einmal von Außenstehenden beurteilen zu lassen. Der Umgang mit der Handpuppe muss vor dem Training also unbedingt geübt werden!

2 Trainingsbereich: Sozial-kognitive Kompetenzen

Wir wissen heute, dass Sozialverhalten bei Kindern und Jugendlichen (und auch Erwachsenen) generell von einer Vielzahl unterschiedlichster Faktoren beeinflusst wird. Es spielen hier sowohl personenbezogene biologische sowie psychische als auch kontextorientierte soziale Aspekte eine bedeutsame Rolle (siehe hierzu auch Kap. 3, 4 und 5). Als ausgesprochen gewichtige Einflussfaktoren für Sozialverhalten haben sich *sozialkognitive Prozesse* herauskristallisiert, die darüber entscheiden, wie wir handlungsrelevante Informationen
– aufnehmen,
– interpretieren,
– bewerten und
– zur Weiterverarbeitung bereithalten (abspeichern).

Mit sozial-kognitiven Kompetenzen werden demnach all jene internalen Prozesse bezeichnet, die einem *konkreten sozialen Verhalten* vorausgehen und seine Ausführung „überwachen". Im Prinzip kann man von einer inneren Handlungsvorbereitung und -steuerung sprechen. Beelmann und Lösel (2005) bezeichnen sie anschaulich als *„Schnittstelle"* zwischen kognitiven Verarbeitungsmechanismen und ihren biologischen Grundlagen einerseits sowie sozialen Einflüssen und der Entwicklung von Handlungskompetenzen andererseits.

Doch welche inneren Prozesse sind an unserer Handlungsplanung beteiligt? Welche inneren Vorgänge geben den Ausschlag darüber, ob ein Kind sich in einer bestimmten konkreten Situation sozial angemessen oder aggressiv und unsozial verhält? Obwohl in den vergangenen Jahren durch Erkenntnisse der Hirnforschung einiges Licht in das Dunkel zerebraler Prozesse gelangte, sind die präzisen internalen Vorgänge, die uns zu bestimmten (sozialen) Verhaltensweisen führen, weiterhin unklar. Es ist jedoch zu vermuten, dass handlungsvorbereitende Prozesse höchst komplexer Natur sind und vielen verschiedenen Einflüssen, wie zum Beispiel Gefühlen, Erfahrungen, der biologischen Konstitution oder auch dem Temperament, unterliegen. Aus diesem Grund wurden so genannte soziale Informationsverarbeitungsmodelle entwickelt, um diese vermuteten inneren Vorgänge verständlich abzubilden.

Als eines der bedeutsamsten Modelle gilt das sozial-kognitive Informationsverarbeitungsmodell von Crick und Dodge (1994; siehe Abb. 1).

Die Autoren gliedern den *Verarbeitungsprozess sozialer Informationen* in sechs Stufen:

1. *Erkennen (Encodierung) sozialer Informationen*
   Zunächst muss die Ausgangssituation einer sozialen Interaktion erkannt werden. Auslöser können sowohl inneren Vorgängen, wie etwa eigenen Gefühlen oder Gedanken, entsprechen als auch aus der Umwelt wahrgenommen werden.
   Beispiel 1: Ich verspüre einen leichten Schlag eines Mitschülers auf den Rücken, während ich mich auf einem Schulhof aufhalte.
   Beispiel 2: Ich verspüre einen leichten Schlag eines Mitschülers auf den Rücken, während ich mich auf einem Schulhof aufhalte und höre eine leise, aber freundliche Begrüßung.

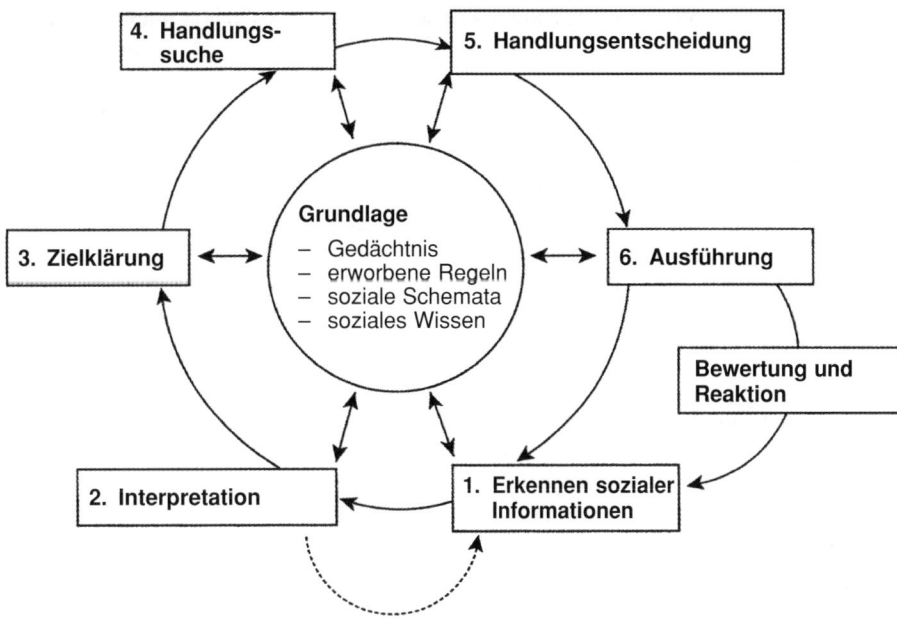

Abbildung 1: Sozial-kognitives Informationsverarbeitungsmodell (modifiziert nach Crick & Dodge, 1994)

2. *Interpretation und Bewertung der aufgenommenen Informationen*
   In der nächsten Verarbeitungsstufe werden den wahrgenommenen Reizen Bedeutungen und Ursachen zugeschrieben. Hier entscheidet sich etwa, ob das Verhalten eines Interaktionspartners als feindselig oder friedfertig interpretiert wird.
   Beispiel 1: Ich interpretiere den Schlag auf den Rücken als feindselige Attacke eines Mitschülers und bewerte diese gedanklich („Gemeinheit!") und emotional (starke Ärgerreaktion).
   Beispiel 2: Ich interpretiere den Schlag auf den Rücken als überschwängliche Begrüßung eines Mitschülers und bewerte diese gedanklich („Wie nett!") und emotional (Freudereaktion).

3. *Klärung des Handlungsziels anhand der Interpretation und Bewertung*
   Auf der Grundlage der Wahrnehmung und Interpretation der „Auslöser" wird ein eigenes Handlungsziel, eine Verhaltensreaktion, entworfen.
   Beispiel 1: Ich entscheide mich für einen „Vergeltungsschlag" („Dem zeig' ich's! Der soll mich kennen lernen! Mich schlägt niemand ungestraft! Den mache ich fertig!").
   Beispiel 2: Ich entscheide mich für eine freundliche Entgegnung („Na, dem muss ich jetzt erst mal freundlich „Tag" sagen. Ich freue mich ihn zu sehen.")

4. *Handlungsrecherche in Abstimmung mit dem Handlungsziel*
   Anhand des entworfenen Handlungsziels werden mögliche Reaktionen aus dem abgespeicherten Handlungsrepertoire abgerufen oder neue Handlungsmöglichkeiten konstruiert.

Beispiel 1: Ich könnte treten, hauen oder schubsen und zusätzlich noch schimpfen.
Beispiel 2: Ich könnte ihm auch einen Klaps auf die Schulter geben oder die Hand zum Schütteln hinhalten, lächeln und „Hallo" sagen.

5. *Handlungsauswahl*
Die Handlungsauswahl erfolgt anhand der Kriterien Kosten, Nutzen, Folgen und weiteren Kriterien wie etwa sozialer Erwünschtheit.
Beispiel 1: Im Schubsen bin ich richtig gut. Außerdem habe ich den Gegner dann erst einmal in einiger Distanz zu mir und kann schon mal den nächsten „Schlag" planen. Ich wähle passend dazu das gemeinste Schimpfwort, das mir einfällt.
Beispiel 2: Ich freue mich unheimlich ihn zu sehen. Ein Klaps auf die Schulter zeigt dem Mitschüler, wie sehr ich mich freue. Ich weiß, dass er das gern mag.

6. *Handlungsausführung*
Die ausgewählte Handlung wird eingeleitet und ihre Ausführung überwacht.
Beispiel 1: Ich schubse den vermeintlichen Angreifer mit voller Wucht zurück und beschimpfe ihn unflätig. Es klappt gut. Er stürzt und stöhnt vor Schmerz.
Beispiel 2: Ich gebe dem Mitschüler einen freundlichen Klaps auf die Schulter, lächle ihn an und sage „Hallo".

Bewertung und Reaktion der Umwelt sowie eigene Empfindungen
Die Reaktionen und Bewertungen von mittelbaren oder unmittelbaren Interaktionspartnern sowie eigene Empfindungen werden registriert und gegebenenfalls zum Auslöser einer erneuten Handlung.
Beispiel 1: Um uns herum hat sich eine erschrockene Menge gebildet. Ich sehe ihre bewundernden Blicke und anerkennendes Johlen. Jetzt komme ich so richtig in Fahrt ...
Beispiel 2: Der Mitschüler lächelt zurück und erzählt mir begeistert von seinem „Einser" in der Mathematikarbeit.

Die dargestellten kognitiven Verarbeitungsprozesse können natürlich nicht ohne Rückgriff auf den eigenen abgespeicherten Wissens- und Erfahrungsschatz erfolgen. Aus dieser von Crick und Dodge (1994) als „Datenbasis" bezeichneten „Schaltzentrale" können beispielsweise Informationen über soziale Regeln, regelkonformes Verhalten, Erinnerungen an ähnlichen Vorerfahrungen, Erfolge und Misserfolge mit entsprechenden Verhaltensweisen abgerufen werden. Obwohl das Modell wegen seiner linearen Abfolge etwas anderes suggeriert, laufen all diese Prozesse in der Regel weitgehend automatisiert ab und bieten daher wenig Spielraum für Variationen.

In jüngerer Zeit wurde das ursprüngliche Modell von Dodge und Kollegen von Lemerise und Arsenio (2000) insofern modifiziert, als dass sie einen stärkeren Beitrag von Emotionen an den beschriebenen Prozessen postulieren. Demnach kann man von einer emotionalen Beteiligung auf praktisch jeder der sechs Verarbeitungsstufen ausgehen.

Welche Informationen wir aufnehmen und wie wir sie bewerten und in unser Erfahrungsspektrum einordnen, entscheidet maßgeblich darüber, wie wir Beziehungen und Kommunikation gestalten (vgl. Aronson, Wilson & Akert, 2004; Zimbardo & Gerrig, 2004; Zimmer, 2005). So hat sich in vielen Studien gezeigt, dass Kinder mit problema-

tischem, aggressiven Verhalten Defizite und Abweichungen auf allen beschriebenen Verarbeitungsstufen aufweisen. Aggressive Kinder
- zeigten demnach eine stärkere selektive Aufmerksamkeit für aggressive Hinweisreize,
- nahmen ihre Interaktionspartner als aggressiver wahr und unterstellten ihnen häufiger feindselige Absichten,
- entwarfen eher unsoziale, aggressive Ziele,
- zeigten ein tendenziell eingeschränktes Handlungsrepertoire mit dem Schwergewicht auf aggressivem und impulsivem Verhalten,
- wählten eher Handlungen mit geringerer Selbstkontrolle und kurzfristiger Orientierung und
- beurteilten Konsequenzen aggressiven Verhaltens eher positiv (vgl. u. a. Gifford-Smith & Rabiner, 2004; Lochman & Dodge, 1998; Lösel & Beelmann, 2005; Lösel & Bliesener, 2003; Zelli, Dodge, Lochman, Laird & Conduct Problems Prevention Research Group, 1999).

Um derartigen Defiziten vorzubeugen, sollten Kinder bereits frühzeitig in der differenzierten Verarbeitung sozialer Informationen gestärkt werden. Im Verhaltenstraining für Schulanfänger erfolgt eine Förderung sozial-kognitiver Kompetenzen speziell in der Trainingsstufe 2 (Aufmerksamkeitslenkung, differenzierte Wahrnehmung und Interpretation) sowie in der Trainingsstufe 4 (vor allem das Finden vieler alternativer Lösungsstrategien, Antizipation von Handlungskonsequenzen und Bewertung von Handlungen und deren Konsequenzen).

3 Trainingsbereich: Emotionale Kompetenzen

Erst der kompetente Umgang mit eigenen Gefühlen und den Gefühlen anderer ermöglicht es uns, ein angemessenes Verhaltensrepertoire zu entwickeln, befriedigende Beziehungen zu knüpfen, aber auch uns vor Gefahren zu schützen. Wie wir in Kapitel 2 sehen konnten, sind Emotionen auf praktisch allen Stufen kognitiver Verarbeitung sozialer Informationen mitbeteiligt. Doch was versteht man unter emotionalen Kompetenzen?

Petermann und Wiedebusch (2003) fassen unter dem Begriff der emotionalen Kompetenz die folgenden Aspekte zusammen:
- den eigenen mimischen Ausdruck von Emotionen,
- das Erkennen des mimischen Emotionsausdrucks anderer,
- den sprachlichen Emotionsausdruck,
- das Emotionswissen und -verständnis und
- die selbstgesteuerte Emotionsregulation.

Es existieren mittlerweile verschiedene Konzepte zur emotionalen Kompetenz. Ein weithin anerkanntes Konzept wurde von Saarni (1999; 2002) entwickelt. In diesem Konzept werden emotionale Kompetenzen vor allem im Hinblick auf ihren Nutzen für soziale Interaktionen betrachtet. Demnach liegt emotionale Kompetenz vor, wenn Kinder emotionale Fertigkeiten in sozialen Interaktionen anwenden und so selbstwirksames Verhalten zeigen. Man kann also von emotionaler Selbstwirksamkeit sprechen, wenn:
- Kinder sich darüber bewusst sind, dass ihr eigener Emotionsausdruck andere Personen beeinflusst und
- sie gelernt haben, ihr Verhalten strategisch zu steuern, um gewünschte Reaktionen bei anderen hervorzurufen.

Saarni (2002) beschreibt acht emotionale Schlüsselfertigkeiten, die Kinder in sozialen Beziehungen erlernen und stark von familiären und kulturellen Einflüssen geprägt sind.

Kasten 1: Acht Schlüsselfertigkeiten emotionaler Kompetenz (nach Saarni, 2002, S. 13)

- Die eigenen Gefühle erkennen;
- die Gefühle anderer erkennen und verstehen;
- die Fähigkeit, altersangemessenes Emotionsvokabular verstehen und einsetzen zu können;
- sich in andere einfühlen können;
- wissen, dass Gefühlserleben und Gefühlsausdruck unterschiedlich sein können;
- mit belastenden Emotionen und Problemsituationen angemessen umgehen können;
- wissen, dass soziale Beziehungen durch emotionale Kommunikation mitgeprägt werden;
- emotionales Selbstwirksamkeitserleben.

1. Die eigenen Gefühle erkennen. Erst mit dem Erkennen und dem Bewusstsein für eigene Gefühle wird die Voraussetzung geschaffen, über Gefühle zu reden. Ist man sich der eigenen Gefühle bewusst, kann man anderen mitteilen, wie es einem geht. Beim Erleben belastender Gefühle wird es so leichter, nach Lösungen zu suchen.

2. Die Gefühle anderer erkennen und verstehen. Es ist notwendig, das Ausdrucksverhalten anderer zu erkennen, situationsbedingte Ursachen für Emotionen zu verstehen und zu begreifen, dass emotionale Zustände höchst subjektiv sind. Durch das Verständnis der Subjektivität emotionalen Erlebens wird deutlich, dass Menschen in gleichen Situationen sehr verschiedene Gedanken und Gefühle haben können. Die Fähigkeit, Emotionen anderer zu erkennen, führt dazu, das eigene Handeln besser auf den Interaktionspartner abstimmen zu können. Erst wenn ein Kind beispielsweise erkennt, dass ein anderes Kind traurig ist, kann es ihm helfen und es trösten.

3. Die Fähigkeit, altersangemessenes Emotionsvokabular verstehen und einsetzen zu können. Das Emotionsvokabular variiert mit dem Alter, der kulturellen Zugehörigkeit und Subkultur. Mit zunehmendem Alter wird es notwendig, dabei auch soziale Rollen und Verhaltenkonventionen mit zu berücksichtigen. So wird mit fortschreitender Kindheit gelernt, dass es zum Beispiel nicht in jeder Situationen angemessen ist, aufrichtig mitzuteilen, wie man sich gerade fühlt.

4. Sich in andere Einfühlen können. Diese Fähigkeit geht über das bloße Erkennen des Gefühls hinaus. Empathisch auf andere zu reagieren bedeutet, die Gefühle anderer nachzuempfinden und sich in die Gefühlswelt anderer hineinzuversetzen. Diese Fähigkeit gilt als eine wesentliche Voraussetzung für prosoziales Verhalten.

5. Wissen, dass Gefühlserleben und Gefühlsausdruck unterschiedlich sein können (Maskierung). Die Fertigkeit eigene Gefühle vor anderen verbergen zu können, diese also zu „maskieren", ist für ein Leben in der Gemeinschaft notwendig. Würden wir immer sofort deutlich zeigen, wie wir uns fühlen, würde ein friedlicher Umgang mit anderen deutlich erschwert. Man würde häufiger der vollen Stärke, der Wut oder der Trauer des jeweils anderen ausgesetzt sein. So wäre beispielsweise ein „diplomatischer Umgang" in Krisensituationen nahezu unmöglich. Die Fähigkeit zur Maskierung hilft uns, eigene Ziele zu erreichen, sich beispielsweise zu schützen. Die Erkenntnis, dass es in bestimmten Situationen sinnvoll ist, eigene Emotionen zu maskieren, bezieht sich sowohl auf die eigene Person als auch auf andere Personen. Ein Kind lernt, dass nicht nur es selbst eigene Gefühle maskiert, sondern auch andere. In diesem Zusammenhang lernen Kinder zudem, wie ihr Ausdrucksverhalten andere beeinflusst und das Wissen darüber, wie es wirkt.

6. Mit belastenden Emotionen und Problemsituationen angemessen umgehen können. Dies schließt den Einsatz von Selbstregulationsstrategien ein, mit denen die Dauer und Intensität negativer Emotionen verringert werden können. Kinder, die sich nicht von ihren Emotionen überwältigen lassen, können sich besser auf soziale Situationen einstellen. In einer Konfliktsituation können sie sich beispielsweise flexibler mit Problemen auseinandersetzen und dabei auch die Gefühle und Interessen anderer berücksichtigen.

Gefühle werden reguliert, indem man sie vermeidet, hemmt, aufrecht erhält oder verändert (vgl. Eisenberg, Smith, Sadovsky & Spinrad, 2004; Eisenberg & Spinrad, 2004). Dadurch wird das Auftreten, die Art, die Intensität oder die Dauer von Emotionen beeinflusst. Durch die Regulation von Gefühlen können so körperliche oder soziale Anforderungen bewältigt werden, beispielsweise, indem man die Aufmerksamkeit umlenkt, Selbstberuhigung einsetzt, Hilfe sucht und Verhalten in Abhängigkeit von der Situation hemmt oder aktiviert. Typische Emotionsregulationsstrategien, die im Kindesalter häufig auftreten, werden in Kasten 2 zusammengefasst.

Kasten 2: Emotionsregulationsstrategien in der Kindheit (nach Petermann & Wiedebusch, 2003, S. 68)

- Interaktive Strategien (mit anderen reden, um Hilfe bitten),
- Aufmerksamkeitslenkung (die eigene Wut regulieren, indem man an etwas „Schönes" denkt),
- Selbstberuhigungsstrategien (Selbstgespräche oder Verhaltensrituale),
- Rückzug aus der emotionsauslösenden Situation (Weggehen oder Abwenden),
- Manipulation/Veränderung der Situation (z. B. Gegenstand entfernen),
- kognitive Regulationsstrategien (Gefühle oder Situation herunterspielen, die Situation neu bewerten),
- externale Regulationsstrategien (z. B. Wut und Ärger körperlich ausagieren) und
- Einhaltung von Darbietungsregeln (eigene Emotionen verstecken oder andere vorspielen).

7. Wissen, dass soziale Beziehungen durch emotionale Kommunikation mitgeprägt werden. Dies beinhaltet das Wissen, dass soziale Beziehungen zu anderen Personen von der Art und Weise geprägt sind, in der über Emotionen gesprochen wird. Hier ist weniger die Art der situativen Auseinandersetzung mit Emotionen gemeint, sondern der Stellenwert, den Emotionen in Beziehungen situationsübergreifend erhalten. Es gibt Personen, mit denen Kinder intensiver und offener über eigene Gefühle sprechen (z. B. die Mutter) als mit anderen. Die Art und Weise wie über Emotionen gesprochen wird, beeinflusst die Qualität der Beziehung. So werden bestimmte Emotionen nur sehr vertrauten Personen mitgeteilt, da diese Informationen auch verletzlich machen.

8. Emotionales Selbstwirksamkeitserleben. Diese Fähigkeit beinhaltet das Akzeptieren der eigenen Emotionen, unabhängig davon, ob diese positiv oder negativ sind. Das Akzeptieren basiert auf der Überzeugung, dass die erlebten Gefühle gerechtfertigt sind und unter Achtung der eigenen Wertvorstellungen bewältigt werden können. Diese Fähigkeit beeinflusst damit erheblich das Selbstwertempfinden einer Person. Diese anspruchsvolle Fähigkeit setzt allerdings erst ab dem Jugendalter ein.

Die Auswahl dieser acht Schlüsselfertigkeiten basiert ausschließlich auf empirischen Befunden zur emotionalen Entwicklung. Saarni (2002) stellt fest, dass es über die genannten Schlüsselfertigkeiten hinaus, weitere geben mag, die hier noch nicht genannt sind. Die Entwicklung dieser Fertigkeiten kann nach Saarni nur in sozialen Beziehungen gelingen, das heißt in den Beziehungen der Kinder zu ihren Eltern, den Gleichaltrigen oder auch Lehrern.

Besonders den Eltern kommt in der emotionalen Entwicklung eine wichtige Funktion zu, denn die Kinder imitieren die emotionalen Ausdrucksweisen und Bewertungen ihrer Eltern. Sie geben ihren Kindern beispielsweise durch Lob oder Tadel Rückmeldungen darüber, wie angemessen ein geäußertes Gefühl ist, und sie helfen ihrem Kind dabei, Emotionen zu regulieren. Daher kann emotionale Kompetenz ausschließlich in sozialen Beziehungen gelernt werden. Nach Saarni (2002) steht emotionale Kompetenz eng mit eigenen Werten und mit der eigenen Moral im Zusammenhang. Wie emotionale Fertigkeiten eingesetzt werden, hängt von den Handlungszielen ab, die wiederum von den eigenen Werten und moralischen Maßstäben geprägt sind. So ist es ein Unterschied, ob ein Kind Emotionen bei anderen erkennen will, um eigene Vorteile zu erreichen oder um auf andere einzugehen und zu helfen.

Im Verhaltenstraining für Schulanfänger werden emotionale Kompetenzen sensu Saarni in der dritten und vierten Trainingsstufe vermittelt, indem besonders folgende Aspekte berücksichtigt werden:
– Die eigenen Gefühle erkennen,
– die Gefühle anderer erkennen und verstehen,
– die Fähigkeit, altersangemessenes Emotionsvokabular verstehen und einsetzen zu können,
– sich in andere einfühlen zu können sowie
– mit belastenden Emotionen und Problemsituationen angemessen umgehen zu können.

4 Trainingsbereich: Soziale Kompetenzen

Soziale Kompetenzen oder soziale Fertigkeiten können in hohem Maße zu einem friedlichen Miteinander beitragen. Defizite in diesem Bereich stellen dagegen einen Risikofaktor für problematisches Sozialverhalten bei Kindern und Jugendlichen dar. Die Förderung sozialer Fertigkeiten bildet daher in den meisten namhaften Präventionsprogrammen einen integralen Bestandteil (Beelmann & Lösel, 2005). Doch was verstehen wir unter sozialen Kompetenzen oder sozialen Fertigkeiten?

Es haben sich zwei Forschungsrichtungen herausgebildet, die wertvolle Beiträge zur Weiterentwicklung der Konzepte „soziale Fertigkeiten" und „soziale Kompetenzen" bereit gestellt haben. Eine der beiden Forschungsrichtungen zu sozialen Fertigkeiten stammt aus der lernpsychologischen Tradition. Hier wurde versucht, den abstrakten Begriff „sozialer Fertigkeiten" zu operationalisieren und mittels spezifischer Verhaltensbeschreibungen zu definieren. Im Rahmen einer Meta-Analyse untersuchten Caldarella und Merrell (1997), welche Verhaltenweisen in einschlägigen Studien am häufigsten unter dem Begriff „sozialer Fertigkeiten" subsummiert wurden. Für den Altersbereich Kinder und Jugendlicher kristallisierten sie fünf Kompetenzbereiche heraus (s. Kasten 3).

Kasten 3: Bereiche sozialer Fertigkeiten nach Caldarella und Merrell (1997)

> - *Gestaltung von Gleichaltrigenbeziehungen:* etwa durch prosoziales Verhalten, wie andere loben; Empathie und soziale Teilhabe;
> - *ausgewogenes Selbstmanagement:* etwa durch die Fähigkeit, sich auch in schwierigen Situationen anpassen zu können; das eigene Verhalten regulieren oder kontrollieren zu können;
> - *schulische Anpassungs- und Leistungsfähigkeit:* wie etwa Aufforderungen nachkommen; Aufgaben zu Ende führen; Anweisungen von Lehrern befolgen;
> - *Kooperationsbereitschaft:* zum Beispiel Erwartungen akzeptieren; Regeln befolgen; Teilen sowie
> - *Selbstbewusstsein:* beispielsweise Gespräche beginnen, Kontakt herstellen können.

Ein weiteres interessantes Modell sozialer Fertigkeiten entwarf Merrell (2003). Es ist deshalb nennenswert, weil es eine Reihe unterschiedlicher Konstrukte hierarchisch zueinander in Beziehung setzt (vgl. Abb. 2).

Merrells Modell ordnet die soziale Kompetenz adaptiven Verhaltensweisen unter. Ein Beispiel für adaptive Verhaltensweisen wäre zum Beispiel die Fähigkeit, eine Sprache zu sprechen und verstehen zu können. Interessant ist, dass er den Unterschied zwischen den Begriffen „sozialer Kompetenz" und „sozialen Fertigkeiten" herausarbeitet und sie ebenfalls hierarchisch anordnet. Demnach transportiert der Begriff der „sozialen Kompetenz" eine *Einschätzung* darüber, *wie angemessen* man soziale Aufgaben ausführt. Dem gegenüber versteht man unter „sozialen Fertigkeiten" spezifische soziale

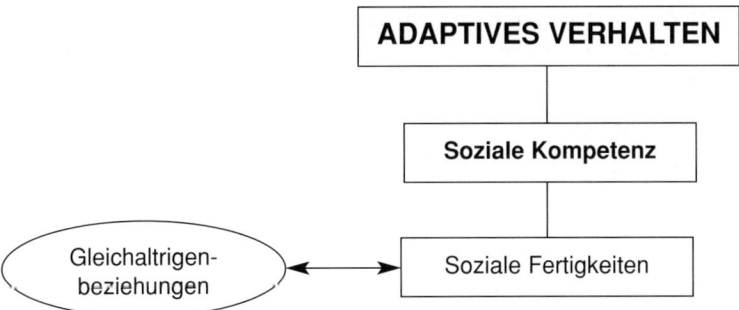

Abbildung 2: Modell sozialer Fertigkeiten modifiziert nach Merrell (2003)

Verhaltenweisen, die man ausführen *muss,* um als sozial kompetent eingestuft zu werden (Merrell, 2003).

Gleichaltrigenbeziehungen sind hier nicht das Ergebnis sozialer Kompetenzen, sondern stehen zu ihnen in einer wechselseitigen Beziehung: Gute Beziehungen können aus sozialen Kompetenzen resultieren, können allerdings ebenso die Voraussetzung für den Erwerb sozialer Kompetenzen bilden.

Die zweite Forschungsrichtung zum Bereich „sozialer Fertigkeiten" hat ihre Wurzeln in der Entwicklungspsychologie. Vertreter dieser Richtung fokussieren bei der Beschreibung sozialer Fertigkeiten eher bestimmte Prozesse, deren Bewältigung kompetente und inkompetente Kinder unterscheidet. Für Kindergarten- und Grundschulkinder nennen Cillessen und Bellmore (2004) vier Alltagsaufgaben, in denen hohe soziale Fertigkeiten gefragt sind:
– Beim Spielverhalten,
– beim Eintritt in eine laufende soziale Interaktion,
– beim Regulieren von Emotionen und
– bei der Suche nach angemessenen Konfliktlösungen.

Demnach wurden Kinder dieser Altersgruppen von Gleichaltrigen oder anderen Beurteilern, wie etwa Lehrern, sozial umso kompetenter eingeschätzt, je häufiger sie in komplexe Spiele mit *mehreren Gleichaltrigen* verwickelt waren und je stärker sie *soziale Rollenspiele* bevorzugten.

Bezogen auf den Eintritt in eine soziale Interaktion wurden die Kinder von Gleichaltrigen als sozial kompetenter eingeschätzt, die in der Lage waren, sich sozial (z. B. in ein Spiel oder eine Unterhaltung) zu integrieren, anstatt Gleichaltrige zu dominieren. Im Hinblick auf den Bereich der Emotionsregulation gibt es eine Überschneidung zur emotionalen Kompetenz, die nach wie vor häufig in der Literatur vorzufinden ist. In soziometrischen Untersuchungen, in denen Kinder ihre Spielkameraden nach Beliebtheit einschätzen, korrelierte soziale Kompetenz mit dem Ausdruck positiver Emotionen, während sie negativ mit dem Ausdruck von Ärger assoziiert wurde. Schließlich schätzten Kinder Gleichaltrige als sozial kompetenter ein, je seltener sie in Konflikte verwickelt waren und je stärker sie auf prosoziale Lösungsstrategien zurückgriffen. Umgekehrt wurden die Kinder weniger von Gleichaltrigen akzeptiert, die häufiger zu feindseligen Konfliktlösungsstrategien (z. B. verbale oder körperliche Aggression) neigten (Rose & Asher, 1999).

Im Verhaltenstraining für Schulanfänger werden soziale Kompetenzen vor allem in der vierten Trainingsstufe eingeübt. Dabei findet man eine Vielzahl der oben genannten Aspekte sozialer Fertigkeiten wie etwa:
– Die Sammlung möglichst vieler angemessener Problemlösungen in sozialen Situationen,
– die positive Gestaltung von Gleichaltrigenbeziehungen,
– ausgewogenes Selbstmanagement,
– schulische Anpassungs- und Leistungsfähigkeit sowie
– Kooperationsbereitschaft.

5 Problematisches Sozialverhalten

Präventionsprogramme wie das Verhaltentraining für Schulanfänger können dazu beitragen, aggressivem und oppositionellem Verhalten bei Kindern vorzubeugen. Doch was verstehen wir unter problematischem Sozialverhalten?

Aggressives Verhalten bildet das problematischste Sozialverhalten bei Kindern und Jugendlichen; rund 5 % bis 10 % der Kinder sind als aggressiv einzustufen (Scheithauer & Petermann, 2002). Die Häufigkeit aggressiven Verhaltens unter Kindern und Jugendlichen wächst mit zunehmendem Alter; dies ändert sich erst im jungen Erwachsenenalter (ab 18 Jahren) wieder. Aggressives Verhalten ist besonders schwer zu ändern, das heißt, es besteht ein Zusammenhang zwischen aggressiven Verhaltensauffälligkeiten im frühen Kindesalter und Delinquenz im Jugend- und Erwachsenenalter (Fergusson, 1998; Caspi & Moffitt, 1995; Dishion et al., 1995). Es ist auch mehrfach belegt, dass aggressives Verhalten und Aufmerksamkeitsdefizite im Kindergarten- und Grundschulalter Risikofaktoren für die Entwicklung einer massiven Aggressionsproblematik darstellen (Craig & Pepler, 1997).

Während man beispielsweise bei einem zweijährigen Kind auf Grund seiner wenig ausgeprägten Fähigkeiten zur Selbstkontrolle unkontrollierte Wutausbrüche als altersentsprechend einschätzen würde, geht man bei Grundschulkindern davon aus, dass sie bereits in der Lage sein sollten, ihre Emotionen selbstständig zu regulieren.

Ob aggressives Verhalten als problematisch eingeschätzt wird, hängt von verschiedenen Merkmalen ab: Dafür sollte das Problemverhalten
– über einen längeren Zeitraum bestehen (6 Monate),
– sich über die Zeit auf immer mehr Bereiche erstrecken (alle Unterrichtsfächer, Pausenhof, Freizeitbereich) und
– eine bestimmte Intensität (Ausprägung) aufweisen.

Das Ausmaß aggressiven Verhaltens lässt sich vor dem Hintergrund so genannter Klassifikationssysteme für psychische Störungen einordnen. Hierbei handelt es sich um Ordnungsschemata, bei denen sich Experten über die Kriterien geeinigt haben, die bei der Beurteilung einer psychischen Störung angelegt werden müssen. Es liegen zwei akzeptierte Klassifikationssysteme vor: Es handelt sich um das *D*iagnostische und *S*tatistische *M*anual Psychischer Störungen (DSM IV; APA, 1996) sowie die Internationale Klassifikation Psychischer Störungen (ICD-10; WHO, 1993). Im DSM-IV werden aggressive Verhaltensauffälligkeiten bei Kindern und Jugendlichen unter den Kategorien „Störung mit oppositionellem Trotzverhalten" (vgl. Kasten 4) und „Störungen des Sozialverhaltens" (vgl. Kasten 5) klassifiziert. In ähnlicher Weise ordnet die ICD-10 psychische Störungen.

Nun wird nicht jedes Kind, das sich ab und zu den Aufforderungen seiner Eltern oder Lehrer widersetzt, als verhaltensauffällig eingestuft. Nur wenn vier der in Kasten 4 beschriebenen Verhaltensweisen innerhalb eines Mindestzeitraumes von sechs Monaten andauern, im Vergleich zu Altersgenossen deutlich häufiger auftreten und zu psychosozialen Beeinträchtigungen (Schule, soziales Umfeld) geführt haben, gilt ein Kind im Sinne einer *Störung mit oppositionellem Trotzverhalten* als massiv auffällig.

Kasten 4: Symptomliste der Störung mit oppositionellem Trotzverhalten (nach dem DSM-IV)

- Wird schnell ärgerlich,
- streitet sich häufig mit Erwachsenen,
- widersetzt sich häufig aktiv den Anweisungen oder Regeln von Erwachsenen oder weigert sich, diese zu befolgen,
- verärgert andere häufig absichtlich,
- schiebt häufig die Schuld für eigene Fehler oder eigenes Fehlverhalten auf andere,
- ist häufig empfindlich oder lässt sich von anderen leicht verärgern,
- ist häufig wütend und beleidigt,
- ist häufig boshaft und nachtragend.

Die *Störung des Sozialverhaltens* darf nur dann diagnostiziert werden, wenn innerhalb eines Zeitraums von zwölf Monaten mindestens drei Symptome aus der Liste in Kasten 5 aufgetreten sind, wovon mindestens ein Symptom in den letzten sechs Monaten zu beobachten gewesen sein muss. Darüber hinaus müssen die Verhaltensauffälligkeiten zu ernsten psychosozialen Beeinträchtigungen geführt haben (vgl. Scheithauer & Petermann, 2002).

Kasten 5: Symptomliste der Störung des Sozialverhaltens (nach DSM-IV)

Aggressives Verhalten gegenüber Menschen und Tieren
- Bedroht oder schüchtert andere häufig ein,
- beginnt häufig Schlägereien,
- benutzt Waffen, die anderen schweren körperlichen Schaden zufügen können (z. B. Schlagstöcke, Ziegelsteine, zerbrochene Flaschen, Messer, Gewehre),
- ist körperlich grausam zu Menschen,
- quält Tiere,
- stiehlt in Konfrontation mit dem Opfer (z. B. Überfall, Taschendiebstahl, Erpressung, bewaffneter Raubüberfall),
- zwingt andere zu sexuellen Handlungen.

Zerstörung von Eigentum
- Begeht vorsätzliche Brandstiftung mit der Absicht, schweren Schaden zu verursachen,
- zerstört vorsätzlich fremdes Eigentum (jedoch nicht durch Brandstiftung).

Betrug oder Diebstahl
- Bricht in fremde Wohnungen, Gebäude oder Autos ein,
- lügt häufig, um sich Güter oder Vorteile zu verschaffen oder um Verpflichtungen zu entgehen,
- stiehlt Gegenstände von erheblichem Wert ohne Konfrontation mit dem Opfer.

Schwere Regelverstöße
- Bleibt schon vor dem 13. Lebensjahr trotz elterlicher Verbote häufig über Nacht weg,
- lief mindestens zweimal über Nacht von zu Hause weg, während er/sie noch bei den Eltern oder einer anderen Bezugsperson wohnte (oder nur einmal mit Rückkehr erst nach längerer Zeit),
- schwänzt schon vor dem 13. Lebensjahr häufig die Schule.

Man geht davon aus, dass massiv aggressives Verhalten auf der Grundlage wechselseitiger biologischer und psychosozialer Einflüsse entsteht (Carey & Goldman, 1997; Plomin & Rutter, 1998; Schmeck & Poustka, 2000). Als biologische Risikovariablen werden vor allem genetische Prädispositionen, neuropsychologische Defizite sowie physiologische oder biochemische Faktoren diskutiert (Plutchik & Van Praag, 1997; Raine, 1997). Auf psychosozialer Ebene werden heute eine Vielzahl von möglichen person-, kontext- oder phasenspezifischen Aspekten genannt, die das Risiko für den Erwerb eines massiv aggressiven Verhaltens erhöhen können. Auf der Kindebene gelten bestimmte, früh beobachtbare Merkmale, wie etwa ein schwieriges Temperament oder Impulsivität, vor allem aber Defizite in der sozial-kognitiven Informationsverarbeitung als prognostisch ungünstig (Crick & Dodge, 1994; Dodge & Schwartz, 1997; Schwartz et al., 1996; siehe hierzu Kap. 2).

In vielen Studien zum Interaktionsverhalten von Eltern und Kindern wird übereinstimmend das Klima in Familien mit einem aggressiven Kind als konfliktgeladen beschrieben (Buhrmester et al., 1992; Dadds et al., 1992; Sanders et al., 1992). So verhalten sich die Eltern aggressiver Kinder zum Beispiel insgesamt negativer und ungeduldiger als die Eltern von verhaltensunauffälligen Kindern (Sanders & Dadds, 1992). Dieser negative Interaktionsstil verfestigt oppositionelles und aggressives Verhalten beim Kind (Dishion et al., 1995).

Neben Interaktionsproblemen zwischen Eltern und Kind kommen mangelhafte Erziehungsfertigkeiten auf Seiten der Eltern hinzu, die die Probleme des Kindes verstärken. Studien zeigen, dass die Eltern aggressiver Kinder in der Regel zu viele oder widersprüchliche Aufforderungen geben, zu überkontrollierendem und strafendem, aber inkonsequentem Erziehungsverhalten neigen (vgl. Petermann & Petermann, 2005). In der Folge mangelt es den Kindern an positiven Vorbildern für angemessenes Konfliktlöseverhalten. Kinder in solchen sozialen Kontexten haben es besonders schwer, positives Sozialverhalten aufzubauen (Dumas et al., 1995; Rothbaum & Weisz, 1994; Stein & Perrin, 1998).

In der Schuleintrittsphase tritt aggressives Verhalten vielfach erstmals besonders stark zu Tage. Bis zu diesem Alter können die Probleme im familiären Rahmen oft noch „gemanagt" werden (Petermann, 2002). Nun werden neben den Verhaltensproblemen der Kinder auch ihre Lernprobleme auffällig. Der Misserfolg führt zu einer ablehnenden Haltung gegenüber der Schule und begünstigt die Entwicklung schulischer Defizite (Hinshaw, 1992).

Im Schulalter gewinnt darüber hinaus die Rolle der Gleichaltrigen eine zunehmende Bedeutung für die Sozialentwicklung. Viele aggressive Kinder und Kinder mit unaufmerksam/hyperaktivem Verhalten werden auf Grund ihrer störenden Verhaltensweisen bereits im Grundschulalter von Gleichaltrigen abgelehnt. Solche frühen Zurückweisungen von anderen Kindern führen zur sozialen Isolation des verhaltensauffälligen Kindes, worin ein weiterer bedeutsamer Risikofaktor für die Entwicklung des Kindes liegt (Olsen, 1992). Wird ein aggressives Kind von seinen Mitschülern erst einmal zurückgewiesen, sind positive Veränderungen in der Beziehung der Mitschüler zu dem „Problemkind" nur sehr schwer zu erzielen (Pepler et al., 1995). Das aggressive Kind wird sich in der Folge solchen Mitschülern zuwenden, die ähnliche Verhaltensprobleme aufweisen, wodurch aggressives Verhalten zusätzlich aufrechterhalten wird (Loeber & Stouthamer-Loeber, 1998).

Bei der Behandlung aggressiven Verhaltens konnten die besten Effekte mit verhaltenstherapeutischen Behandlungsstrategien erzielt werden (Kazdin, 1990; Scheithauer & Petermann, 2002). Zur Anwendung kommen hier vor allem soziale und kognitive Fertigkeits- und Problemlösetrainings. Als besonders vielversprechend erweisen sich multimodale Ansätze, wie etwa das „Training mit aggressiven Kindern" (Petermann & Petermann, 2005), das verhaltenstherapeutische Interventionen auf verschiedenen Ebenen integriert. So werden hier sowohl einzel- als auch gruppentherapeutische Maßnahmen, kind- und kontextorientierte Interventionen (Eltern, Familie) durchgeführt.

6 Lerntheoretische Grundlagen

In den vergangenen Jahrzehnten wurde die Lerntheorie grundlegend erweitert. Im Mittelpunkt des Interesses steht heute nicht mehr allein die beobachtbare Handlungsebene, sondern kognitive, emotionale und physiologische Prozesse, die das Verhalten beeinflussen. Diese Prozesse wurden in den traditionellen Konzepten des klassischen und operanten Konditionierens wenig beachtet. Die Erkenntnis, dass Lernen nicht ausschließlich das Ergebnis eines von Instinkten und/oder Umweltfaktoren geleiteten Reiz-Reaktions-Mechanismus darstellt, sondern ein hochkomplexer von subjektiven Einflüssen mitbestimmter Vorgang ist, hat die Konzepte zur Verhaltensmodifikation stark geprägt. Nach der modernen Lerntheorie umfasst der Begriff „Verhalten" heute selbstverständlich auch die kognitive, emotionale und physiologische Ebene (Kanfer, Reinecker & Schmelzer, 2004).

Eine langfristige Verhaltensänderung ist ohne eine Modifikation der emotionalen und kognitiven Ebenen nicht möglich. Bei aggressiven Kindern ist besonders die sozial-kognitive Informationsverarbeitung gut erforscht (vgl. Kap. 2). Diese Ergebnisse verdeutlichen, wie die Wahrnehmung und Interpretation von Hinweisreizen ein bestimmtes Verhalten begünstigen. Ob ein Verhalten gezeigt wird, hängt auch von der Einschätzung der eigenen Handlungskompetenz sowie den möglichen erwarteten Konsequenzen ab. Schließlich fließen prägende Lebenserfahrungen und spezifische Fertigkeiten/Defizite in die Auswahl bestimmter Verhaltensweisen ein.

Im Rahmen des *operanten Lernens* (= Verstärkungslernen) erhalten die Konsequenzen eines gezeigten Verhaltens besonderes Gewicht. Die individuelle Bewertung einer Handlungskonsequenz bestimmt häufig, ob die Handlung künftig öfter wiederholt wird oder seltener auftritt. Konsequenzen werden dann als Verstärker definiert, wenn durch sie die Auftretenswahrscheinlichkeit eines Verhaltens erhöht oder reduziert wird. Man unterscheidet zwischen positiven oder negativen Verstärkern. Diese Bewertung hängt von spezifischen Rahmenbedingungen ab und lässt sich anhand der Vierfeldertafel zum Verstärkungslernen kategorisieren (vgl. Tab. 1).

Tabelle 1: Vierfeldertafel zum Verstärkungslernen (modifiziert nach Petermann & Petermann, 2006, S. 25)

	Positive Verstärker	Negative Verstärker
Darbieten	Wirkt als Belohnung Effekt: Verhaltensaufbau Bezeichnung: Positive Verstärkung	Wirkt als Bestrafung Effekt: Verhaltenslöschung Bezeichnung: Direkte Bestrafung
Entfernen	Wirkt als Bestrafung Effekt: Verhaltenslöschung Bezeichnung: Indirekte Bestrafung	Wirkt als Belohnung Effekt: Verhaltensaufbau Bezeichnung: Negative Verstärkung

Um das Wirkprinzip des Verstärkungslernens zu verdeutlichen, werden nun einige *Beispiele aus dem Schulalltag* angeführt (vgl. Kasten 6).

Kasten 6: Beispiele zur Illustration des Verstärkungslernens

Positive Verstärkung: Der Peter wird auf Grund seiner Kooperationsbereitschaft gelobt (sozialer Verstärker), bekommt einen Token (materieller Verstärker) oder darf im Musikunterricht sein Lieblingslied vorspielen (Handlungsverstärker).

Negative Verstärkung: Die Marlies hat keine Lust zum Unterricht. Sie provoziert den Lehrer solange bis der sie endlich vor die Tür schickt (= Belohnung).

Direkte Bestrafung: Die Michaela kaspert bereits seit Minuten im Unterricht herum und lenkt dabei andere Schüler vom Lernen ab. Der Lehrer erteilt ihr einen Eintrag ins Klassenbuch.

Indirekte Bestrafung: Der Heinz versucht, seinen Banknachbarn Fred wiederholt in Gespräche zu verwickeln. Entgegen Freds sonstiger Gewohnheiten schafft er es dieses Mal, die Gesprächsaufforderungen von Heinz zu ignorieren und ihm keine Aufmerksamkeit zu schenken.

Modelllernen (Vorbildlernen)

Bandura (1976; 1979) entwickelte in den 60er und 70er Jahren des letzten Jahrhunderts seine Theorie des stellvertretenden oder Modelllernens. Er ging davon aus, dass Lernen nicht ausschließlich über eigene Erfahrungen stattfindet, sondern durch die Beobachtung und Imitation des Verhaltens anderer Menschen besonders effektiv erfolgt. Der innovative Charakter seiner Theorie lag vor allem in der Integration kognitiver Elemente wie Aufmerksamkeits- und Gedächtnisprozesse. Das wahrgenommene Verhalten muss im Gedächtnis gespeichert werden, um es einüben zu können. Es wird allerdings nur solches Verhalten als imitierenswert eingeschätzt werden, von dem man glaubt, dass es erfolgreich ist (= verstärkt wird; vgl. Linden & Hautzinger, 2005).

Ein Beispiel:

Mike beobachtet, wie der von vielen Jungs seiner Clique bewunderte Klaus einen anderen Jungen verprügelt. Die Clique findet das Verhalten von Klaus super. Es ist nahe liegend, dass der um Anerkennung buhlende Mike bei der nächsten Gelegenheit ebenfalls versuchen wird, aggressiv aufzutrumpfen.

Selbstwirksamkeit

Bandura (1977) erweiterte seine Theorie später um den Aspekt der Selbstwirksamkeitserwartung. Nach diesem Konzept wirkt nicht allein die erwartete Konsequenz eines Verhaltens verstärkend, sondern auch die Annahme darüber, ob man ein Verhalten erfolgreich einsetzen kann, also das gewünschte Ziel erreicht (= eine Wirkung erzielt). Dabei spielen sowohl die bisherigen Erfahrungen als auch die Bewertung der aktuellen Situation (Aufgabe) eine Rolle. So könnte sich Mike beispielsweise überlegen, ob seine Kräfte ausreichen, um siegreich aus einer körperlichen Auseinandersetzung hervorzugehen und damit das gewünschte Ergebnis zu erzielen. Schätzt Mike jedoch sein Verhalten als nicht wirksam sein, dann wird er versuchen, Anerkennung auf anderem Wege zu erlangen.

7 Klassenführung und Problemmanagement

7.1 Schulwirklichkeit und proaktives Lehrerverhalten

Beispielsituation

Die Schüler der Klasse 1b sollen einen Sitzkreis bilden. Beim Hineingehen in den Sitzkreis bleibt Sebastian kurz stehen, um sich nach einem freien Stuhl umzusehen. Kevin, der hinter ihm in den Sitzkreis tritt, schubst Sebastian zur Seite. Sebastian schreit auf.

Sicherlich ereignet sich eine solche Szene im Schulalltag häufig. Viele Kinder
- passen nicht auf,
- befolgen die Anweisungen ihrer Lehrer nicht,
- stören den Unterricht durch motorische Unruhe (z. B. mit dem Stuhl kippeln, im Klassenraum herumlaufen),
- reden, ohne sich zu melden,
- beenden die Aufgaben nicht,
- lenken Mitschüler im Unterricht ab oder
- sind an Streitereien beteiligt.

Der Umgang mit diesen Kindern im Klassenverband und die Strukturierung des Unterrichtsgeschehens erfordern von den Lehrern Fertigkeiten, die über die inhaltliche Unterrichtsplanung hinausgehen. So gilt es nicht nur, ein angemessenes Lernklima herzustellen, sondern auch die Gruppenfähigkeit der Kinder zu fördern. Der Unterricht in der Schulanfangsphase ist dabei eine besondere Herausforderung für jeden Lehrer. Ein Primarstufenlehrer ist heute in der Regel mit einer Ansammlung von „kleinen Prinzen" und „kleinen Prinzessinnen" konfrontiert, für die im Zeitalter von Playstation und Gameboy Alleinunterhaltung zur Selbstverständlichkeit geworden ist. Hinzu kommt meist ein erheblicher Prozentsatz an emotional und sozial vernachlässigten Kindern, in deren spezieller Lebens- und Lerngeschichte vor allem das „Faustrecht" zum „Überleben" im Sozialkontakt beitrug. Der Eintritt in die Klassengemeinschaft bildet für die Kinder also nicht nur eine erhebliche Anforderung an ihr kognitives Leistungsvermögen, sondern verlangt ein hohes Maß an sozialen Fertigkeiten. Bei der Entwicklung positiven Sozialverhaltens benötigen gerade Kinder dieser Altersstufe eine gezielte und systematische Unterstützung. Für den Lehrer bedeutet dies, dass er einen Rahmen vorgeben muss, in dem die Kinder die Möglichkeit haben, sich ihren individuellen Möglichkeiten entsprechend zu entwickeln.

Proaktives Lehrerverhalten ist an folgende Voraussetzungen geknüpft:
- Die Festlegung von Verhaltensregeln, die für alle Kinder auf dem gesamten Schulgelände gelten, also auch auf dem Schulhof, denn insbesondere die Pausen bilden wegen der Vielzahl wenig überschaubarer Situationen oft den Nährboden für aggressive Konflikte;

- die Verabschiedung eines verbindlichen Maßnahmenkatalogs bei Regelverletzungen im Lehrerkollegium und in Abstimmung mit der Schulleitung;
- die Verpflichtung des Lehrpersonals zur Durchführung der verabschiedeten Maßnahmen bei Regelverletzungen sowie
- die Einrichtung von Schiedsstellen, Täter-Opfer-Ausgleich und ähnlichen Projekten, an denen auch Kinder mitarbeiten können.

Die Verständigung über schulweite soziale Grundregeln und deren Umsetzung reduziert entscheidend aggressive Übergriffe auf dem Schulgelände (vgl. Kavale et al., 1999).

Proaktive Klassenführung und Problemmanagement umfassen:
- den Aufbau tragfähiger Lehrer-Schüler-Beziehungen,
- die konsequente Verstärkung angemessenen Schülerverhaltens,
- die aktive Unterstützung der Kinder beim Erwerb sozialer Fertigkeiten,
- die Konzeption und Durchführung strukturierter Unterrichtsstunden unter Einbindung von Ritualen,
- den Aufbau transparenter Klassenregeln sowie
- die konsequente Sanktionierung von Regelverletzungen.

Die Basis proaktiver Klassenführung bildet eine positive und tragfähige Beziehung zu den Kindern. Das Kind sollte spüren, dass der Lehrer sich für ihn und sein Fortkommen interessiert. Auch wenn es manchmal schwer fällt, ist eine gute Beziehung zu Problemschülern besonders wichtig, da diese auf Grund ihrer meist negativ geprägten sozialen Beziehungen gar nicht mehr erwarten, positiv wahrgenommen zu werden. Ein Schüler wird nur dann eine Bekräftigung annehmen können, wenn er den Eindruck hat, dass man ihn mag und respektiert. Ein Lehrer, der keine tragfähigen Beziehungen zu seinen Schülern hergestellt hat, wird seinen Unterricht lediglich durch die Erzeugung von massivem Druck erteilen können (vgl. Kounin, 2006).

Proaktives Lehrerverhalten erfordert vorausschauendes Handeln und hat den Vorteil, dass das Schülerverhalten stärker gesteuert werden kann. Dadurch verbessert sich das Klassenklima, so dass Lernleistungen der Kinder gesteigert werden und burn-out-Phänomenen bei Lehrern vorgebeugt wird (vgl. Petermann, 1995). Lehrer, die soziale Interaktionen nicht vorausschauend steuern, sondern vor allem rückwirkend reagieren *(re aktives Lehrerverhalten),* sind dadurch häufiger mit Stresssituationen konfrontiert. Das kann zu Überforderungs- und auch Ärgerreaktionen führen, so dass die Gefahr steigt, dass Lehrer unangemessenes Modellverhalten zeigen.

Ein wichtiger Bestandteil proaktiven Lehrerverhaltens ist daher die Integration von Steuerungselementen, wie zum Beispiel Klassenregeln, in die Unterrichtsplanung. In einer Planungsphase sollten zunächst die Regeln bestimmt werden, auf deren Einhaltung der Lehrer unbedingten Wert legt. Der Lehrer muss konsequent dafür sorgen, dass diese Regeln eingehalten werden. Ein inkonsistenter Umgang mit Klassenregeln, bei dem zum Beispiel ein Fehlverhalten einmal sanktioniert wird und einmal nicht, führt dazu, dass nicht die Befolgung, sondern das Übertreten der Regeln stabil bleibt. Regeln werden am schnellsten gelernt, wenn sie leicht verständlich und gerecht sind. Zudem muss einer Regelverletzung *immer* eine unmittelbare Konsequenz folgen. Es müssen jedoch nicht nur die Klassenregeln geplant werden, sondern auch die Konsequenzen für Regelverletzungen. Dabei ist unbedingt zu berücksichtigen, dass die Konsequenzen durchführbar sein sollten und in einem logischen Zusammenhang zum Fehlverhalten des Schülers stehen.

Exemplarisch wird *reaktives und proaktives Lehrerverhalten* am Beispiel der Klassenregel: „Wir bleiben fair, auch wenn wir ärgerlich sind. Wir schubsen, beleidigen und hauen uns nicht!" erläutert. Bestandteile proaktiven Lehrerverhaltens im Falle eines Regelverstoßes sind:
– eine klare und bestimmte Anweisung zu geben,
– den Schüler zu loben, wenn er der Anweisung folgt,
– mögliche Konsequenzen bei Nichtbefolgen durchzuführen.

7.2 Klare und bestimmte Anweisungen geben

Erinnern Sie sich an die Beispielsituation, in der es zu einem Konflikt zwischen Kevin und Sebastian kommt.

Kasten 7: Ein Beispiel für reaktives Lehrerverhalten

> *Lehrer:* Sebastian, was soll denn das Geschreie schon wieder. Das war ja eine tolle Aktion. Ich will, dass du das Geschreie lässt.

Der Lehrer in diesem Beispiel reagierte damit auf den letzten Reiz der Handlungsfolge, da der Schrei von Sebastian vermutlich auffälliger war, als der Schubs von Kevin. Bei einem Hinweis auf eine Regelverletzung ist es jedoch wichtig, den *Initiator der Störung zu ermahnen*. In unserem Beispiel hätte Kevin noch vor Sebastian eine Zurechtweisung erhalten müssen. Da Sebastian sich aber auch nicht an die Klassenregel gehalten hat, ist dennoch auch bei ihm eine Zurechtweisung nötig. Bei der Zurechtweisung von Schulanfängern sollte auf Ironie verzichtet werden, da so junge Kinder die Botschaften meist wörtlich nehmen. Sie fühlen sich verunsichert, da Sprachmelodie, Mimik und Gestik des Lehrers nicht mit der inhaltlichen Botschaft übereinstimmen.

Sebastian erhielt *keine klare Handlungsanweisung*, da der Lehrer ihn zwar zurechtgewiesen hat, jedoch ohne ihm eine Möglichkeit zu geben, *erwünschtes Verhalten* wie Wiedergutmachung oder Schadensersatz zu zeigen.

> **Wichtiger Hinweis:**
>
> Lassen Sie sich auf keinen Fall auf lange Diskussionen mit den Kindern ein. Der einzelne Schüler sollte zwar die Möglichkeit haben, sich zu seinem Verhalten in der Situation zu äußern, um mögliche Fehlwahrnehmungen der Situation zu vermeiden, allerdings sollte die Regel an sich nicht erneut in Frage gestellt werden.

Kasten 8: Ein Beispiel für proaktives Lehrerverhalten

> *Lehrer:* Kevin, du hast dich an unsere Klassenregel „Wir schubsen uns nicht!" nicht gehalten und du Sebastian hast gegen unsere Klassenregel „Wir bleiben fair, auch wenn wir ärgerlich sind und hauen uns nicht!" verstoßen. Ihr wisst beide, dass das Einhalten dieser Regeln wichtig ist, da die Schule keinen Spaß macht, wenn man sich streitet.
>
> Kevin, du entschuldigst dich jetzt bei Sebastian und zeigst mir, wie du an Sebastian vorbeigehen kannst, ohne ihn zu schubsen (nach erfolgter Handlung loben).
>
> Und nun Sebastian entschuldigst du dich bei Kevin dafür, dass du ihn gehauen hast und dann fragst du Kevin, warum er dich geschubst hat. Nicht immer gleich schlagen, manchmal kann sich durch Fragen vieles klären (nach erfolgter Handlung loben).

Im Beispiel aus Kasten 8 weist der Lehrer die Kinder direkt auf die missachteten Klassenregeln hin, erklärt ihnen kurz, warum dadurch ein Problem entsteht und sagt beiden, was er von ihnen erwartet. In diesem Beispiel zeigt der Lehrer proaktives Verhalten. Seine Intervention erfolgt klar:
– Die Betroffenen werden mit Namen angesprochen,
– ihnen wird gesagt, warum sie getadelt werden,
– was sie konkret nun tun sollen und
– warum sie es tun sollen.

Und sein Verhalten ist bestimmt:
– Er geht auf die Kinder zu,
– schaut sie an und
– unterstützt seine Forderungen durch entsprechende Gestik.

Er gibt jedem Kind maximal zwei Aufforderungen zu einem Zeitpunkt. Schulanfänger sind in der Regel mit mehr als zwei gleichzeitigen Aufforderungen überfordert. Der Lehrer formuliert seine Aufforderungen nicht als Bitte, sondern als klare Anweisungen. Positiv wirkt auch, dass der Lehrer in der Nähe seiner Schüler bleibt, bis sie seiner Aufforderung nachkommen. Beide Kinder erhalten die Möglichkeit, erwünschtes Verhalten zu zeigen und somit ihr Handlungsrepertoire für ähnliche Situationen zu erweitern.

7.3 Loben des Kindes

Folgen die Schüler einer Anweisung, dann müssen sie unmittelbar gelobt werden. Beim Loben sollte nicht reaktives (vgl. Kasten 9), sondern proaktives Verhalten (vgl. Kasten 10) gezeigt werden.

Kasten 9: Ein Beispiel für reaktives Lehrerverhalten

> *Lehrer:* Kevin, toll! Warum nicht gleich so?

In Kasten 9 ist das Lehrerverhalten reaktiv, da das Lob unkonkret bleibt und mit einer Kritik gekoppelt ist. Ein mit Kritik gekoppeltes Lob wirkt erfahrungsgemäß nicht verstärkend, sondern löst Frustration aus. Zudem sollte ein Lob besonders dann so konkret wie möglich formuliert sein, wenn mit dem gezeigten Verhalten eine große Anstrengung verbunden war, denn nur so fühlt sich der Schüler in seinem erwünschten Verhalten angemessen beachtet (vgl. Kasten 10).

Kasten 10: Ein Beispiel für proaktives Lehrerverhalten

> *Lehrer:* Kevin, ich bin stolz auf dich. Du hast es geschafft, an Sebastian – ohne ihn auch nur ein bisschen zu berühren – vorbeizugehen.

Wichtiger Hinweis:

Wie bei Anweisungen ist es auch beim Loben wichtig, sich der Aufmerksamkeit des Kindes sicher zu sein und Blickkontakt herzustellen. Gegebenenfalls kann das noch durch ein Schulterklopfen bekräftigt werden.

7.4 Mögliche Konsequenzen bei Nichtbefolgen einer Anweisung

Stellen Sie sich vor, Kevin befolgt die Anweisung seines Lehrers nicht. Er bleibt stehen und reagiert mit Trotz.

Kasten 11: Beispiel 1 für reaktives Lehrerverhalten

> *Lehrer:* So Kevin, du willst also nicht. Dann werde ich nach der Stunde bei deinen Eltern anrufen und ihnen mitteilen, wie du dich hier verhalten hast.

In diesem Beispiel besteht zwischen dem Anlass und der Strafe kein Zusammenhang. Der Schüler lernt logische Konsequenzen seines Handelns nicht kennen. Wenn für kleinste Anlässe, wie zum Beispiel Widersprechen, ähnlich drakonische Strafen wie für massive Regelverletzungen verhängt werden, kann Strafe bei den Kindern Angst und Unsicherheit erzeugen.

Kasten 12: Beispiel 2 für reaktives Lehrerverhalten

> *Lehrer:* So Kevin, du willst also nicht. Schreibe also zur Strafe die Klassenregeln ab.

Klassenführung und Problemmanagement

> **Wichtiger Hinweis:**
>
> Auf Strafarbeiten, in denen Lerninhalte, wie zum Beispiel Lesen oder Schreiben, verlangt werden, sollte verzichtet werden. Lernen sollte nicht mit Strafe verknüpft sein, sondern Spaß machen.

Kasten 13: Beispiel 3 für reaktives Lehrerverhalten

Lehrer: O. k., dann lass es eben. Du wirst schon sehen, was du davon hast.

> **Wichtiger Hinweis:**
>
> Handelt der Lehrer inkonsequent, das heißt negative Konsequenzen werden zwar angekündigt, aber nicht durchgeführt, dann erhöht sich die Wahrscheinlichkeit, dass der Schüler die Aufforderungen des Lehrers nicht ernst nimmt und bei der nächsten Aufforderung wieder nicht reagiert. So verlieren Maßnahmen schnell ihre Wirkung.

Kasten 14: Ein Beispiel für proaktives Lehrerverhalten

Lehrer: Kevin, du hast Sebastian geschubst und du konntest nicht ruhig an ihm vorbei in unseren Sitzkreis gehen, nun wirst du warten, bis alle einen Platz gefunden haben und erst dann darfst du dich setzen.

> **Wichtiger Hinweis:**
>
> Eine logische Konsequenz nennt man eine Maßnahme, die dem Fehlverhalten angemessen ist. So ist es sinnvoll, das Fehlverhalten sofort zu unterbrechen; ebenso kann es angemessen sein, die Anlässe eines Streites (wie z. B. Sammelkarten, Spielzeug) zu entfernen. Die Konsequenz sollte so schnell wie möglich auf das Fehlverhalten folgen und ohne Diskussionen mit dem Schüler in die Tat umgesetzt werden. Die besten Effekte lassen sich erfahrungsgemäß erzielen, wenn Konsequenzen innerhalb einer halben Stunde realisiert werden.

7.5 Mögliche Konsequenzen bei erneutem Auftreten des Problemverhaltens (Auszeit)

Sollte Kevin sich auf die oben genannten Konsequenzen nicht einlassen können, müssen die Konsequenzen dem unangemessenen Verhalten angepasst werden. Eine geeignete Konsequenz ist in diesem Fall die *Auszeit (time-out)*. Während der Auszeit muss das

Kind infolge eines Problemverhaltens eine bestimmte Zeit an einem weniger interessanten und verstärkenden Ort verbringen. Bei dem Vorgehen handelt es sich um eine sehr effiziente und anspruchsvolle Methode. Aus diesem Grund sollte der Lehrer diese Methode nicht ohne vorherige Planung anwenden. Folgende Regeln sind zu beachten:

A. Der geeignete Anlass

Die Auszeit wird von dem Kind in der Regel als deutliche Bestrafung erlebt. Aus diesem Grund sollte sie nur bei Wutanfällen oder schwerwiegendem Problemverhalten, wie zum Beispiel bei körperlichen Aggressionen gegen andere Kinder, angewendet werden.

B. Der geeignete Raum

Wichtig ist, sich im Vorfeld einen geeigneten Raum für die Auszeit zu suchen. Dabei ist zu beachten, dass die Umgebung wenig interessant und verstärkend auf das Kind wirken sollte. So wird diese Methode nicht wirken, wenn der Schüler bei der Schulsekretärin im Büro sitzt, sich mit ihr unterhalten kann und womöglich noch mit Bonbons oder Keksen getröstet wird. Sitzt er aber in diesem Raum und wird von der Sekretärin ignoriert, kann es funktionieren. In einigen Schulen besteht die Möglichkeit, den Schüler unter die Aufsicht des Direktors zu stellen. In anderen Schulen kann ein Raum vor dem Klassenzimmer genutzt werden. Sollten diese Möglichkeiten nicht vorhanden sein, kann auch ein Stuhl in einer ruhigen Ecke des Klassenzimmers platziert werden, auf dem der Schüler eine kurze Weile ruhig sitzen muss. Es muss allerdings gewährleistet sein, dass er weder vom Lehrer noch von seinen Mitschülern in dieser Zeit beachtet wird. Der Stuhl muss weit genug von der Wand entfernt stehen, so dass der Schüler nicht mit den Füßen dagegen treten kann. Des Weiteren sollte sich nichts Interessantes im Blickfeld des Schülers befinden. Jeder Lehrer sollte im Vorfeld die Möglichkeiten seiner Schule prüfen und gegebenenfalls mit dem Kollegium nach Lösungen suchen.

> **Wichtiger Hinweis:**
>
> Ungeeignet sind alle Maßnahmen, die für den Schüler als ein Abenteuer gewertet werden können. So ist zum Beispiel ein unbeaufsichtigter Flur nicht der richtige Ort, wenn sich der Schüler dort mit dem Verstecken der Jacken der anderen Schüler vergnügen oder sich durch andere für ihn angenehme Dinge ablenken kann.

C. Die Dauer der Auszeit

Die Zeit, die ein Kind in der Auszeit verbringen muss, ist unter anderem von seinem Alter abhängig. Man belässt das Kind pro Lebensjahr ein bis zwei Minuten in der Auszeit. Das heißt für ein achtjähriges Kind beträgt die Dauer der Auszeit acht bis 16 Minuten.

Die genaue Minutenzahl hängt vom Ausmaß des Problemverhaltens ab. Bei weniger auffälligem Verhalten, wie zum Beispiel oppositionellen Verhaltensweisen, verbleibt der Schüler eine Minute pro Lebensalter in der Auszeit. In diesem Fall wären es acht Minuten. Bei schwerwiegendem Problemverhalten, wie einem extremen Wutanfall, beträgt die Dauer der Auszeit 16 Minuten. Das sind zwei Minuten pro Lebensjahr. Es wird dem Kind im Vorfeld angekündigt, wie lange die Dauer seiner Auszeit ist. Diese Mindestzeit muss eingehalten werden. Die Maßnahme wird beendet, wenn sich der Schüler zumindest die letzte Minute seiner Auszeit ruhig verhält.

Wichtiger Hinweis:

Nur in Ausnahmefällen sollte der Schüler selbst die Dauer seiner Auszeit bestimmen können („Wenn du dich beruhigt hast, kannst du wieder hereinkommen."). Nicht selten versuchen Schüler, ihre Auszeit zu beenden, bevor ihr Erregungsniveau gesunken ist. In dem Fall ist die Wahrscheinlichkeit hoch, dass das Fehlverhalten erneut auftritt.

D. Durchführung der Auszeit

Die Kinder sollten im Vorfeld auf die Möglichkeit einer Auszeit als Konsequenz für unangemessenes Verhalten vorbereitet werden. Dazu ist es wichtig, den Kindern das Vorgehen anhand konkreter Beispiele zu erklären, gegebenenfalls muss dies mit jedem Schüler einzeln besprochen werden.

In der Problemsituation wird dem Schüler, nachdem er der ersten Aufforderung nicht nachgekommen ist, mit ruhiger und fester Stimme die Auszeit angekündigt. Zählen Sie bitte leise bis fünf. Kommt der Schüler auch in dieser Zeit der gewünschten Aufforderung nicht nach, leiten Sie die Auszeit ein. Beschreiben Sie ihm mit ruhiger fester Stimme Ihre Handlungen. Ein langer Vortrag, Streit, Beschimpfungen oder endlose Diskussionen sollten vermieden werden. Während der Schüler in den Auszeitraum oder auf den Auszeitstuhl begleitet wird, bedarf es der Erinnerung, dass er wiederkommen darf, wenn er die abgesprochene Zeit über ruhig geblieben ist.

Kasten 15: Ein Beispiel für die Durchführung einer Auszeit

Kevin hält sich nicht an die Anweisung seines Lehrers, sondern rennt in den Sitzkreis und wirft sich auf einen Stuhl. Auf die erneute Aufforderung, sich hinzustellen und sich erst dann zu setzen, wenn alle anderen einen Platz gefunden haben, reagiert Kevin mit Trotz und flegelt sich auf seinen Stuhl.

„Kevin, ich kündige dir hiermit eine Auszeit an." Der Lehrer zählt leise für sich bis fünf. Da Kevin nach wie vor keine Anstalten macht, der Aufforderung nachzukommen, geht sein Klassenlehrer zu ihm, nimmt ihn beim Arm und führt ihn in die Auszeit.

„Kevin, ich fasse dich nun an deinen Arm und werde dich in unseren Auszeitraum bringen. In diesem wirst du acht Minuten bleiben. Ich werde nach acht Minuten nach dir schauen und wenn du dich beruhigt hast, darfst du wieder am Unterricht teilnehmen."

> In der Regel soll der Schüler nach seiner Auszeit der gegebenen Aufforderung des Lehrers folgen. In einigen Fällen ist das nicht möglich. So ist es zum Beispiel möglich, dass die Aufforderung nicht mehr zu der Klassensituation passt, da acht Minuten vergangen sind und das Bilden eines Sitzkreises nach acht Minuten nicht erneut möglich ist. Dies sollte im Vorfeld bedacht werden. Aus diesem Grund bekommt der Schüler in seiner Auszeit eine Aufgabe, die mit dem Regelverstoß in unmittelbarem Zusammenhang steht. In vorliegenden Fall soll Kevin sich überlegen, warum die Regel „Wir schubsen uns nicht!" sinnvoll ist.

E. Beendigung der Auszeit

Drei Bedingungen müssen erfüllt sein, damit eine Auszeit beendet werden kann:
- Die Mindestzeit, die dem Kind angekündigt wird, muss eingehalten werden. Der Schüler muss sich mindestens die letzte Minute ruhig verhalten, bevor seine Auszeit als beendet gelten kann.
- Die Auszeit wird in der Regel vom Lehrer und nicht vom Schüler selbst beendet.
- Der Schüler muss der vor der Auszeit gegebenen Aufforderung nun nachkommen.

Sollte der Schüler diese Bedingungen nicht erfüllen, verlängert sich seine Auszeit. Kommt er der Aufforderung nach, muss der Lehrer dem Schüler zeigen, wie zufrieden er mit ihm ist. Dabei sollten überschwängliches Lob, aber auch abwertende Kommentare (z. B. „Na also, geht doch. Warum nicht gleich so?") vermieden werden.

F. Der Schüler beendet vorzeitig die Auszeit

Der Lehrer und nicht der Schüler beendet seine Auszeit. Verlässt der Schüler vorzeitig und von sich aus den Auszeitraum oder den Auszeitstuhl, wird er vom Lehrer dorthin zurückgebracht. Dem Schüler wird mitgeteilt, dass seine Zeit noch nicht vorbei ist, und dass als Konsequenz auf sein Verhalten die Auszeit von vorn beginnt, das heißt, er erneut die Mindestzeit im Auszeitraum verbringen muss. In dieser Situation werden dem Schüler gleichzeitig die Konsequenzen bei erneutem Verlassen des Auszeitraumes angekündigt. Solche Konsequenzen sollten vorher gut überlegt sein, damit sie auch durchgeführt werden können. Sinnvoll ist es beispielsweise, den Schüler aufzufordern, die durch die Auszeit versäumte Unterrichtszeit während der Pause nachzuarbeiten oder länger in der Schule zu bleiben. Auch soziale Aufgaben, wie Müll auf dem Schulhof sammeln oder andere Tätigkeiten für die Allgemeinheit, könnten angekündigt und gegebenenfalls eingeleitet werden.

> **Wichtiger Hinweis:**
> Auf keinen Fall sollte der Schüler nach Hause geschickt werden, da sehr viele Schüler das als Belohnung werten.

7.6 Abschließende Bemerkungen

Jede Problemlösung sollte auf einer genauen Analyse basieren. Besonders zentral ist diese Problemanalyse, wenn ein Misserfolg in der Klassenführung aufgetreten ist. Wichtige Hinweise gibt ein Bogen zur Problemanalyse, der im Anhang zu diesem Buch abgedruckt ist (vgl. Seite 272). Kasten 16 gibt ein Beispiel, wie man diesen Bogen anwenden kann.

Kasten 16: Beispiel für eine Problemanalyse

Auslösende Situation
Mike wird im Unterricht gebeten, an die Tafel zu kommen und das neu gelernte Wort Bus für alle sichtbar an die Tafel zu schreiben. Er tritt beim Gang an die Tafel den Mülleimer um.

Reaktion des Kindes
Mike grinst triumphierend in Richtung Klasse. Er nimmt sich extra lange Zeit, um den Müll aufzusammeln.

Reaktion des Pädagogen
Fordert Mike auf, den Müll aufzusammeln und sich danach zu setzen.

Annahmen über Ziele/Motive des Kindes
Mike will durch sein Verhalten der an ihn gerichteten Aufgabe aus dem Weg gehen. Möglicherweise will Mike seine schulischen Defizite durch sein Ablenkungsmanöver verbergen.

Ziele/Motive des Lehrers
Mike soll das Wort Bus an die Tafel schreiben.
Der Lehrer will den durch Mike gestörten Unterricht wieder aufnehmen.

Hat das Kind sein Ziel erreicht?
Ja, statt das Wort schreiben zu müssen, sammelt er jetzt den Müll auf. Zusätzlich erhält er Aufmerksamkeit für sein unangebrachtes Verhalten von der Klasse.

Hat der Pädagoge sein Ziel erreicht?
Nein, Mike sammelt den Müll auf, statt sich am Unterricht zu beteiligen. Er braucht die Aufgabe nicht zu lösen.

Proaktives Pädagogenverhalten
1. Mike hätte aufgefordert werden müssen, der ersten Aufforderung (das Wort Bus an die Tafel schreiben) nachzukommen.
2. Nach Ablauf der Trainingsstunde hätte Mike aufgefordert werden müssen, den Müll ohne Aufmerksamkeit durch Klassenkameraden einzusammeln.

8 Konzeption und Aufbau des Verhaltenstrainings

8.1 Zum Präventionsbegriff

Das Verhaltenstraining versteht sich als ein präventives Förderprogramm, das soziale und emotionale Fertigkeiten vermittelt, um so Verhaltensproblemen entgegenzuwirken. Präventionsprogramme sollen die körperliche und psychosoziale Gesundheit sichern (Hurrelmann & Settertobulte, 2002). Bei unserem Vorgehen handelt es sich um eine universelle Maßnahme, die das erstmalige Auftreten einer psychischen oder Verhaltensstörung verhindern soll.

Bei Präventionen unterscheidet man zwischen personen- und kontextzentrierten Maßnahmen. Während personenzentrierte Präventionsmaßnahmen der unmittelbaren Behandlung der Betroffenen dienen, setzen kontextzentrierte Interventionen an deren sozialem Umfeld (z.B. der Schule oder das Elternhaus) an, um die Betroffenen indirekt zu unterstützen.

In den vergangenen Jahren sind vor allem universelle Trainingsprogramme zur Förderung des Sozialverhaltens publiziert worden. Dazu zählen zum Beispiel das für den deutschen Sprachraum modifizierte Gewaltpräventionsprogramm von Olweus (1999, in der deutschen Version von Hanewinkel & Knaak, 1997) und das für im deutschen Sprachraum unter dem Namen FAUSTLOS (Schick & Cierpka, 2003) erschienene modifizierte PATHS-Curriculum (Greenberg et al., 1995).

8.2 Rahmenbedingungen des Verhaltenstrainings für Schulanfänger

Trainingszeitpunkt

Präventive Maßnahmen können insbesondere kurz vor oder kurz nach Entwicklungsübergängen deutlich Wirkungen zeigen, da Kinder und ihre Familien während dieser Zeiträume vermehrt Stressoren ausgesetzt sind und damit einem höheren Störungsrisiko unterliegen (Kazdin, 1993; Petermann, 2002; Reid, 1993). Insbesondere der Schuleintritt konnte als günstiger Entwicklungsübergang identifiziert werden, um den weiteren Entwicklungsverlauf eines Kindes frühzeitig in eine angemessene Richtung zu lenken (Webster-Stratton, 1996). Da es im deutschen Sprachraum bisher an einem universellen Verhaltenstraining für Schulanfänger mangelte, wurde das vorliegende Training in erster Linie für Kinder der ersten und zweiten Grundschulklassen konzipiert. Die Durchführung des Trainings erfolgt mit der gesamten Klasse. Es eignet sich jedoch auch für kleinere Kindergruppen, wie zum Beispiel die Kinder einer Arbeits- oder Hortgruppe.

Durchführung des Trainings

Im schulischen Rahmen wird das Verhaltenstraining für Schulanfänger durch den Klassenlehrer durchgeführt. Außerhalb schulischer Zusammenhänge sollte der Trainer eine bedeutsame Bezugsperson, z. B. Gruppenleiter im Hort, darstellen (Petermann, Gerken, Natzke & Walter, 2004; Petermann, Natzke, Petermann & Brokhausen, 2005). Dies hat folgende Vorteile:
- Der Klassenlehrer/Gruppenleiter kennt seine Kinder besser als eine Person, die nicht in den pädagogischen Kontext eingebunden ist.
- Er kennt die typischen Konflikt- und Problemsituationen in der Gruppe.
- Nach Beendigung des Trainings können durch ihn einzelne Trainingselemente in den Alltag der Kinder übernommen und integriert werden.

Trainingssetting

Das Training wird mit der gesamten Schulklasse oder Gruppe innerhalb der Schule durchgeführt. Das Lernen in der Gruppe bietet folgende Vorteile:
- Im Rahmen eines Gruppentrainings lassen sich soziale Lerninhalte oft leichter und ökonomischer realisieren als in Einzeltrainings, da Vorschläge zur Problem- und Konfliktlösung, die aus dem Kreise der Kinder stammen, bereitwilliger aufgenommen werden.
- Zudem können in der Gruppe soziale Prozesse initiiert werden, die Fehlverhalten reduzieren. Schließlich wirken die Kinder in der Anwendung neu erlernter Handlungsstrategien gegenseitig als attraktive Vorbilder.
- Die in das Training integrierten Problem- und Konfliktsituationen lassen sich in einer Gruppe effektiv bearbeiten. Zum einen werden sie in gemeinsamen Rollenspielen realitätsnah dargestellt, zum anderen können verschiedene Kinder Lösungsmöglichkeiten vorschlagen und gemeinsam einüben.

Das Verhaltenstraining wird im Klassenzimmer oder dem Gruppenraum durchgeführt. Im Klassenzimmer oder Gruppenraum werden die Materialien des Trainings (wie z. B. die Schatzkarte oder die Schatzsucherregeln) für die Kinder erkennbar platziert.

Durchführung des Trainings mit Migranten

Es ist darauf zu achten, dass die Durchführung des Trainings mit Migranten einer differenzierten Vorbereitung und Durchführung bedarf. So ist besonders in der dritten und der vierten Stufe nicht allein die Berücksichtigung der unterschiedlichen Sprachen von Bedeutung, sondern zudem mögliche kulturelle Spezifika. So kann beispielsweise der offene Umgang mit Emotionen in verschiedenen Kulturkreisen unterschiedlich akzeptiert sein. Gemeinsamkeiten, aber auch Unterschiede zwischen Kulturen herauszuarbeiten, bildet daher einen wichtigen interkulturellen Lernvorgang für die Kinder und kann das Verständnis für kulturelle Vielfalt erhöhen.

Durchführung des Trainings im therapeutischen Einzelsetting

Viele Therapeuten nutzen das Verhaltenstraining für Schulanfänger sehr erfolgreich für die Durchführung von Einzelpsychotherapien mit Kindern im Alter zwischen sechs und acht Jahren. Da diese Psychotherapien im Einzelsetting durchgeführt werden, müssen gewisse Elemente des Programms, wie etwa das Singspiel der dritten Trainingsstufe, das mehr als zwei Mitspieler erfordert, modifiziert und angepasst werden.

8.3 Ziele des Verhaltenstrainings

Das Verhaltenstraining für Schulanfänger umfasst sowohl personzentrierte als auch kontextorientierte Ziele. Einige Ziele, die sich auf die Klassenführung und das Problemmanagement für Lehrer beziehen, wurden bereits diskutiert. Für die Kinder- und Trainer-Ebene lassen sich jedoch noch weitere Ziele formulieren.

Kinder-Ebene

- Verbesserung der sozialen Wahrnehmung,
- Sensibilisierung der Selbst- und Fremdwahrnehmung für Gefühle,
- Förderung emotionaler und sozial-emotionaler Fertigkeiten,
- Förderung des Problemlöse- und Konfliktmanagements: Aufbau von Handlungsalternativen im Sinne angemessener Selbstbehauptung, angemessener Umgang mit Misserfolg und Kritik, Fähigkeit zur Zurückstellung eigener Bedürfnisse und Interessen sowie regelgeleitetem Verhalten,
- Verbesserung der Selbstkontrolle und Selbststeuerung sowie
- Aufbau prosozialen Verhaltens.

Trainer-Ebene

- Vermittlung von Basiswissen über soziale Wahrnehmung, soziale Fertigkeiten und emotionale Kompetenzen sowie oppositionell-aggressives Verhalten,
- Vermittlung von Strategien zur Förderung positiver Trainer-Kind-Interaktionen als Grundlage eines tragfähigen Arbeitsbündnisses,
- Vermittlung lernpsychologischer Grundlagen und der sich daraus ableitenden Interventionsstrategien zur Prävention und zum Abbau negativen Kinderverhaltens sowie zum Aufbau eines angemessenen Sozial- und Lernklimas in der Gruppe und
- Vermittlung der Inhalte und Methoden des Verhaltenstrainings für Schulanfänger.

8.4 Aufbau des Trainings

Zeitliche Struktur

Das Verhaltenstraining umfasst maximal 26 Sitzungen mit je zwei Trainingsstunden à 45 bis 60 Minuten pro Woche. Das Training kann im Rahmen eines Schulhalbjahres abgeschlossen werden.

Hinweis: Es gibt Kindergruppen, für die ein zeitlicher Umfang von 26 Trainingsstunden zu langwierig ist. Die Erfahrung von Praktikern hat gezeigt, dass Kürzungen um drei Sitzungen in der vierten Stufe des Trainings durchaus möglich sind. Es handelt sich dabei um die folgenden drei Sitzungen:
- *18. Sitzung:* „Das Federmäppchen". Das Thema der Sitzung „Reaktion auf mehrdeutige Situationen" wird bereits in der vorangehenden Trainingsstunde bearbeitet.
- *19. Sitzung:* „Lust auf Kekse". Das Thema „Selbstkontrolle" oder „Achtung vor dem Eigentum anderer" ist bereits Gegenstand einer der Schatzsucherregeln („Ich frage, bevor ich etwas von jemand anderem nehme.").
- *23. Sitzung:* „Die Bewährungsprobe". In dieser Trainingsstunde geht es um das Thema „Mobbing" und ungünstiger Cliquenbildung unter Kindern. Dieses ist selbstverständlich ein wichtiges Thema, verlangt möglicherweise jedoch eine umfangreichere Bearbeitung außerhalb dieses Trainingsvorhabens.

Es ist ratsam, diese oder andere Sitzungen, um die das Training gekürzt wurde, als Auffrischungssitzungen nach Beendigung des Verhaltentrainings für Schulanfänger zu nutzen.

Es ist empfehlenswert, die Trainingsstunden in die ersten Schulstunden des Tages zu legen. In diesen Stunden sind gerade junge Kinder noch aufmerksam und konzentriert, während diese Fähigkeiten im Laufe des Schultages oft abnehmen. Des Weiteren sollten nicht zwei Trainingsstunden direkt aufeinander folgen. Eine Trainingsstunde beinhaltet viele neue Aspekte, so dass zwei aufeinander folgende Stunden zu einer Überforderung der Kinder führen könnte. Unsere Erfahrungen haben gezeigt, dass eine eintägige Trainingspause zwischen den Sitzungen dazu beiträgt, dass die Lerninhalte sich gut verfestigen.

Inhaltliche Struktur

Die Abbildung 3 zeigt den Aufbau des Trainings und stellt kurz die zu Grunde liegenden lernpsychologischen Techniken und Inhalte dar. Die Inhalte des Trainings lassen sich in vier Stufen gliedern, wobei in jeder Stunde ein Thema schwerpunktmäßig bearbeitet wird.

1. Stufe

Wie in Abbildung 3 ersichtlich, beginnt das Training mit einer dreistündigen *Einführungsphase,* in der den Kindern die Rahmenbedingungen und lernpsychologisch fundierte Basiselemente zur Herstellung eines angemessenen Lernklimas vermittelt werden. So werden die Kinder aufgefordert, sich gemeinsam auf eine Schatzsuche zu begeben. Die Schatzsuche bildet den didaktischen Rahmen des Verhaltenstrainings. Initiierend, begleitend und unterstützend wirkt dabei eine Handpuppe, das Chamäleon „Ferdi", die die Kinder als Identifikationsfigur motivieren soll. In der ersten Stufe des Verhaltenstrainings werden Trainingselemente wie ein Ruheritual, Gruppenregeln, ein Trainingsvertrag und ein Verstärkerplan eingeführt.

Kapitel 8

1. Stufe	Trainingsgrundlagen			
Stunden 1 bis 3	motorische Ruhe und Entspannung	Motivationsaufbau zur Trainingsmitarbeit	Erkennen des Zusammenhangs von Verhalten und Konsequenzen	Aufbau eines Verpflichtungsgefühls
	– Ruheritual „Chamäleonpause"	– Einführung einer altersgemäßen Identifikationsfigur (Handpuppe) – altersgemäßer Trainingsrahmen: Schatzsuche	– Verstärkerplan, eingebunden in die Schatzsuche	– Trainingsvertrag

2. Stufe	Verbesserung der sozial-kognitiven Kompetenzen		
Stunden 4 bis 6	Stärkung der visuellen Aufmerksamkeit	Stärkung der auditiven Aufmerksamkeit	Stärkung der Aufmerksamkeitslenkung
	– Vermittlung einer Selbstinstruktion zur Aufmerksamkeitslenkung – Übung zur visuellen Aufmerksamkeit	– Vermittlung einer Selbstinstruktion zur Aufmerksamkeitslenkung – Übung zur auditiven Aufmerksamkeit	– Vermittlung einer Selbstinstruktion zur Aufmerksamkeitslenkung – Übung zur Verbesserung der sozialen Wahrnehmung

3. Stufe	Selbst- und Fremdwahrnehmung emotionaler Grundkategorien (Ärger, Angst, Trauer, Freude), Aufbau sozial-emotionaler Fertigkeiten, Aufbau von prosozialem Verhalten				
Stunden 7 bis 12	– Transferübung: Verbindung zur Erlebniswelt der Schüler herstellen	– strukturierte Bild- und Textanalyse zum Thema „Baltasar ist traurig"	– strukturierte Bild- und Textanalyse zum Thema „Mortimer hat Angst"	– strukturierte Bild- und Textanalyse zum Thema „Cäsar ärgert sich"	– strukturierte Bild- und Textanalyse zum Thema „Cäsar, Mortimer und Baltasar sind wieder fröhlich"
	– Übung zur Stärkung des Einfühlungsvermögens, zu Hilfeverhalten und Kooperation				

Konzeption und Aufbau des Verhaltenstrainings

Abbildung 3: Struktur des Trainings

2. Stufe

In den folgenden beiden Stufen werden die Grundlagen für ein angemessenes Sozialverhalten behandelt. Bezug nehmend auf das sozial-kognitive Informationsverarbeitungsmodell der Arbeitsgruppe um Dodge (Dodge & Schwartz, 1997; vgl. Kap. 2) werden in der zweiten Trainingsstufe die *sozial-kognitiven Kompetenzen* der Kinder gestärkt. Im Rahmen von spielerischen Übungen und unterstützt durch eine Selbstinstruktion lernen die Kinder die Vorteile einer differenzierten Wahrnehmung kennen. Ziel dieser Trainingsphase ist es, die Kinder zu einer genauen Beobachtung ihrer Umgebung anzuhalten. Der Schwerpunkt liegt dabei in der Auswertung visueller und auditiver Reize. Während in den ersten beiden Stunden dieser Sequenz nacheinander die Bedeutsamkeit des genauen Hinschauens und Zuhörens bearbeitet wird, werden die Kinder in der dritten

Stunde mit einer Aufgabe konfrontiert, die eine differenzierte soziale Wahrnehmung erfordert, um sie angemessen lösen zu können. In dieser Stufe steht den Kindern Bild- und Tonmaterial zur Verfügung. Die Selbstinstruktion ist Bestandteil aller folgenden Trainingsstunden, so dass den Kindern die Inhalte dieser Trainingsstufe dauerhaft präsent bleiben.

3. Stufe

In der dritten Stufe des Trainings sollen die Kinder den Umgang mit eigenen Gefühlen und den Gefühlen anderer verbessern. Die Kinder erweitern in dieser Stufe ihre *emotionalen und sozial-emotionalen Fertigkeiten,* wie das Erkennen und Benennen von Gefühlen sowie das Einfühlen in den Interaktionspartner als Voraussetzung für Hilfeverhalten, Aufschieben eigener Bedürfnisse und ein angemessenes Selbstbehauptungsvermögen. Die Auseinandersetzung mit dem Themenkomplex „Emotionen" erfolgt durch die Begegnung mit Gespenstern in einem Spukschloss. So bitten die Gespenster die Kinder bei der Lösung ihrer emotionalen Probleme um ihre Mithilfe. Auch die dritte Trainingsstufe dient der inhaltlichen und methodischen Vorbereitung der Kinder auf die vierte Trainingsstufe.

4. Stufe

Hier sollen die Kinder ihr *Konflikt- und Problemlösemanagement* verbessern. Anhand von kindgerechtem Bild- und Tonmaterial (Comicgeschichten; Hörspiel) analysieren die Kinder eine Vielzahl alltagstypischer sozialer Problem- und Konfliktsituationen und erarbeiten angemessene Handlungsalternativen, die sie im Anschluss daran im Rollenspiel einüben, so dass neu erworbene Handlungsstrategien vertieft werden können. In dieser Trainingsphase werden die in den vorangegangenen Trainingsstufen bearbeiteten Themenkomplexe wieder aufgegriffen. Bei der Analyse der Problemsituationen soll das Verhalten (emotionaler Ausdruck, mögliche Kognitionen, Handlung) der Comicfiguren differenziert beobachtet, beschrieben und interpretiert werden. Die möglichen Folgen einer Handlung sollen vorher abgeschätzt werden.

8.5 Die „Schatzsuche" als didaktischer Rahmen des Trainings

Um die Motivation zur Mitarbeit am Training aufzubauen und über einen vergleichsweise langen Zeitraum aufrechtzuerhalten, bedarf es eines spannenden und altersgerechten Motivs. Eine Schatzsuche erfüllt diesen Zweck und bietet darüber hinaus den Vorteil einer Story, die, in unterschiedlichen Sequenzen (= Schatzsucheraufgaben) untergliedert, eine kindgemäße Bearbeitung ermöglicht. So kann Sättigungseffekten vorgebeugt und der Spannungsbogen erhalten werden. Des Weiteren verbindet das Leitmotiv der Schatzsuche das Anstrengungs- mit dem Belohnungsprinzip. So stellt sich bei den Kindern nicht nur eine Ergebniserwartung (Belohnung: Schatz) ein, sondern sie verbinden die abschließende Belohnung mit ihrer erbrachten Leistung.

8.6 Die Handpuppe „Ferdi"

Neben der Rahmenhandlung der Schatzsuche wird das Training von einem weiteren didaktischen Element, einer Handpuppe, gestaltet. Handpuppen eignen sich insbesondere im Unterricht mit Grundschülern sehr gut, weil sie einen hohen Aufforderungscharakter besitzen und die Aufmerksamkeit der Kinder lenken. Im Rahmen des Trainings dient die Handpuppe als Identifikationsfigur mit Vorbildcharakter.

Für das Training wurde eine Chamäleon-Handpuppe ausgewählt. Die Spezies der Chamäleons verfügt über einige Eigenschaften, die in unterschiedlichen Trainingskomponenten inhaltlich bedeutsam werden. So sind Chamäleons zum Beispiel Tiere, die sich auf ihre Umgebungsbedingungen gut einstellen können, eine Fähigkeit, die ein globales Zielverhalten des Trainings darstellt. Zudem eignet sich diese Tierart gut, um das Ruheritual „Chamäleonpause" zu vermitteln, das jede Trainingssitzung einleitet. Darüber hinaus wird die Chamäleon-Handpuppe (namens „Ferdi") wegen seiner besonderen Augen zur Symbolfigur für differenzierte Wahrnehmungsleistungen, die für die Bewältigung komplexer Anforderungen im sozialen Bereich erforderlich sind.

Zusätzlich zum Leitmotiv der Schatzsuche bildet „Ferdi" den „roten Faden" des Trainings. Als ständiger Begleiter der Kinder während der Schatzsuche, strukturiert er jede Stunde, die er mit seiner Einleitung in das Thema der jeweiligen Trainingsstunden einführt und mit einer Zusammenfassung der erzielten Ergebnisse beendet. Schließlich verteilt „Ferdi" – und nicht der Trainer – die Punkte (Tokens) für gute Mitarbeit.

8.7 Aufbau der Trainingsstunden

Jede Trainingsstunde folgt einer festgelegten Struktur (vgl. Kasten 17).

Kasten 17: Aufbau der Trainingsstunden

- Begrüßung durch „Ferdi"
- Ruheritual
- Einführung und Bearbeitung der Trainingsaufgabe
- Kurzreflexion der Stunde mit „Ferdi"
- Belohnungsphase mit „Ferdi"

Das festgelegte und immer wiederkehrende Muster der Trainingsstunden bietet den Vorteil, dass dadurch die Kinder klare Erwartungen an das Training entwickeln. Die Kinder gewinnen so Sicherheit und Orientierung. Ein klar strukturierter und vorhersehbarer Unterrichtsrahmen ist für Kinder dieser Altersstufe und besonders für Kinder mit problematischem Verhalten eine notwendige Voraussetzung, um Lerninhalte aufnehmen und verarbeiten zu können.

8.8 Verlaufskontrolle

Um Verhaltensänderungen der Kinder dokumentieren zu können, wird ein speziell für dieses Training entwickelter Beobachtungsbogen für Trainer zur Verfügung gestellt (vgl. Anhang, Seite 269 ff.). Dieser Beobachtungsbogen sollte zunächst vor Beginn des Trainings (erster Beobachtungszeitpunkt) vom Klassenlehrer oder Trainer für jedes einzelne Kind ausgefüllt werden, um so grob die Stärken und Schwächen der Kinder zu dokumentieren. Der Beobachtungsbogen gliedert sich in drei Beobachtungsbereiche. Es werden die sozial-kognitiven, die sozial-emotionalen Fertigkeiten sowie das Sozialverhalten der Kinder beurteilt. Um die Beobachtungen vergleichen zu können, werden den Verhaltensausprägungen (sehr selten, selten, manchmal, oft, sehr oft) Zahlenwerte zugeordnet. Zeigt das Kind zum Beispiel ein Verhalten sehr selten, wird ihm für diesen Beobachtungspunkt der Wert „0" zugeteilt. Zeigt das Kind es selten, wird dieses Verhalten mit dem Wert „1" ausgedrückt. Im Überblick verteilen sich die Verhaltensausprägungen auf folgende Zahlenwerte:

sehr selten oder nie:	0
selten:	1
manchmal:	2
oft:	3
sehr oft:	4

Die jeweils erreichten Werte werden zusammengezählt und in das dafür vorgesehene Feld eingetragen. Je höher dieser Wert ist, desto angemessener ist das Verhalten des Kindes. Nach der Durchführung des Trainings sollte jedes Kind nochmals beurteilt werden, um Vergleichswerte zur Verhaltensentwicklung zu erhalten. Zusätzliche Informationen lassen sich durch die Berechnung der Mittelwerte der einzelnen Beobachtungskategorien erreichen (vgl. Kasten 18 und Abb. 4).

Kasten 18: Beispiel zur Berechnung der Beobachtungskategorie „sozial-emotionale Ebene" (s. Anhang, Seite 270)

> Ein Kind erzielt zum ersten Beobachtungszeitpunkt in der Beobachtungskategorie „sozial-emotionale Ebene" einen Summenwert von 16. Dies entspricht bei acht Einzelkategorien einem Mittelwert von 2, also zeigt das Kind *manchmal* Fertigkeiten auf der sozial-emotionalen Ebene. Zum zweiten Beobachtungszeitpunkt erreicht das Kind in der selben Beobachtungskategorie einen Summenwert von 24; es hat sich also verbessert. Der errechnete Mittelwert von 3 gibt zusätzlich darüber Auskunft, dass das Kind mittlerweile *oft* sozial-emotional kompetentes Verhalten zeigt.

Es empfiehlt sich, die Kindereinschätzungen mit den ebenfalls in der Gruppe unterrichtenden Kollegen zu besprechen und gegebenenfalls einzelne Kinder auch von diesen Kollegen beurteilen zu lassen, um so eine Information über das Verhalten des Kindes in anderen Situationen zu erhalten.

Name des Kindes:			
Kategorie	Summe zu Beginn des Trainings	Summe bei Ende des Trainings	Mittelwert
Sozial-kognitive Ebene			
Sozial-emotionale Ebene			
Ebene des Sozialverhaltens			

Abbildung 4: Auswertungsschema zur Einschätzung des Trainingserfolgs

Eine Selbsteinschätzung der Kinder bezüglich des Trainingserfolgs, wie es in vielen anderen Trainingsprogrammen empfohlen wird, ist mit Kindern ohne ausreichende Lese- und Rechtschreibfertigkeiten nur mit großem Aufwand durchführbar und lässt sich von daher im Schulalltag kaum realisieren.

9 Umgang mit den Materialien

9.1 Umgang mit dem Trainingsvertrag

Zu Beginn des Trainings wird mit den Kindern ein *Trainingsvertrag* abgeschlossen. Ein Trainingsvertrag beinhaltet eine genaue Beschreibung des Zielverhaltens. Im Zusammenhang mit einem Verstärkerplan werden den Kindern die positiven Konsequenzen, die auf Einhaltung oder Erreichung des Zielverhaltens folgen, deutlich gemacht (Zirpoli & Melloy, 2001).

Mit dem Unterzeichnen des Vertrags erklären sich die Kinder bereit, sich an die im Vertrag vereinbarten Regeln zu halten und aktiv im Training mitzuarbeiten. Dies weckt ein Verpflichtungs- und Verantwortungsbewusstsein der Gruppe gegenüber. Da es sich bei den ersten Klassen der Grundschule um Schreibanfänger handelt, ist dieser Vertrag nicht in schriftlicher Form, sondern mit bildlichen Darstellungen gestaltet. Der Vertrag stellt drei Verhaltensweisen dar, deren Einhaltung für das Gelingen des Trainings zentral sind:

– Wir bleiben fair, auch wenn wir ärgerlich sind. Wir schubsen, beleidigen und hauen uns nicht!
– Wir machen bei allen Schatzsucheraufgaben mit und helfen uns gegenseitig!
– Wir fragen die anderen vorher, bevor wir uns Sachen von ihnen nehmen!

Der Sinn dieser Verhaltensweisen wird den Kindern anhand einer kurzen Geschichte von Ferdi näher gebracht. Der Inhalt dieser Geschichte sollte vom Trainer (Lehrer) gut vorbereitet sein. Wichtig ist des Weiteren eine ausreichende Größe des Trainingsvertrages, da zum einen die einzelnen Darstellungen gut sichtbar sein sollten und zum anderen für die Unterschriften aller Kinder genug Platz vorhanden sein sollte. Sollte es Kinder geben, die ihren Namen noch nicht schreiben können, so dürfen diese auch ein Bild von sich malen oder ein Zeichen machen, das sie als das ihre jederzeit wieder identifizieren können.

Wichtiger Hinweis:

Die Regeln sollten möglichst transparent und genau definiert werden. Während der Wortlaut der einzelnen Regeln kurz und daher eher abstrakt formuliert ist, sollte mit den Kindern zum Beispiel erarbeitet werden, welches Ausdrucksverhalten bei Ärger in der Gruppe akzeptiert wird. Je konkreter die Kinder erfahren, welches Verhalten von ihnen erwartet wird, desto höher ist die Wahrscheinlichkeit, dass es ihnen gelingt. Diese Konkretisierung der Zielverhaltensweisen ist enorm wichtig und verlangt vom Trainer eine eingehende Vorbereitung. Um die Planung des Zielverhaltens zu erleichtern, befindet sich im Anhang der Arbeitsbogen „Konkretisierung des Zielverhaltens" (Schatzsucherregeln, vgl. Seite 273).

Nachdem alle Kinder ihre Unterschrift unter den Vertrag gesetzt und damit ihre Zustimmung an der Teilnahme des Trainings ausgesprochen haben, wird der Vertrag gut sichtbar im Klassenzimmer oder Gruppenraum platziert. Eine gelegentliche Wiederholung der Vertragsinhalte ist unbedingt anzuraten, da die Inhalte über die Dauer des Trainings leicht in Vergessenheit geraten. Wenn es während des Trainings notwendig sein sollte, müssen die Kinder auf ihre vertraglich eingegangene Verpflichtung hingewiesen werden. Ein Eingreifen von Seiten des Trainers bei Vertragsbruch wird so für die Kinder einsichtig.

9.2 Umgang mit dem Verstärkerplan

Ziel eines Verstärkerplans ist es, angemessenes Verhalten systematisch zu belohnen und so einen Aufbau dieses Verhaltens zu erreichen (Kazdin, 2001; Petermann & Petermann, 2003, 2006). Wichtige Basiskompetenzen für den Alltag sind im Trainingsvertrag bereits festgehalten. Mitmachen, sich vertragen und erst zu fragen, bevor man sich etwas nimmt, sind Verhaltensweisen, die für ein reibungsloses Miteinander unbedingt erforderlich sind. Im Verstärkerplan wird aus Gründen der leichteren Durchführbarkeit und eines Höchstmaßes an Klarheit für die Kinder nur eine dieser Verhaltensregeln integriert.

Wir haben uns für die Verstärkerplanregel „Mitmachen" entschieden, da dies eine grundlegende Voraussetzung für einen Lernerfolg und für das Gelingen der Trainingsstunden ist. Auf die übrigen Verhaltensregeln
– „Wir bleiben fair, auch wenn wir ärgerlich sind. Wir schubsen, beleidigen und hauen uns nicht!" und
– „Wir fragen die anderen vorher, bevor wir uns etwas von ihnen nehmen!",
kann durch logische Konsequenzen reagiert werden. Diese logischen Konsequenzen sollten vor Beginn des Trainings gut durchdacht und festgelegt werden, damit die Umsetzung für den Pädagogen praktikabel und für die Kinder transparent bleibt. Um die Erarbeitung der logischen Konsequenzen zu erleichtern, befindet sich im Anhang der Arbeitsbogen „Logische Konsequenzen" (S. 274).

In der Regel versteht man unter „Mitmachen und Helfen" Verhaltensweisen wie aufmerksam auf dem Platz sitzen, zuhören, sich an den richtigen Stellen melden und mit eigenen Beiträgen das Training aktiv mitgestalten. Die Form des „Mitmachens und Helfens" muss bei jedem Kind detailliert festgelegt werden. Aktiven Kindern wird es nicht schwer fallen, sich zu melden oder aufmerksam dem Trainingsgeschehen zu folgen. Schüchterne Kinder folgen zwar dem Training aufmerksam, bringen sich aber selten durch eigene Beiträge in das Geschehen ein. Haben diese Kinder dann auch einen Punkt verdient?

Wir erinnern noch einmal an das Ziel des Verstärkerplans. Ziel ist es, angemessenes Verhalten aufzubauen. Bei Kindern, die all diese oben genannten Verhaltensweisen schon beherrschen, steht nicht mehr deren Aufbau, sondern die Erhaltung der Fähigkeiten im Vordergrund und sie bekommen ihren Punkt für ihr angemessenes Verhalten. Bei Kindern, denen es auf Grund von Entwicklungsrückständen oder anderen Gründen schwer fällt, sich an Einzelheiten der Regel zu halten, muss schon der kleinste Entwicklungsfortschritt positiv verstärkt werden. Kurz: Der Trainer sollte sich vor Beginn des Trainings genau überlegen, welche Verhaltensweisen er der Kategorie „Mitmachen und Helfen" zurechnet und welches Verhalten für ihn in die Kategorie „Kein Punkt" fällt.

Ein solch differenziertes Vorgehen kann den Kindern durch eine genaue Benennung der Verhaltensweisen, die zu dem erhaltenen Punkt oder auch zu dem Ausbleiben eines Punktes geführt haben, leicht verständlich gemacht werden. Auf diese Weise erleben die Kinder, dass sie gerecht beurteilt werden.

Textvorschlag „Ferdi":
So, meine allerliebste Schatzsuchertruppe, nun wollen wir mal wieder schauen, wer heute gut mitgemacht hat und so der Gruppe eine große Hilfe bei den Schatzsucheraufgaben war. Susanne, du hast heute gut mitgemacht. Ich habe gesehen, dass du dich zweimal gemeldet hast, um etwas zu sagen. Du bekommst einen Punkt. Kevin, du bekommst auch einen Punkt. Du hast aufmerksam zugehört und dich bei unserer Übung an die Rollenspielregeln gehalten. Stephanie und Mirja, ihr habt heute einen Großteil der Stunde auf euren Plätzen gesessen und miteinander geflüstert. Das hat uns bei unserer Schatzsuche nicht geholfen, deshalb bekommt ihr heute keinen Punkt (…).

Wichtiger Hinweis:
Das „Mitmachen und Helfen" erhält außerhalb der Trainingsstunden eine zusätzliche Bedeutung, die über die Punkteverteilung in der eigentlichen Trainingssitzung hinausgeht. Die Kinder sollten darauf hingewiesen werden, dass ein „echter Schatzsucher" sich auch außerhalb der Trainingsstunden darum kümmert, dass es den anderen Schatzsuchern gut geht, dass Gemeinheiten gegen Schatzsucher (z. B. auf dem Schulhof) nicht geduldet werden. Mögliche realistische und sichere Hilfestrategien sollten detailliert mit den Kindern erörtert werden.

9.3 Einsatz von Selbstinstruktionen

Das Verhaltenstraining enthält eine Selbstinstruktion. Selbstinstruktionen sind erprobte Elemente kognitiv-behavioraler Interventionsverfahren und dienen der Unterstützung der Verhaltenssteuerung (Ager & Cole, 1991; Petermann & Petermann, 2005).

Kasten 19: Beispiele für Selbstinstruktionen

> *Die Selbstinstruktionen:*
> - Hey, ho was ist das, ein Problem das macht doch Spaß! Schau genau hin und du wirst es sehn', hör gut zu und du wirst verstehn'. Die Lösung, die ist gar nicht schwer, schon wieder weiß ich etwas mehr! Jippie!
>
> *Alternativ:*
> - Augen auf, Augen auf,
>   Ohren auch, Ohren auch,
>   das ist der Chamäleonbrauch!

Ziel einer solchen Selbstinstruktion ist es, die eigene Aufmerksamkeit auf kommende Aufgaben zu lenken und sich positiv und zuversichtlich auf ihre Bearbeitung einzustellen. Durch die mit der Selbstinstruktion eingeführten Zeichen („Finger unter das Auge" für genau hinschauen und „Hand hinter das Ohr" für genau hinhören), kann in Einzelfällen auf Anweisungen wie „Hör zu" oder „Pass auf" verzichtet werden.

> **Beispiel**
>
> Andreas hampelt auf seinem Platz herum, er kramt in seiner Schultasche und ist offensichtlich mit anderen Dingen beschäftigt, als mit dem Unterrichtsstoff. Die Klassenlehrerin Frau Borchers geht langsam zu seinem Platz, fasst ihm leicht auf die Schulter, nimmt mit ihm Blickkontakt auf und legt als Zeichen für „Pass auf" ihren Zeigefinger unter ihr Auge.

In der ersten Zeit werden diese Handlungen („prompts") verbal unterstützt, später reicht das Zeichen und der Unterricht muss nicht mehr unterbrochen werden. Damit diese Zeichen im Gedächtnis der Kinder haften bleiben, sollten sie neben den Trainingsstunden auch in anderen Situationen verwendet werden.

9.4 Der „Ferdi-Plan"

Eine weitere Möglichkeit zur Unterstützung des Selbstmanagements bei der kompetenten Bewältigung von Problemsituationen wird ab der vierten Trainingsstufe mit Hilfe von Selbstinstruktionskärtchen, dem „Ferdi-Plan", geschaffen. Der „Ferdi-Plan" ist ein Problemlösungsschema in drei Schritten, also eine Art „Metaplan", der durch ein Selbstinstruktionskärtchen visualisiert wird (s. Abb. 5).

Der erste Schritt lautet: „Stopp, Problem beschreiben", visualisiert durch Ferdi mit dem Stoppschild.

Der zweite Schritt lautet: „Viele Lösungen suchen", visualisiert durch den Jungen mit dem Fragezeichen.

Abbildung 5: Selbstinstruktionskärtchen „Ferdi-Plan" (nach einer Idee von M. Krummrich)

Der dritte Schritt lautet: „Gefundene Lösungen bewerten (Drache/Schatz) und für eine gute (angemessene) Lösung entscheiden", visualisiert durch den Jungen mit der Glühbirne, dem Drachen (unangemessene Lösung) und dem Schatz (angemessene Lösung).

In der vierten Stufe werden die verschiedenen Problemsituationen genau nach diesem Problemlöseschema bearbeitet. Die Darstellung der Ausgangssituation entspricht dem ersten Schritt des „Ferdi-Plans", die Bearbeitung der angemessenen und unangemessenen Lösungen beschreibt den zweiten Schritt und die Entscheidung für eine angemessene Lösung sowie das Einüben derselben den dritten und letzten Schritt des „Ferdi-Plans".

Das Kärtchen (Kreditkartenformat) sollte vom Lehrer ausgeschnitten, für jedes Kind vervielfältigt und laminiert werden. Die Kinder sollten aufgefordert werden, ihre persönlichen „Ferdi-Pläne" ständig bei sich zu tragen, so dass sie an die Umsetzung der angemessenen Verhaltensstrategien erinnert werden.

9.5 Rollenspiele

Ein Rollenspiel bietet vielerlei Lernmöglichkeiten. So fließen sowohl operante Lernmethoden als auch Modelllernen zum Aufbau neuen Verhaltens sowie zum Erwerb neuer Erfahrungen ein (vgl. Petermann & Petermann, 2005). Ein Rollenspiel ermöglicht, in einem geschützten Rahmen neue Verhaltensweisen auszuprobieren. In einer Gesprächssituation sind viele, gerade auch aggressive Kinder in der Lage, angemessene Konfliktlösungen zu benennen. Sind sie aber in eine Konfliktsituation involviert und sei es nur in einem Rollenspiel, fällt die Umsetzung der vorher besprochenen angemessenen Konfliktlösestrategien sehr schwer. Beim Rollenspiel zeigen sie dann häufig Verlegenheitsreaktionen und albern zu Anfang herum. Konkrete Verhaltensübungen sind jedoch von großer Wichtigkeit. Bitte achten Sie darauf, dass die Kinder nur erwünschtes Verhalten trainieren. In der Trainingsstufe 4 werden immer neben der angemessenen Konfliktlösung auch unangemessene Varianten präsentiert. Diese *unangemessenen Konfliktlösungen* sollten Sie die Kinder *niemals* im Rollenspiel trainieren lassen. Gerade Kinder, die bereits durch aggressives Verhalten auffallen, beherrschen diese Verhaltensweisen perfekt und müssen sie nicht noch weiter vertiefen. Verstärken Sie diese Verhaltensweisen nicht, indem Sie die Kinder ihr „Können" vor einem breiten Publikum präsentieren und Applaus dafür ernten lassen.

Lassen Sie die Kinder zunächst in Kleingruppen üben, dadurch reduzieren Sie gerade für schüchterne Kinder die Hemmschwelle, sich an einem Rollenspiel zu beteiligen. Die Kleingruppen präsentieren im Anschluss ihr geübtes Rollenspiel der gesamten Gruppe und lassen ihre gespielte Lösung von dieser bewerten.

9.6 Umgang mit Transfer- und Hausaufgaben: Die Ferdi-Aufgaben

Das Erteilen von Hausaufgaben in der ersten und auch zweiten Klasse einer Grundschule wird von Schule zu Schule sehr unterschiedlich gehandhabt. In einigen Schulen bekommen die Kinder gleich von der ersten Klasse an Hausaufgaben auf, in anderen Schulen werden diese erst ab der dritten Klasse erteilt. Da Transfer- und Hausaufgaben jedoch die Möglichkeit eröffnen, die Trainingsinhalte stärker in den Alltag zu übertragen, sollte der Trainer die Trainingsinhalte so häufig wie möglich außerhalb der Trainingssitzungen üben und vertiefen lassen! Nötigenfalls ist hier vor Beginn des Trainings die Zustimmung der Eltern einzuholen. Das sollte insbesondere für die Trainingsstufe 4 gelten, in der die Kinder neue Problem- und Konfliktlösestrategien lernen. Um das in den Rollenspielen eingeübte Verhalten zu verfestigen, ist es sehr nützlich, die Kinder dazu zu motivieren, die neuen Verhaltensstrategien außerhalb des Trainings anzuwenden. Dazu eignen sich zum Beispiel andere Unterrichtsstunden und die Schulpausen, aber oft auch Freizeitsituationen. Die Erfahrungen in der Verhaltenstherapie mit Kindern und Jugendlichen haben gezeigt, dass Kinder beispielsweise mithilfe von Selbstbeobachtungsaufgaben gut zu motivieren sind, neue Verhaltensweisen einzuüben. Dabei erhalten die Kinder den Auftrag, sich selbst genau dabei zu beobachten, wie oft sie das neue Verhalten anwenden und mit welchen Konsequenzen es verbunden ist. In der folgenden Trainingsstunde sollten die Kinder dann berichten, zu welchen Ergebnissen sie bei ihren Beobachtungen gekommen sind. Ziel dieser Übungen ist es, den Fokus auf das eigene neu erlernte Verhalten zu lenken. Durch diese Schritte der Selbstbeobachtung fällt es den Kindern leichter, ihr Sozialverhalten zu modifizieren. Um die Motivation der Kinder zu erhöhen, wurde im Training vom Begriff „Hausaufgabe" abgesehen und stattdessen der Begriff „Ferdi-Aufgabe" gewählt. Die „Ferdi-Aufgaben" können sowohl Übungsaufgaben in der Schule (außerhalb der Trainingsstunden, z. B. in der Pause) als auch Übungsaufgaben für zu Hause beinhalten. Durch den „Ferdi-Plan" werden die Kinder beim Einüben der neuen Verhaltensweisen unterstützt (s. Kap. 9.4).

10 Einbeziehen der Eltern

Um die Wirkungen des Trainings zu erhöhen, ist es sinnvoll, die Eltern frühzeitig in den Trainingsprozess einzubinden. Je stärker die Kinder die Gelegenheit bekommen, die Trainingsinhalte auch zu Hause zu vertiefen, desto stärker kann man mit längerfristigen Lerneffekten rechnen. Voraussetzung hierfür ist, die Eltern regelmäßig über das Vorhaben zu informieren und ihnen mitzuteilen, wie sie ihre Kinder beim Lernen unterstützen können.

Rechtzeitig vor dem Beginn des Trainings sollten die Eltern zu einem Elternabend eingeladen werden, bei dem sie über die Ziele, Inhalte, Methoden und Rahmenbedingungen des Vorhabens informiert werden. Bereits hier sollte zudem über die unterstützende Rolle der Eltern sowie eine Evaluation des Vorhabens diskutiert werden. Im weiteren Verlauf des Trainings sollten die Eltern kurz vor Beginn der einzelnen Trainingsstufen Elternbriefe erhalten, die über die wichtigsten Komponenten der bevorstehenden Trainingsstunden informieren und dazu anregen, bestimmte Inhalte mit den Kindern zu besprechen.

„Ferdi steht vor der Tür!"

Einladung zum Elternabend

Liebe Eltern,
es hat sich gezeigt, dass ein positives Lernklima und ein friedliches Miteinander in der Gruppe die Freude am Lernen und damit auch den Lernerfolg der Kinder steigern kann. Es ist wichtig, die Kinder bereits beim Schulstart gezielt dabei zu unterstützen, wie man schwierige Situationen mit anderen Menschen meistert und sich kooperativ verhält. Unterstützt man dabei schon junge Kinder von Beginn an, kann man ungünstigen sozialen Entwicklungen (z. B. Regelverletzungen, aggressives Verhalten) vorbeugen.

Ein Vorbeugungsprogramm zur Förderung von Sozialverhalten stellt das Verhaltenstraining für Schulanfänger dar, das ich in unserer Klasse/Gruppe durchführen möchte. Das Trainingsprogramm ist speziell für Kinder gestaltet, die am Beginn ihrer Schullaufbahn stehen und noch nicht lesen und schreiben können. Während des Trainings beschäftigen sich die Kinder mit dem Erkennen und Benennen von Gefühlen, dem Einfühlen in andere sowie dem Einüben positiven sozialen Verhaltens in schwierigen Situationen.

Das Training ist phantasievoll und motivierend gestaltet, so dass die Kinder mit Spaß und Freude lernen. Sie begeben sich gemeinsam auf eine Schatzsuche und werden dabei von dem weisen Chamäleon „Ferdi" begleitet und unterstützt.

Um Sie über unser Vorhaben genauer zu informieren, möchte ich Sie herzlich zu unserem Elternabend am _____ einladen.

Ort: _____

Zeit: _____

Ich hoffe, Sie unterstützen uns bei diesem Vorhaben und freue mich auf unseren Elternabend.

Ihr(e) _____

Verhaltenstraining für Schulanfänger: Elternbrief 1. Stufe

Liebe Eltern,
ab dem _____ starten wir in unserer Klasse/Gruppe mit dem Verhaltenstraining für Schulanfänger, um die Kinder gezielt beim Erlernen von positivem Sozialverhalten zu unterstützen. In jeder Woche werden ein bis zwei Trainingsstunden stattfinden.

Damit Sie über den Verlauf des Trainings informiert sind und die Themen des Trainings mit Ihrem Kind zu Hause vertiefen können, erhalten Sie während des Trainings insgesamt vier Elternbriefe.

Das Training umfasst insgesamt vier aufeinander aufbauende Trainingsstufen. In der bevorstehenden ersten Trainingsstufe lernen die Kinder zunächst das Chamäleon „Ferdi" kennen. Die Kinder erfahren Wissenswertes über Chamäleons, ihre gute Anpassungs- und Beobachtungsfähigkeit. „Ferdi" ist freundlich und weise und begleitet die Kinder auf der Suche nach einem alten Piratenschatz. Um sich bei der Schatzsuche nicht gegenseitig den Spaß zu verderben, werden gemeinsame „Schatzsucherregeln" aufgestellt. Sie lauten:
– Wir bleiben fair, auch wenn wir ärgerlich sind. Wir schubsen, beleidigen und hauen uns nicht!
– Wir machen mit und helfen uns gegenseitig!
– Wir fragen, bevor wir etwas von jemandem nehmen!

Zur Einhaltung der Regeln unterschreiben die Kinder eine Abmachung, den Schatzsuchervertrag. Für das Mitmachen und Helfen gibt es nach jeder „Ferdi-Stunde" Punkte, damit sich die Anstrengung auch lohnt!

Besprechen Sie den Sinn und Zweck solcher oder ähnlicher Verhaltensregeln mit Ihrem Kind. Wozu sind sie gut? Wobei können sie helfen? Gibt es solche oder ähnliche Regeln auch in Ihrer Familie?

Außerdem bringt „Ferdi" den Kindern noch eine kurzes Ritual, „die Chamäleonpause", bei, die dabei helfen kann, zur Ruhe zu kommen. Vielleicht bitten Sie Ihr Kind einmal, die „Chamäleonpause" mit Ihnen durchzuführen, denn ein bisschen Ruhe und Entspannung tut auch Erwachsenen ab und zu ganz gut ...

Viele Grüße,
Ihr(e) _____

Verhaltenstraining für Schulanfänger: Elternbrief 2. Stufe

Liebe Eltern,
das Verhaltenstraining geht nun in seine zweite Runde, die zweite Trainingsstufe beginnt. In den folgenden Stunden wird es darum gehen, die Wahrnehmung der Kinder für ihre Umgebung zu schärfen: Je genauer wir wahrnehmen und aufpassen, was um uns herum passiert, desto kompetenter können wir darauf reagieren. Das ist natürlich im Schulunterricht der Fall, aber auch in Alltagssituationen, wenn wir mit anderen Menschen zu tun haben. Da es wichtig ist, dass die Kinder den Nutzen einer differenzierten Wahrnehmung und des genauen Aufpassens verstehen, werden ihnen diese Themen durch drei Rätsel und den Schatzsucherruf nahe gebracht.

Der Schatzsucherruf soll die Aufmerksamkeit der Kinder auf das Lösen von Aufgaben lenken und daran erinnern, immer ganz genau aufzupassen.

Schatzsucherruf:
„Hey, ho, was ist das?
Ein Problem, das macht doch Spaß,
schau genau hin und du wirst es sehn',
hör gut zu und du wirst verstehn',
die Lösung, die ist gar nicht schwer, schon wieder weiß ich etwas mehr.
Jippie!!!!!"

Zunächst werden den Kindern Suchbilder gezeigt, die man erst beim genauen HINSCHAUEN enträtseln kann.

Danach kommen sie in der Schatzsuchergeschichte an einen Fluss, den sie nur mithilfe eines Orakels überwinden können. Das spricht natürlich in Rätseln, die man nur entschlüsseln kann, wenn man genau HINHÖRT. Hier bearbeiten die Kinder ein kurzes Hörspiel.

Fragen Sie Ihr Kind doch einmal nach dem Spruch des Orakels, vielleicht verzaubert es auch Sie ...

Schließlich begegnen die Kinder der Waldfee Cordula von Eich, die ihnen ein Rätsel aufgibt. Nun wird die soziale Wahrnehmung der Kinder geschärft, indem sie anhand einer kombinierten Bild- und Hörgeschichte über den Jungen „Mark" lernen, alle ihre Sinne einzusetzen, um ihre Mitmenschen richtig zu verstehen.

Viele Grüße,
Ihr(e) _____

Verhaltenstraining für Schulanfänger: Elternbrief 3. Stufe

Liebe Eltern,
schon wieder erreichen die Kinder im Verhaltenstraining für Schulanfänger eine neue Etappe. In der dritten Stufe beschäftigen sie sich mit Gefühlen.

Wir wissen heute, dass angemessenes Sozialverhalten und ein friedliches Miteinander nur gelingen kann, wenn wir gelernt haben, mit Gefühlen umzugehen und diese zu verstehen. Dabei geht es nicht allein um unsere eigenen Gefühle, sondern auch um die Gefühle anderer Menschen. Wenn wir beispielsweise erkennen können, ob jemand anderer ängstlich oder ärgerlich ist, werden wir sein Verhalten besser verstehen können. Wenn wir gelernt haben, uns in andere Menschen einzufühlen, steigt unsere Bereitschaft ihnen beizustehen, wenn sie unsere Hilfe brauchen. Wenn wir es schaffen, unsere eigenen Empfindungen zu erkennen und über unsere Gefühle zu sprechen, fällt es oft leichter, Schwierigkeiten zu meistern.

Die Kinder setzen sich in dieser Trainingsstufe mit den Gefühlen „Traurigkeit", „Angst", „Ärger" und „Freude" auseinander. Sie gelangen in ein verlassenes Schloss, in dem drei niedliche Gespenster leben: der traurige Baltasar, der ängstliche Mortimer und der wütende Cäsar. Das Problem der Gespenster bildet ihre Einsamkeit, denn sie wissen nicht von einander und leben jeder für sich isoliert in einem Schlossturm. Die Kinder begegnen den drei Gespenstern nacheinander und helfen ihnen ihre Gefühle zu bewältigen und ihre Einsamkeit zu überwinden.

Es wird Ihren Kindern umso leichter fallen, über Gefühle zu sprechen, je häufiger sie es tun und je bereiter Erwachsene sind, es ebenso zu tun. Versuchen Sie also mit Ihren Kindern darüber zu sprechen, welche Situationen bei Ihnen Trauer, Angst, Freude oder Ärger auslösen können und wie Sie es schaffen, die unangenehmen Gefühle zu bewältigen.

Viele Grüße,
Ihr(e) _____

Verhaltenstraining für Schulanfänger: Elternbrief 4. Stufe

Liebe Eltern,
nun beginnt die letzte und längste Etappe des Verhaltenstrainings für Schulanfänger. Die Kinder gelangen nun in das Land des Ärgerdrachens. Keine Angst – der Drache trägt zwar einen recht grimmigen Namen, er ist jedoch ein freundlicher Zeitgenosse. Der Drache bewacht den Schatz, nach dem die Kinder suchen und lässt nur diejenigen zum Schatz, die sich nicht darum streiten. Um ganz sicher zu gehen, dass der Schatz von friedlichen Menschen „gehoben" wird, stellt er die sozialen Kompetenzen der Kinder auf die Probe. Sie müssen ihm am Ende des Trainings durch die Drachenprüfung beweisen, dass sie gut zusammenarbeiten und sich gut verstehen, auch in schwierigen Situationen. Damit die Kinder die Aufgabe des Drachens auch sicher lösen können, schlägt ihnen Ferdi vor, dafür zu trainieren und Strategien für schwierige Alltagssituationen einzuüben. Die Kinder lernen Strategien, die es ihnen erleichtern
– ihre Interessen angemessen zu vertreten, mit Beschimpfungen umzugehen,
– mehrdeutige Situationen zu interpretieren, mit Misserfolg umzugehen,
– Geduld aufzubringen, um Hilfe zu bitten sowie
– Verlockungen zu widerstehen und zu teilen.

Diese Strategien üben sie im Training in Rollenspielen ein und sollen sie außerhalb des Trainings anwenden. Die „Ferdi-Aufgaben" sollen ihnen dabei helfen, die Strategien im Alltag anzuwenden und dabei zu beobachten, wie gut es schon gelingt. Unterstützung bei den „Ferdi-Aufgaben" erhalten die Kinder mit ihrem „Ferdi-Plan". Der „Ferdi-Plan" erinnert daran, wie man gute Lösungen umsetzt. Dafür erhalten die Kinder kleine Kärtchen, die sie ständig bei sich tragen sollen.

Fragen Sie Ihr Kind nach den erlernten Schatzsuchertricks und den Ferdi-Aufgaben. Je mehr Sie sich dafür interessieren, desto motivierter wird Ihr Kind sein, diese Strategien im Alltag anzuwenden. Wenn Ihr Kind sich sozial kompetent verhält, loben und bekräftigen Sie es dafür. Denn auch wir Erwachsene wissen nur zu gut, dass es oft gar nicht so einfach ist, friedlich und fair zu bleiben.

Nachdem die Drachenprüfung bestanden ist, heben die Kinder schließlich den Schatz. Was genau in der Schatztruhe ist, bleibt natürlich noch ein Geheimnis …

Nachdem das Geheimnis um den Schatz dann endlich gelüftet ist, wird es für Ferdi und seine Freunde erst einmal Zeit, sich von den Kindern zu verabschieden. Zuvor bespricht er mit ihnen, was sie im Training gelernt haben und welche „Tricks" sie weiterhin einüben wollen. Und – er kommt natürlich wieder. Das ist Ehrensache!

Viele Grüße,
Ihr(e) _____

„Ferdi verabschiedet sich!" – Wirkungen und Erfahrungsaustausch zum Verhaltenstraining für Schulanfänger

Einladung zum Elternabend

Liebe Eltern,
zum Abschluss des Verhaltenstrainings für Schulanfänger möchte ich mit Ihnen über die Wirkungen des Trainings diskutieren. Es wird sicher interessant sein, Erfahrungen auszutauschen, Veränderungen wahrzunehmen und gemeinsam zu besprechen, an welchen Zielen weiterhin geübt werden sollte. Um einige Anhaltspunkte über Veränderungen im Verhalten der Kinder zu gewinnen, werde ich Ihnen meine Beobachtungen vorstellen.

Wir treffen uns am

Zeit: _____

Ort: _____

Ich freue mich auf unseren Erfahrungsaustausch.

Viele Grüße,
Ihr(e) _____

11 Inhalte und Instruktionen des Trainings

Im Weiteren wird jede Trainingsstunde in ihrem Ablauf und ihrer inhaltlichen Gestaltung dargestellt. Alle Ausführungen beginnen mit einer Übersichtstabelle, in der die Ziele, das praktische Vorgehen und die Materialien aufgelistet sind. Anschließend werden die Stundeninhalte detailliert und Schritt für Schritt beschrieben. Im Anhang jeder Trainingsstunde sind die dafür erforderlichen Bildmaterialien abgedruckt. Zusätzlich erfolgen genaue Hinweise zum Einsatz der CD. Eine große Anzahl der Bildmaterialien ist auch im Arbeitsheft für Kinder abgedruckt. Auf den Einsatz des Arbeitsheftes wird ebenfalls immer gesondert hingewiesen. Kasten 20 gibt nochmals einen Überblick über die Trainingsstunden.

Kasten 20: Überblick über die Trainingsstunden

Trainingstufe	Trainings-stunde	Titel der Trainingsstunde
Trainingsstufe 1	Nr. 1	Ferdi stellt sich vor!
	Nr. 2	Die Schatzsuchergeschichte
	Nr. 3	Der Schatzsuchervertrag
Trainingsstufe 2	Nr. 4	Der Schatzsucherruf
	Nr. 5	Das Orakel
	Nr. 6	Das Missverständnis
Trainingsstufe 3	Nr. 7	Baltasar ist traurig
	Nr. 8	Wir helfen Baltasar!
	Nr. 9	Mortimer hat Angst
	Nr. 10	Wir helfen Mortimer!
	Nr. 11	Cäsar ärgert sich
	Nr. 12	Wir helfen Cäsar!

Kasten 20: Überblick über die Trainingsstunden (Fortsetzung)

Trainingstufe	Trainings-stunde	Titel der Trainingsstunde
Trainingsstufe 4	Nr. 13	Das „Wann-bekomme-ich-Ärger?"-Spiel
	Nr. 14	Wir lernen Rollenspielregeln
	Nr. 15	Mein Platz ist besetzt!
	Nr. 16	Die Beschimpfung
	Nr. 17	Das Missgeschick
	Nr. 18	Das Federmäppchen
	Nr. 19	Lust auf Kekse
	Nr. 20	Vordrängeln am Kiosk
	Nr. 21	Das Murmelspiel
	Nr. 22	Der Klassenkasper
	Nr. 23	Die Bewährungsprobe
	Nr. 24	Die Drachenprüfung
	Nr. 25	Der Schatz wird gehoben!
	Nr. 26	Was wir von Ferdi gelernt haben und wie es weitergeht

11.1 Ferdi stellt sich vor

Tabelle 2: Ziele, praktisches Vorgehen und Materialien der 1. Trainingsstunde

Ziele	Praktisches Vorgehen	Materialien
Motivationsaufbau	Einführung der Handpuppe „Ferdinand" – genannt „Ferdi"	Handpuppe „Ferdi"
	Kennenlernen der Spezies „Chamäleon"	Arbeitsmaterialien wie z. B. Fotos, Video
	Die „Chamäleonpause" wird eingeübt	
	Variation: „Chamäleon-Fantasieverfahren"	Tonträger mit Waldgeräuschen
		vgl. S. 72/Arbeitsheft S. 4: Bild eines Chamäleons zum Ausmalen, Stifte

Struktur der Trainingsstunde

1. Einführung der Handpuppe „Ferdinand"
2. Kennenlernen der Spezies „Chamäleon"
   A. Die Chamäleonpause
   B. Ausmalen einer Chamäleonvorlage
   C. Ferdi-Aufgabe für zu Hause
3. Kurzreflexion durch „Ferdi"

1. Einführung der Handpuppe „Ferdinand"

Bevor den Kindern die Spezies der Chamäleons vorgestellt wird, führt der Trainer die Handpuppe „Ferdinand", genannt „Ferdi", ein. Der Einsatz der Handpuppe ist mit mehreren Zielen verknüpft. Sie dient zunächst dem Motivationsaufbau und der Aufrechterhaltung der Trainingsmitarbeit der Kinder. Ferner soll Ferdi dazu dienen, die Trainingsstunden zu strukturieren. Gleichsam verfügt der Trainer mit Ferdi über einen wirksamen sozialen Verstärker für angemessenes Kinderverhalten.

Bei der Einführung erzählt der Trainer den Kindern zunächst, dass er einen alten Freund getroffen hat, der unbedingt seine Klasse/Gruppe kennen lernen wollte.

„Ferdi" stellt sich vor und fragt die Kinder, ob sie wissen, was für ein Tier er denn sei und was sie über dieses Tier schon wissen.

2. Kennenlernen der Spezies „Chamäleon"

Das Wissen der Kinder wird gesammelt und vom Trainer (und Ferdi) mithilfe von Bildern und Folien ergänzt, zum Beispiel:
- Chamäleons sind entfernte Nachkommen der Dinosaurier.
- Sie können gut gucken und beobachten ganz genau.
- Ihre Augen bewegen sich unabhängig voneinander.
  Zur Verdeutlichung sollen alle Kinder ihre Hände zu zwei Fernrohren geformt vor die Augen halten und diese unabhängig voneinander bewegen.
- Sie essen Fliegen.
- Sie haben einen Trick, um Beute zu fangen: Sie können ihre Zunge ganz schnell und ganz weit „herauskatapultieren". Die Zunge ist so klebrig, dass die Fliegen daran kleben bleiben.
  Ferdi macht den Trick mit seiner Zunge vor (eventuell können die Kinder es selbst einmal mit der Handpuppe ausprobieren).
- Chamäleons bewegen sich nur sehr langsam.
- Es sind ganz leise Tiere, sie machen keine lauten Geräusche.
  Die Kinder sollen sich einmal wie die Chamäleons im Gruppenraum bewegen.
- Chamäleons können je nach Untergrund und Gefühl ihre Hautfarbe verändern. Sie sind also sehr anpassungsfähig.
  Diese Funktion kann mithilfe von Folien, die aufeinander gelegt werden, verdeutlicht werden.
- Chamäleons verhalten sich regungslos und lautlos, wenn etwas Unvorhergesehenes passiert. Sie „erstarren".
  Diese Eigenart wird genutzt, um den Kindern in der folgenden Übung die Chamäleonpause nahe zu bringen.

Wichtige Hinweise:

- Um den Kindern Informationen zum Thema Chamäleon zu vermitteln, sollten weitere Materialien, wie zum Beispiel Fotos und Videofilme, zur Vertiefung des Themas eingesetzt werden.
- Es existieren mehrere Hundert verschiedene Arten von Chamäleons. Die Chamäleons ändern ihre Farbe aus unterschiedlichen Gründen und auf verschiedene Art und Weise. Es ist wichtig den Kindern zu vermitteln, dass „Ferdi" seine grüne Farbe nur ändert, wenn er sehr wütend ist. Man sollte den Kindern also erklären, das „Ferdi" stets erfreut ist, die Kinder zu sehen. Daher ändert er seine Farbe während des Trainings nicht!
- Beim Agieren mit der Handpuppe ist darauf zu achten, dass die lange „Zunge" nicht heraushängt. Diese sollte der Trainer während er mit „Ferdi" agiert nach hinten stopfen.

A. Die Chamäleonpause

„Ferdi" erläutert den Kindern anhand von Beispielen den Vorteil der Chamäleonpause.

> **Textvorschlag „Ferdi"**
>
> Liebe Freunde, ich habe euch ja eben berichtet, was wir Chamäleons tun, wenn etwas ganz Überraschendes passiert. Wisst ihr noch was das ist?
>
> *Antwort Kind:* Lautloses und regungsloses Verhalten.
>
> Ihr habt aber gut aufgepasst. Das ist richtig. Kann sich nun jemand von euch vorstellen, welche Überraschungen es für uns Chamäleons so geben kann?
>
> *Antwort Kind:* Alle Anzeichen von Gefahr, z. B. Fressfeinde der Chamäleons, nähern sich.
>
> Zum Glück gibt es dort, wo ich lebe, fast nur liebe Tiere. Aber wisst ihr, was die größte Überraschung ist? Wenn eine schöne saftige, dicke Fliege, so ein richtiger Brummer, in unserer Nähe herumfliegt. Hmmm! Dann sind wir plötzlich ganz still und bewegen uns nicht mehr. Warum?
>
> Weil es gar nicht so einfach ist, uns so einen dicken Brummer mit der Zunge zu schnappen. Da müssen wir uns vorher gut konzentrieren. Außerdem darf uns die Fliege ja nicht gleich bemerken, sonst fliegt sie davon, und wir bleiben hungrig.
>
> Soll ich euch verraten, wie wir es nennen, wenn wir ganz ruhig sind und uns nicht mehr bewegen? Wir haben dafür ein Zauberwort. Es heißt „Chamäleonpause". Immer wenn wir dieses Wort hören oder denken, zack, bewegen wir uns nicht mehr und sind ganz still und leise. Das ist richtig schwierig. Könnt ihr euch vorstellen, so leise und ruhig zu sein? Lasst es uns einmal ausprobieren!

Die Kinder üben die Chamäleonpause. Diese Übung sollte mehrmals nacheinander durchgeführt werden. Der Trainer sollte ein verbindliches Signal für den Beginn einer Chamäleonpause mit den Kindern vereinbaren. Beispielsweise das Anheben des linken Armes der Handpuppe Ferdi oder des Trainers. Die Dauer der Chamäleonpause sollte ca. 15 Sekunden andauern, kann aber variiert werden. Die Kinder sollten dabei am Platz sitzen bleiben und ihre Hände auf den Bauch legen, um die Bewegung der Bauchdecke beim Ein- und Ausatmen zu spüren. Sie können ihre Augen dabei schließen oder einen „neutralen Punkt" fixieren (z. B. die Tafel). Um die Aufmerksamkeit der Kinder zu lenken, sollte der Trainer die Übung anleiten. Es genügt hier, den Takt für das Ein- und Ausatmen der Kinder vorzugeben („… nun einatmen und wieder ausatmen, ihr spürt wie eure Bauchdecke sich beim Atmen hin- und her bewegt … einatmen und ausatmen …" usw.). Ferdi lobt die Kinder, wenn sie es geschafft haben. Die Chamäleonpause sollte nicht von Ferdi, sondern vom Trainer angeleitet werden. Haben die Kinder die Chamäleonpause nach einer Zeit eingeübt, kann die Anleitung durch den Trainer gegebenenfalls wegfallen.

1. Trainingsstunde

Variationsmöglichkeit: Mit kleineren Kindergruppen kann das „Chamäleon-Fantasieverfahren", eine Abwandlung des „Schildkröten-Fantasieverfahrens", durchgeführt werden. Dazu benötigt man einen CD-Player und eine CD mit Waldgeräuschen. Die Waldgeräusche finden sich nicht auf der beiliegenden CD!

Vorgehen beim Chamäleon-Fantasieverfahren:

Die Kinder bekommen die CD mit den Waldgeräuschen vorgespielt. Sie bekommen die Aufgabe, sich langsam, leise im Raum zu bewegen und nirgends anzustoßen, solange sie die Waldgeräusche hören. Der Trainer lenkt währenddessen die Aufmerksamkeit der Kinder, in dem er deren Verhalten wie folgt kommentiert:
- „Wir bewegen uns langsam, so langsam wie kleine Chamäleons!",
- „Wir bewegen uns leise, so leise wie kleine Chamäleons!",
- „Wir stoßen nirgends an, so wie kleine Chamäleons!".

Zwischen diesen Sätzen sollten Pausen erfolgen, damit die Kinder sich auf die Waldgeräusche konzentrieren können. Nach ca. 30 Sekunden stoppt der Trainer die Waldgeräusche. Nun sollen die Kinder ihre Bewegungen schlagartig einstellen und in dieser Haltung solange verharren (ca. 7 Sekunden), bis der Trainer die CD mit den Waldgeräuschen weiterlaufen lässt. Die Übung sollte maximal fünf Minuten in Anspruch nehmen.

Die Übung sollte den Kindern vor der Durchführung genau erklärt werden. Sie erfordert zudem ein wenig Übung, da die Kinder sich zunächst meist zu schnell bewegen. Sie können zur Langsamkeit motiviert werden, in dem beispielsweise das „langsamste und leiseste Chamäleon" gewählt wird.

B. Ausmalen einer Chamäleonvorlage

Damit die Kinder sich vertieft mit dem Tier „Chamäleon" auseinander setzen, bekommen die Kinder den Arbeitsauftrag ein Chamäleonbild auszumalen. So können sie ihr persönliches Chamäleon gestalten. Zu diesem Zweck bekommt jedes Kind sein Arbeitsheft ausgehändigt.

Chamäleonbild (vgl. S. 72) und Arbeitsheft S. 4.

Falls die Unterrichtszeit nicht mehr ausreicht, um die Chamäleonvorlage auszumalen, erhalten die Kinder den Auftrag, diese zu Hause auszumalen.

C. Ferdi-Aufgabe für zu Hause

Die Kinder erhalten den Auftrag, die Chamäleonpause mit ihren Eltern zu üben und das Chamäleonbild auszumalen.

3. Kurzreflexion durch Ferdi

Ferdi fasst die wesentlichen Arbeitsinhalte der Trainingsstunde kurz zusammen und lobt die Kinder für ihre Mitarbeit. Er bittet sie, ihr Arbeitsheft zur nächsten Trainingsstunde mitzubringen und verabschiedet sich von den Kindern.

> **Textvorschlag „Ferdi"**
>
> Liebe Kinder,
> ich möchte mich nun von euch verabschieden. Ich hoffe, das Ausmalen der Chamäleons macht euch Spaß. Ich bin schon ganz gespannt auf eure Bilder. Die gucke ich mir an, wenn ich euch wieder besuche. Also bringt unbedingt euer Heft mit. Mehr will ich zu dem Heft heute noch nicht verraten, alles Weitere erzähle ich euch beim nächsten Mal.

11.2 Die Schatzsuchergeschichte

Tabelle 3: Ziele, praktisches Vorgehen und Materialien der 2. Trainingsstunde

Ziele	Praktisches Vorgehen	Materialien
Angemessenes Lernklima	Ruheritual „Chamäleonpause"	Handpuppe „Ferdi"
Motivationsaufbau	Erläuterung der Rahmenhandlung	**vgl. S. 77 bis 81:** Schatzkarte
		vgl. S. 82 bis 83/ Arbeitsheft S. 5 und 6: „Meine Freunde", „Chamäleons vor der Schatzinsel"
		vgl. S. 84/ Arbeitsheft S. 2: „Name des Schatzsuchers"
		vgl. S. 85/ Arbeitsheft S. 3: „Das bin ich"

Struktur der Trainingsstunde
1. Einleitung der Stunde durch Ferdi und „Chamäleonpause"
2. „Schatzsuchertraining"
A. Ferdis Schatzsuchergeschichte
B. Ferdi-Aufgabe für zu Hause: „Mein Schatzsucherbild"
3. Kurzreflexion der Trainingsstunde durch Ferdi

1. Einleitung der Stunde durch Ferdi und „Chamäleonpause"

Textvorschlag „Ferdi"

Hallo und grüß Gott, liebe Freunde. Könnt ihr euch noch an mich erinnern? Wer weiß noch, wie ich heiße?

Ja, ich bin der Ferdi.

Ferdi fragt noch einmal kurz die Inhalte der vergangenen Trainingsstunde ab, überprüft die Hausaufgaben („Ferdi-Aufgaben") und leitet dann insbesondere auf die Chamäleonpause über.

> **Textvorschlag „Ferdi"**
>
> Freunde, ich muss euch etwas erzählen. Wir haben uns ja nun schon ganz gut kennen gelernt. Ich mag euch richtig gern. Meint ihr, ich könnte euch ein großes Geheimnis anvertrauen?
>
> Aber bevor ich euch von meinem Geheimnis erzähle, muss ich mich kurz konzentrieren. Wisst ihr noch, wie wir Chamäleons das machen? Genau, wir legen eine Chamäleonpause ein. Los, macht mit!

Durchführung der Chamäleonpause.

2. „Schatzsuchertraining"

In dieser Trainingsstunde werden die Kinder mithilfe von „Ferdi" in die Rahmenhandlung des Verhaltenstrainings, eine Schatzsuche, eingeführt. In diese Rahmenhandlung werden die verschiedenen Elemente des Trainings eingebettet. Vor Beginn der Trainingsstunde wird jede Seite der Schatzkarte groß kopiert, zusammen geklebt und gut sichtbar im Gruppenraum aufgehängt. Wenn möglich, sollte die Schatzkarte farbig angemalt werden.

■ **Schatzkarte (vgl. S. 77 bis 81).**

A. Ferdis Schatzsuchergeschichte

> **Textvorschlag „Ferdi"**
>
> Okay, also vor einiger Zeit bin ich mit meinen Chamäleonfreunden auf eine schwierige Reise aufgebrochen. Ach, ihr kennt ja meine Freunde noch gar nicht! Zum Glück kann ich euch ein Bild von unserer Gruppe zeigen.

Die Kinder werden aufgefordert, die *Seite 5 ihres Arbeitsheftes* aufzuschlagen, auf der das Chamäleon-Gruppenbild „Meine Freunde" abgebildet ist. Ferdi stellt den Kindern seine Freunde vor:

■ **„Meine Freunde", Arbeitsheft S. 5.**

Das Chamäleon mit den zwei Hörnern heißt Hörnchen und das mit den großen Füßen ist meine Freundin Fusseline. Fusseline kann übrigens ganz toll Skateboard fahren. Dann sind da noch Susi, das ist die mit dem besonders langen Schwanz. Seht ihr

2. Trainingsstunde

> sie? Der neben ihr, der mit dem Bart, das ist Timmi. Ganz unter uns: Der Timmi mag die Susi total gerne. Na, und dann ist da noch Brilli, das ist der mit der Brille. Die Clara hat eine Kappe auf und Flora ist die mit dem Rucksack.
>
> Nun zu unserer Reise: Wir Chamäleons hatten von einem tollen Schatz gehört. Der Schatz wurde vor langer, langer Zeit von einem Piratenkapitän versteckt. Durch einen Zufall fiel mir die Schatzkarte in die Hände.
>
> Ich habe sie dabei, wollt ihr sie mal sehen?

Ferdi zeigt den Kindern die Schatzkarte, die bereits gut sichtbar an einer Wand des Gruppenraumes angebracht ist.

> Sieht die nicht großartig aus? Aber wie ihr sehen könnt, ist es gar nicht so einfach, an den Schatz heran zu kommen.

Ferdi fragt die Kinder, was sie auf der Schatzkarte sehen können.

> Ja, um an den Schatz zu kommen, muss man ganz viele Hindernisse überwinden. Wir sind durch fremde Länder gegangen und haben eine Menge netter Tiere und Menschen getroffen. Die Reise war ganz schön anstrengend. Sie hat aber trotzdem unheimlich viel Spaß gemacht. Und ob ihr es glaubt oder nicht, wir haben es doch tatsächlich geschafft, die Schatzkiste zu finden.
>
> Aber nun haben wir ein Problem. Wie ihr auf der Schatzkarte sehen könnt, steht die Schatzkiste auf einer Insel. Um auf diese Insel zu kommen, muss man sich eine Brücke aus Steinen bauen.
>
> Hier seht ihr den Steinhaufen.
>
> Aber die Steine sind so schwer. Die sind einfach zu schwer für uns Chamäleons. Wir brauchen unbedingt Hilfe von ein paar Menschen.

Die Kinder werden aufgefordert, die *Seite 6 ihres Arbeitsheftes* aufzuschlagen (Bild der „Chamäleons vor der Schatzinsel").

■ „Chamäleons vor der Schatzinsel", Arbeitsheft S. 6.

> Da habe ich mir gedacht, ich frage euch. Denn wir brauchen bestimmt _____ (Anzahl der Kinder der Gruppe) Kinder, um so eine Brücke zur Schatzinsel zu bauen. Außerdem seid ihr so richtig dufte und kluge Kinder, mit euch geht bestimmt nichts schief! Natürlich würden wir den Schatz mit euch teilen.
>
> Wollt ihr uns helfen?

Wollen die Kinder den Chamäleons zunächst nicht helfen, sollte der Trainer weitere Überzeugungsarbeit leisten. Er sollte das Ansinnen dadurch bekräftigen, dass auch er der Meinung sei, dass die Gruppe genau die richtige Kindergruppe wäre, um den Chamäleons zu helfen. Zudem sollte er an die Hilfsbereitschaft der Kinder appellieren.

Nachdem die Kinder eingewilligt haben, sollte der Trainer Ferdis begeisterte Reaktion deutlich machen.

Als Zeichen dafür, dass ihr jetzt ein Schatzsucher seid, schreibt nun jeder seinen Namen in sein Schatzsucherheft (vgl. Arbeitsheft S. 2).

Vgl. Arbeitsblatt S. 84 und Arbeitsheft S. 2.

B. Ferdi-Aufgabe für zu Hause: „Das bin ich"

Die Kinder erhalten die Ferdi-Aufgabe, auf *Seite 3 ihres Arbeitsheftes* ein Bild von sich zu malen oder ein Foto von sich einzukleben.

Vgl. Arbeitsblatt „Das bin ich" S. 85 und Arbeitsheft S. 3.

3. Kurzreflexion der Trainingsstunde durch Ferdi

Ferdi erklärt den Kindern, dass er sich schon sehr auf die Schatzsuche mit ihnen freue, und dass er ihnen zur nächsten Stunde noch etwas ganz wichtiges mitbringen werde. Die Schatzkarte lässt er den Kindern da, damit sie sich weiterhin damit beschäftigen können.

Schließlich nimmt Ferdi nochmals Bezug auf die Chamäleonpause. Er lobt die Kinder dafür, dass sie die Chamäleonpause geschafft haben und schlägt vor, diese zu Beginn jeder Stunde durchzuführen.

2. Trainingsstunde

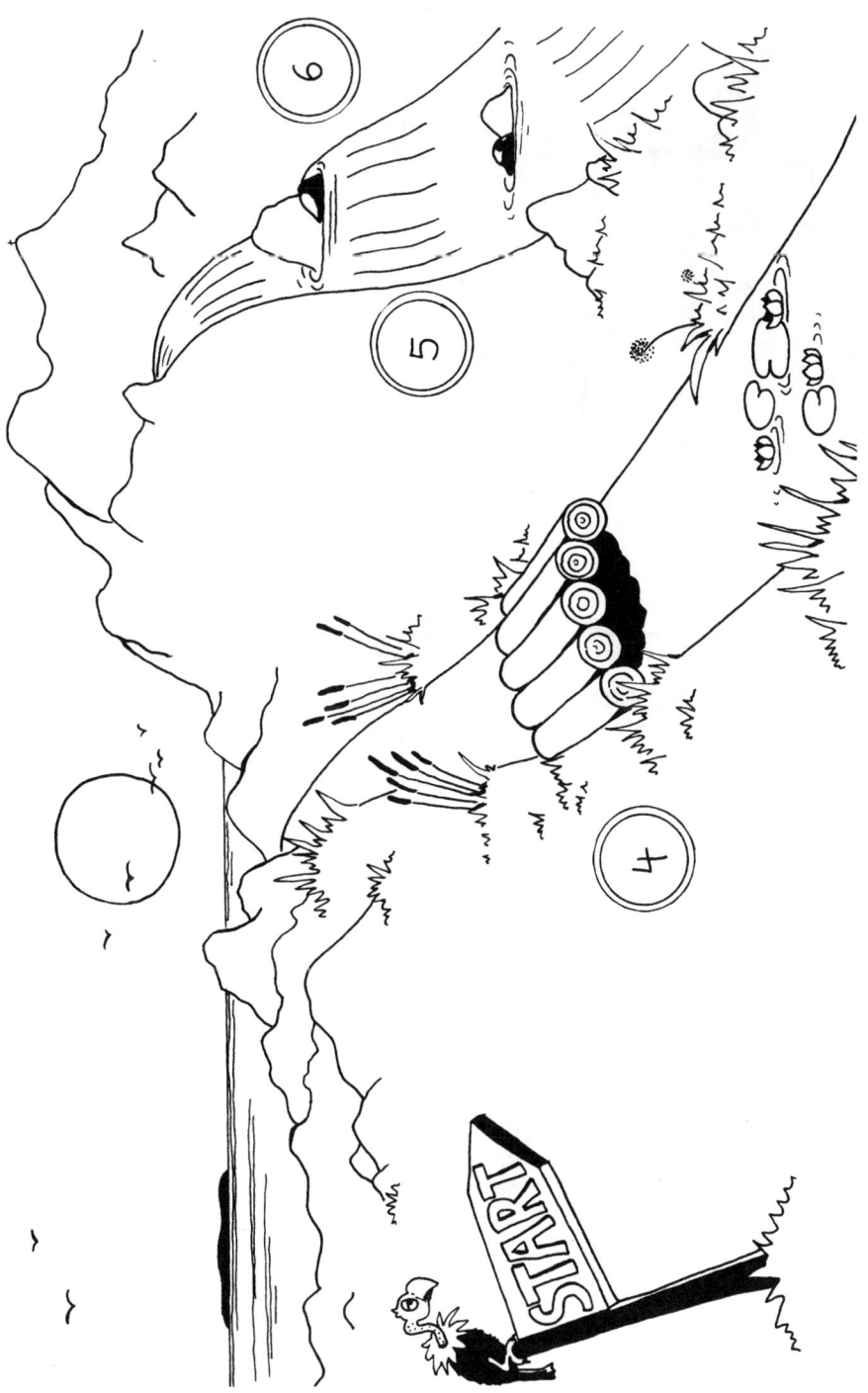

Kapitel 11

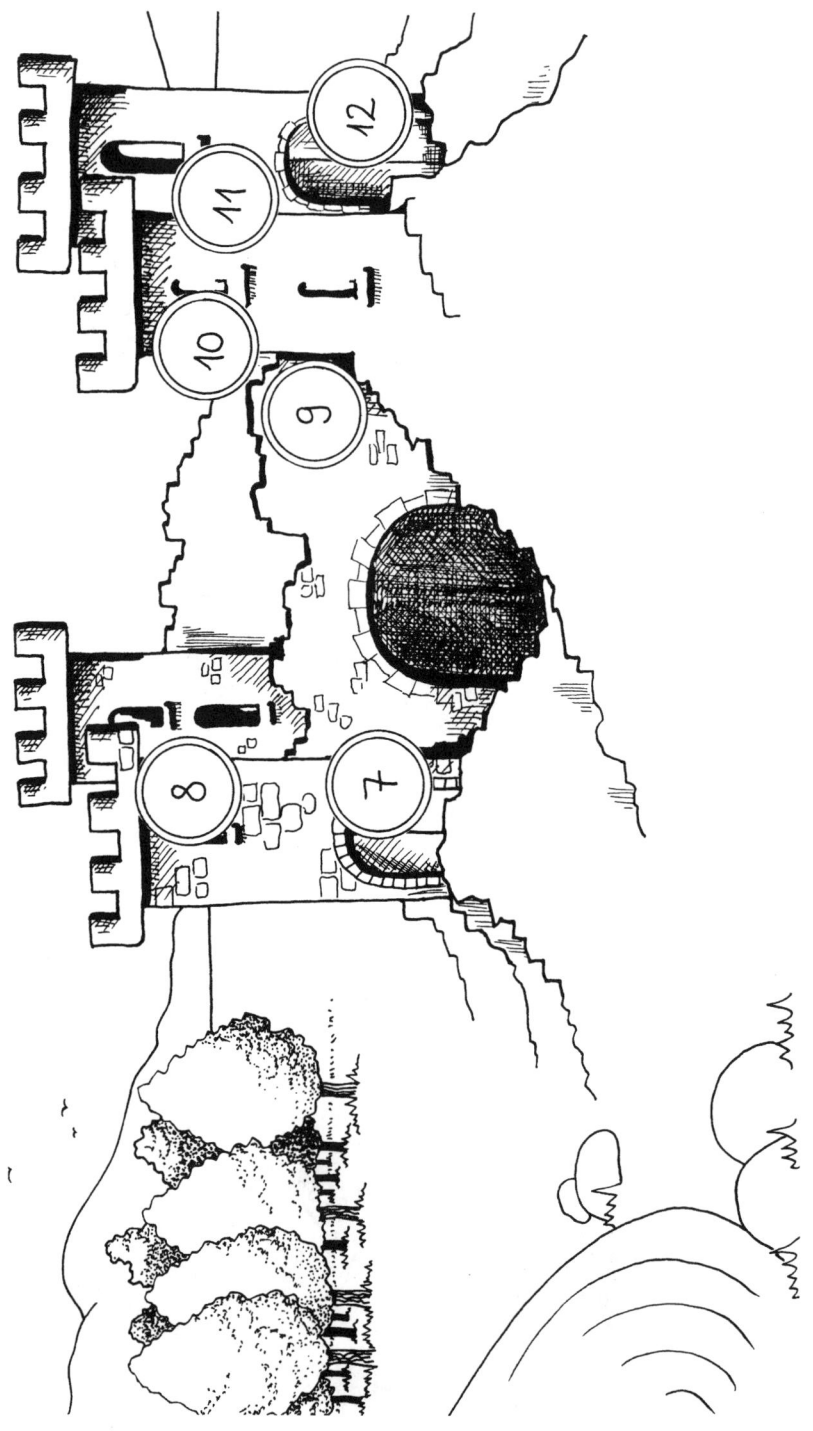

2. Trainingsstunde

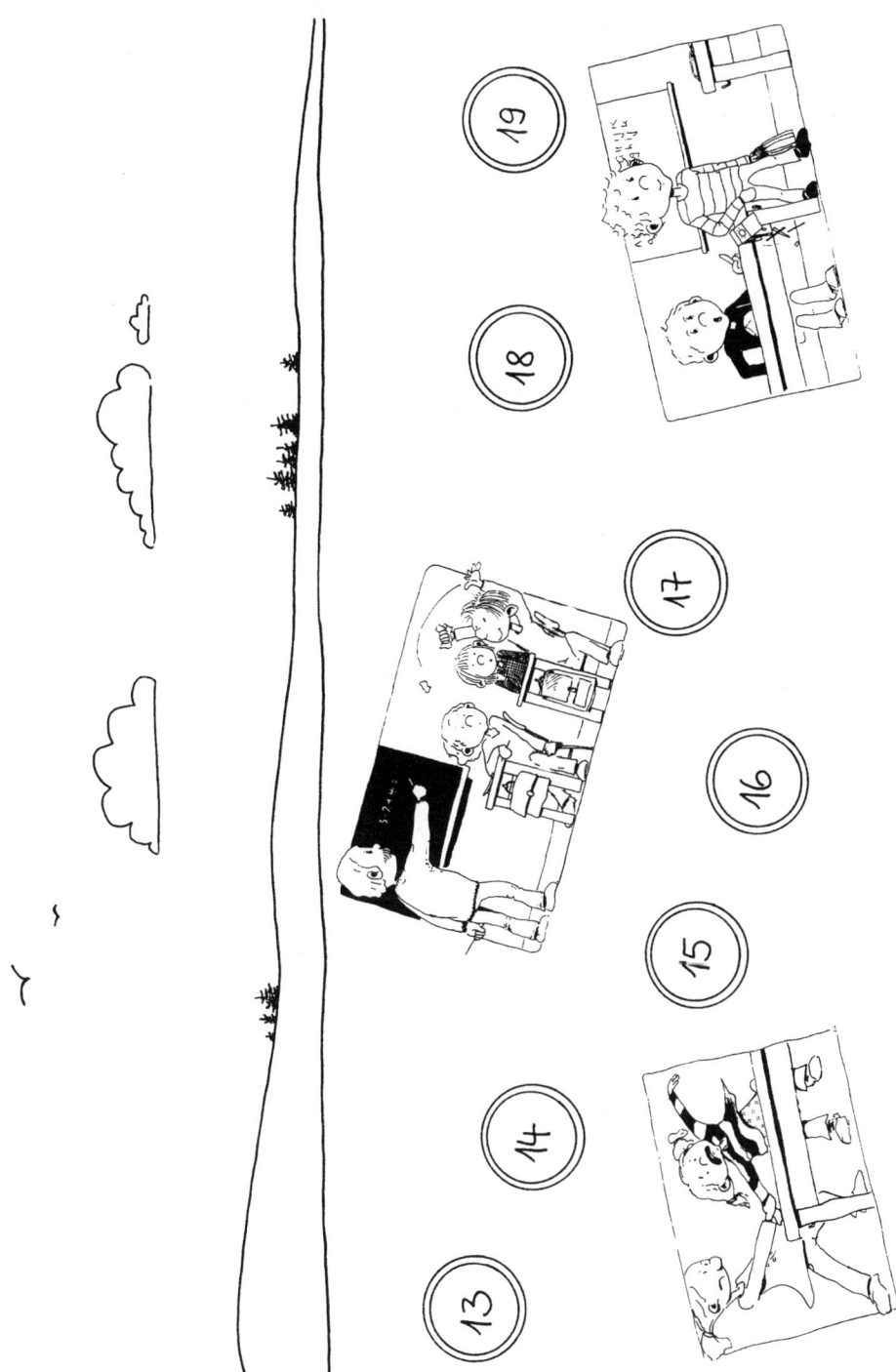

Kapitel 11

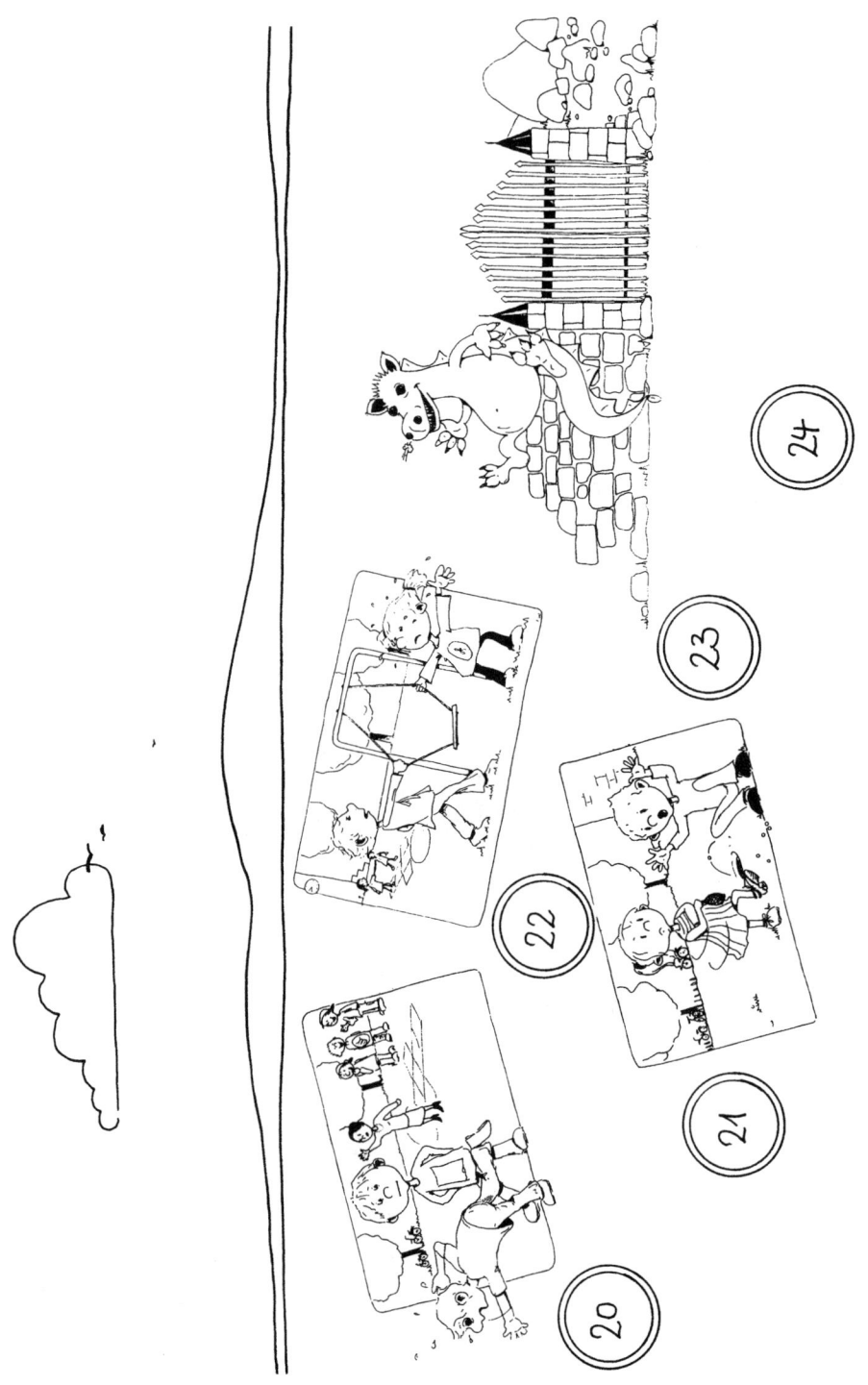

2. Trainingsstunde

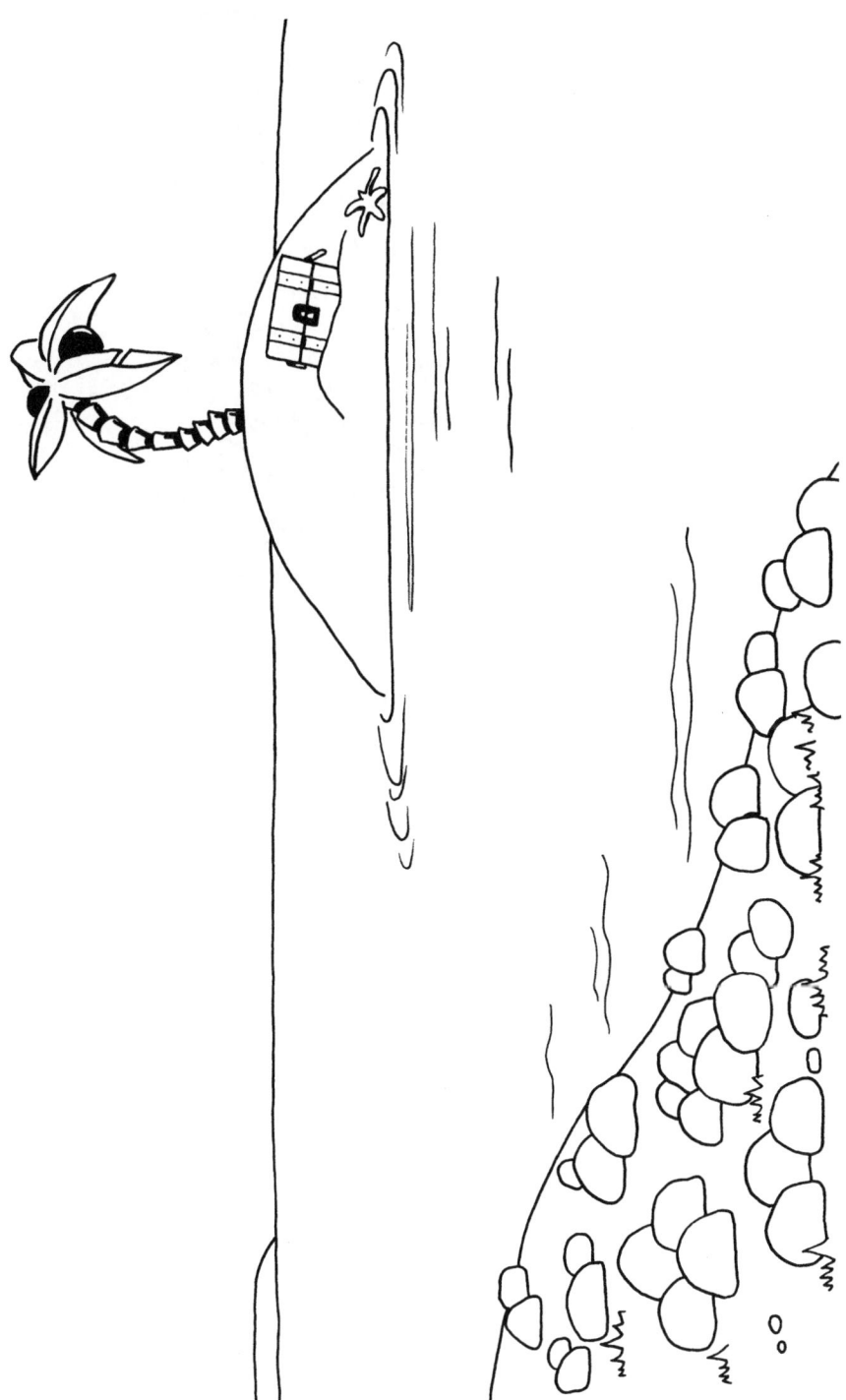

Kapitel 11

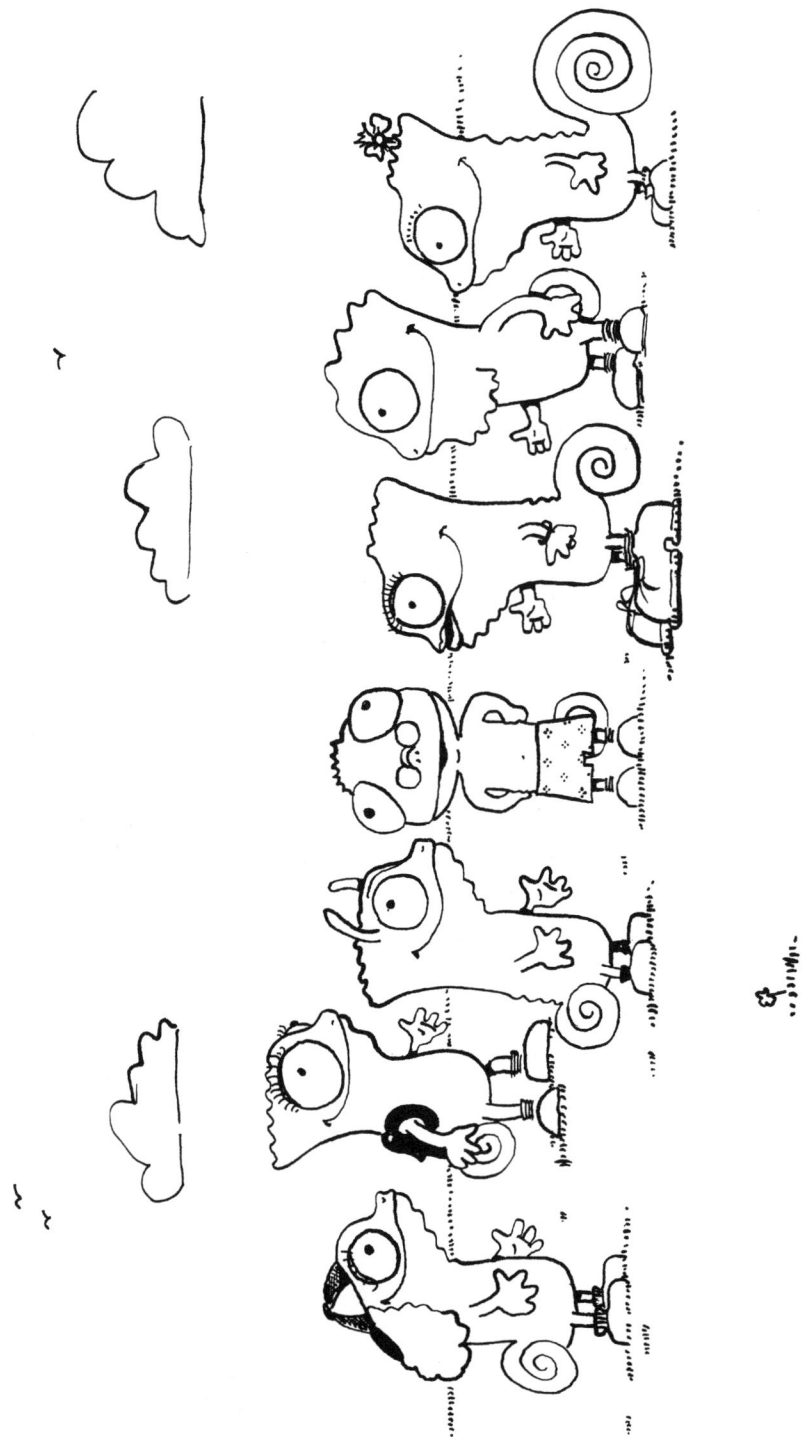

2. Trainingsstunde

Kapitel 11

Name des Schatzsuchers

Das bin ich:

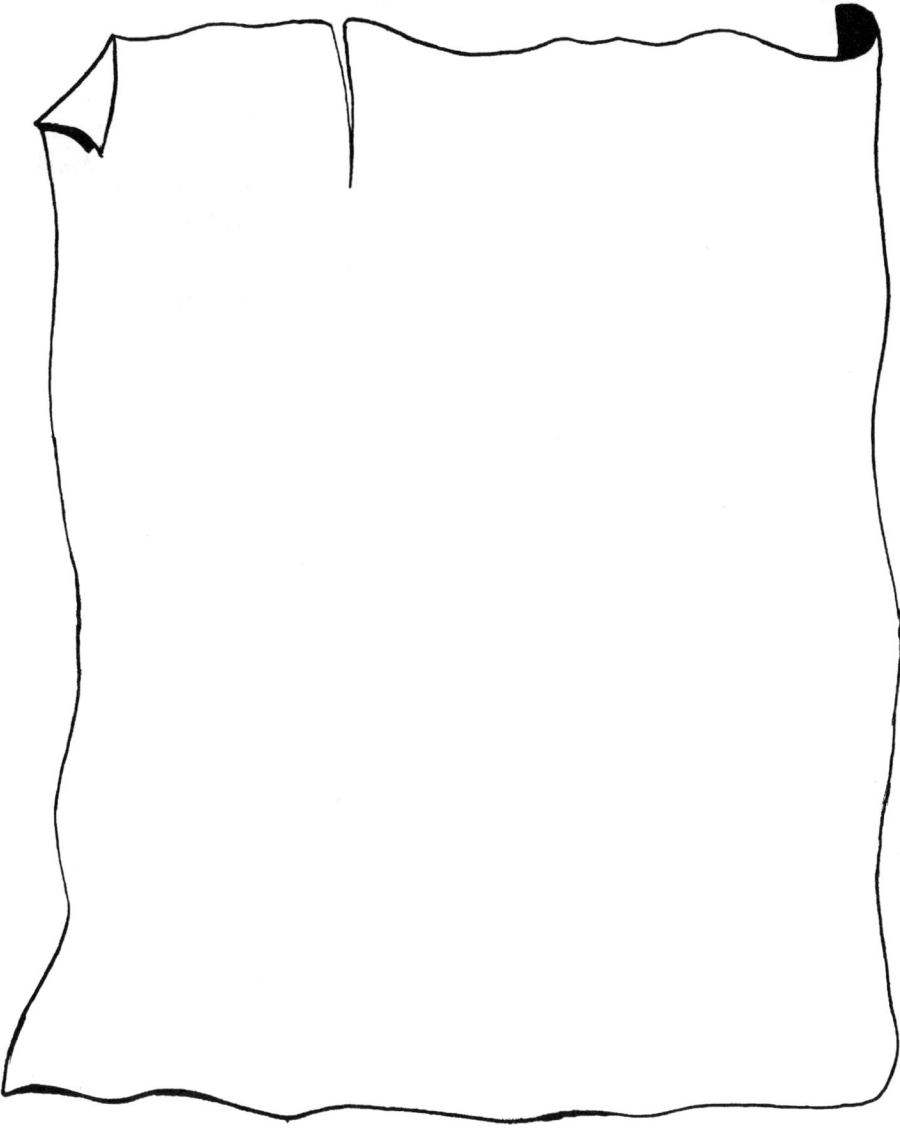

11.3 Der Schatzsuchervertrag

Tabelle 4: Ziele, praktisches Vorgehen und Materialien der 3. Trainingsstunde

Ziele	Praktisches Vorgehen	Materialien
Angemessenes Lernklima	Ruheritual „Chamäleonpause"	Handpuppe „Ferdi"
Verpflichtungsgefühl aufbauen	Erläuterung des Verhaltensvertrags, Vertragsunterzeichnung	**vgl. S. 99/ Arbeitsheft S. 7:** Vertragsvorlage (Gruppenregeln) Stifte **vgl. S. 92 bis 98/Arbeitsheft S. 41 bis 47:** Chamäleons einzeln **vgl. S. 82/ Arbeitsheft S. 5:** Chamäleongruppenbild
Erkennen des Zusammenhangs zwischen Verhalten und Konsequenzen; Motivationsaufbau	Einführung eines Verstärkersystems	**vgl. S. 100 bis 104:** Verstärkerplan Tokens (Punkte)

Struktur der Trainingsstunde

1. Chamäleonpause
2. „Schatzsuchertraining"
   A. Der Schatzsuchervertrag
      Erläuterung des Verhaltensvertrags durch Ferdi
      Unterschreiben des Verhaltensvertrags
   B. Das Verstärkersystem
      Einführung in das Verstärkersystem
   C. Ferdi-Aufgabe für zu Hause
3. Kurzreflexion durch Ferdi

1. Chamäleonpause

Durchführung der Chamäleonpause.

2. „Schatzsuchertraining"

Vor der Trainingsstunde sollten die Chamäleonbilder, auf denen diese einzeln abgebildet sind, im Raum aufgehängt werden.

Chamäleonbilder (vgl. S. 92 bis 98), Arbeitsheft S. 41 bis S. 47.

A. Der Schatzsuchervertrag

Ein Verhaltensvertrag erhöht das Verpflichtungsgefühl der Kinder, eigenverantwortlich mitzuarbeiten und zum Gelingen der Trainingsstunden beizutragen. Die Kinder können, wenn es während der Trainingsstunden notwendig werden sollte, auf ihre vertraglich eingegangene Verpflichtung hingewiesen werden. Dies verdeutlicht dem Kind die Verbindlichkeit und Ernsthaftigkeit des Unterfangens von Seiten des Trainers.

Den Fertigkeiten der Kinder entsprechend wird ein Vertragsexemplar empfohlen, das mit bildlichen Symbolen ausgestattet ist.

In unserem Beispiel symbolisiert die abgebildete Schatzkiste den Vertragsanlass, die durchstrichene Faust mit dem verärgerten Jungen stellt die Regel „Wir bleiben fair, auch wenn wir ärgerlich sind. Schubsen, Beleidigen und Hauen sind verboten!" dar, der Kopf der Comicfigur mit Fragezeichen verdeutlicht die Regel „Fragen, bevor man etwas von einem anderen nimmt!", und die Hände stellen die Verpflichtung zur Mitarbeit der Kinder an den Übungen des Trainings dar sowie die Bereitschaft, einander auch außerhalb der Trainingsstunden zu helfen. Der Vertrag sollte nach Unterzeichnung für alle Kinder sichtbar im Klassenzimmer/Gruppenraum hängen. Es ist sinnvoll, den Inhalt des Vertrages in regelmäßigen Abständen zu wiederholen.

Wichtig:

Es sollte mit den Kindern konkret ausgemacht werden, welche Art von Ärgerausdruck in der Gruppe erlaubt ist. So sollte den Kindern nach dieser Sitzung klar sein, was genau sie tun und sagen dürfen, wenn sie verärgert sind. Ebenso deutlich sollte geklärt werden, welche Einschlusskriterien für die Verhaltensregel „Mitmachen und Helfen" gelten (siehe hierzu genauer Kap. 9.1 und 9.2).

Erläuterung des Verhaltensvertrags durch Ferdi

Textvorschlag „Ferdi"

Hey, das finde ich supergut, dass ihr alle uns helfen wollt. Ich freue mich so, dass ihr alle mit mir auf diese Reise gehen wollt. Habt ihr alle eure Schatzsucherbilder fertig gemacht? Lasst sie mal sehen!

Der Lehrer geht mit Ferdi kurz durch den Raum und schaut sich die Hausaufgabe („Ferdi-Aufgabe") der Kinder an.

> Prima, dann kann es jetzt losgehen. Es wird bestimmt ganz lustig, aber auch ein bisschen anstrengend.
>
> Das muss ich euch sagen, denn wir Chamäleons, wir waren so aufgeregt, als wir die Schatzkarte gefunden hatten, dass wir einfach, ohne zu überlegen, ganz schnell losgelaufen sind. Dadurch sind uns Sachen passiert, die nicht ganz so toll waren und wodurch die ganze Reise zu Anfang etwas schwierig wurde.
>
> Ich will euch das mal an ein paar Beispielen erklären. Schaut euch doch noch einmal das Gruppenbild ohne Schatz an, das ich euch letzte Stunde mitgebracht habe.

Die Kinder schlagen die *Seite 5 ihres Arbeitsheftes* auf (s. auch S. 82).

„Meine Freunde", Arbeitsheft S. 5.

> Wisst ihr noch, wer Hörnchen ist? Genau, der mit den zwei Hörnern. Weil es Hörnchen nicht schnell genug ging, schubste er andere Chamäleons immer mit seinem Horn und sagte fiese Wörter zu ihnen, damit die sich schneller bewegten. Was meint ihr, wie die anderen das gefunden haben?
>
> Genau, das gefiel denen gar nicht und sie wurden ganz böse auf Hörnchen.
>
> Was meint ihr, was sie mit dem gemacht haben?

Die Kinder sammeln lassen, zum Beispiel ausschimpfen, anmeckern …

> Genau, so etwas haben die Chamäleons mit Hörnchen gemacht. Aber wenn so etwas passiert, haben alle keinen Spaß mehr an der Reise.
>
> Etwas Ähnliches passierte uns mit Fusseline. Wisst ihr noch, wer Fusseline ist?
>
> Fusseline ist eigentlich eine ganz dufte Freundin und wie gesagt, sie kann ganz toll Skateboard fahren. Aber manchmal ist sie so viel auf ihrem Skateboard gefahren, dass sie ganz müde wurde und zu anderen Dingen, die auf der Schatzsuche wichtig waren, gar keine Lust mehr hatte. Dann lag sie die ganze Zeit faul in der Sonne und bewegte sich keinen Schritt mehr. Einmal war sie so faul, da wollte sie nicht mehr laufen und von uns getragen werden. Ihr könnt ja mal ausprobieren, wie schwer das ist. Wenn ein Chamäleon ein anders tragen muss, dann ist das genauso schwer, als wenn ein Kind ein anderes trägt. Probiert doch einmal aus, euren Nachbarn zu tragen.

Die Kinder bekommen die Anweisung sich abwechselnd hochzuheben beziehungsweise kurz zu tragen.

Na, wie war das? Ganz schön schwer, oder? Würde euch so eine Reise, die mehrere Tage dauert, Spaß machen? Nein, uns Chamäleons hat es auch den Spaß verdorben, wenn Fusseline bei etwas nicht mitmachen wollte. Bei einer Schatzsuche ist es schon wichtig, dass jeder mitmacht.

Und noch etwas kann einem den Spaß an einer Schatzsuche gründlich vermiesen, nämlich, wenn einer ohne zu fragen, dem anderen etwas wegnimmt. So etwas ist nämlich uns auch einmal passiert. Wisst ihr noch, wer Clara ist?

Clara hat vor lauter Eile vergessen, sich etwas zu essen für die Reise mitzunehmen und hat dann, ohne sie vorher zu fragen, Fliegen von Flora gegessen. Was meint ihr, was passiert ist, als Flora gemerkt hat, dass ein Teil ihrer Fliegen gefehlt hat?

Ja, die war richtig böse und hat ganz doll gemeckert. Unsere gute Laune war dahin. Der ganze Tag war uns verdorben. Und das uns Chamäleons, wo wir doch nichts lieber haben als Spaß und Freude.

Wie ist das mit euch? Wollt ihr auch lieber Spaß haben, anstatt euch zu ärgern?

Das habe ich mir gedacht. Wir Chamäleons haben uns deshalb versprochen, dass wir
– fair bleiben, auch wenn wir ärgerlich sind und nicht schubsen, beleidigen oder hauen,
– alle immer bei allen Schatzsucheraufgaben mitmachen sowie einander helfen und
– die anderen vorher fragen, bevor wir uns Sachen von ihnen nehmen.

Das haben wir uns versprochen, damit wir immer Spaß miteinander haben. Aus diesem Grund geben wir uns jetzt auch solche Versprechen. Die drei Versprechen lauten:
– Wir bleiben fair, auch wenn wir ärgerlich sind. Wir schubsen, beleidigen und hauen uns nicht!
– Wir machen bei allen Schatzsucheraufgaben mit und helfen uns gegenseitig!
– Wir fragen die anderen vorher, bevor wir uns Sachen von ihnen nehmen!

So wird unsere Reise bestimmt ein großer Spaß.

Unterschreiben des Verhaltensvertrags

Textvorschlag „Ferdi"

O.k., um unsere Versprechen niemals zu vergessen, habe ich ein Blatt mitgebracht, auf dem wir sie festhalten können. Das ist dann unser Schatzsuchervertrag.

Ferdi gibt dem Trainer das dazu vorgefertigte Arbeitsblatt, das der Trainer im Vorfeld auf DIN A3-Größe hochkopieren sollte. Unter der Schatzkiste sind die drei Symbole für „Fair bleiben", „Mitmachen und Helfen", sowie „Vorher fragen, bevor wir etwas nehmen" aufgeführt. Zur Verfestigung der Vertragsregeln sind sie zusätzlich im *Arbeitsheft* abgedruckt.

> **Vgl. Vertragsregeln S. 99 und Arbeitsheft S. 7.**

> Und nun lasst uns alle dieses Versprechen unterschreiben. Das ist wichtig, denn mit der Unterschrift sagt jeder Einzelne, dass er mit dem Versprechen einverstanden ist.

Unterschreiben des Vertrages.

> Super, super, super, ich freue mich riesig, dass ihr uns helfen wollt. Und ich freue mich, dass ihr alle den Schatzsuchervertrag unterschrieben habt, weil wir, wenn wir uns an diese Regeln halten, ganz viel Spaß bei der Schatzsuche haben werden. Und wenn wir uns gut verstehen und nicht streiten, kommen wir bestimmt auch alle bei meinen Freunden an. Es ist ganz wichtig, dass alle Kinder ankommen, weil wir Chamäleons bestimmt jedes Kind aus eurer Gruppe brauchen, um die Brücke zu der Schatzinsel zu bauen.

Der Vertrag wird im Raum, wenn möglich neben der Schatzkarte, aufgehängt.

B. Das Verstärkersystem

Durch gezielte Verstärkung erhöht sich die Auftretenswahrscheinlichkeit des erwünschten Verhaltens. Das erwünschte Verhalten, das verstärkt werden soll, wurde bereits in dem „Schatzsuchervertrag" festgehalten. In einem Verstärkersystem sollte bei so jungen Kindern nie mehr als ein Verhalten verstärkt werden. In diesem Fall ist es sinnvoll, das *„Mitmachen und Helfen"* zu verstärken (s. dazu Kapitel 9).

> **Hinweise vgl. Kapitel 9.**

Den beiden anderen Verhaltensregeln, wie „Fair bleiben" oder „Fragen, bevor wir etwas nehmen", kann eine logische Konsequenz folgen. So kann Schlagen zum Beispiel mit einer Entschuldigung und einer Wiedergutmachung geahndet werden. Eine logische Konsequenz für „etwas ungefragt wegnehmen" wäre zum Beispiel das Zurückgeben des Gegenstandes mit einer Entschuldigung und gegebenenfalls eine andere Form der Wiedergutmachung.

Einführung in das Verstärkersystem

Ferdi hat den Kindern einen mehrseitigen Verstärkerplan mitgebracht. Dieser wird vom Trainer kopiert, seitlich zusammengeklebt und direkt unter der Schatzkarte angebracht. In die erste Spalte schreibt jedes Kind seinen Namen (es können auch Photos der Kinder eingeklebt werden). Unter jeder Etappe (entspricht einer Trainingsstunde) der Schatzkarte befindet sich ein Feld. Für eine gelöste Aufgabe, das heißt für die aktive Teilnahme an der Trainingsstunde, bekommt jedes Kind einen Stempel in das entsprechende Etappenfeld. Die Stempel werden gesammelt und können am Ende der Schatzsuche gegen

Geschenke aus der Schatztruhe eingetauscht werden. Selbstverständlich können alternativ zu einem Stempel auch andere Hilfsmittel wie etwa Aufkleber oder Ähnliches als Tokens (Eintauschverstärker) benutzt werden.

Verstärkerplan (vgl. S. 100 bis 104).

Ferdi erklärt den Kindern, dass er mit seinen Chamäleons auch einen „Mitmach-Plan" festlegte, damit sie den Schatz später auch gerecht verteilen können und nicht darüber gestritten wird, wie viel jeder aus der Schatztruhe bekommt. Er erläutert, dass die Größe des Anteils aus der Schatzkiste mit der Leistung auf der Schatzsuche in Zusammenhang steht, das heißt, je besser man bei der Schatzsuche mitmacht, desto größer ist später der Anteil am Schatz.

C. Ferdi-Aufgabe für zu Hause

Die Kinder erhalten den Auftrag, den Eltern von den Schatzsucherregeln zu erzählen und gemeinsam zu überlegen, ob sie diese auch zu Hause einführen können.

3. Kurzreflexion durch Ferdi

Ferdi bekräftigt die Kinder für die Abfassung des gemeinsamen Vertragswerkes und verabschiedet sich bis zur nächsten Stunde.

Textvorschlag „Ferdi"

Beim nächsten Mal geht es dann richtig los. Dann kommen auch die ersten Rätsel und Aufgaben, die wir Schatzsucher lösen müssen. Das heißt, ab der nächsten Stunde könnt ihr euch euren Anteil am Schatz verdienen.

Susi

3. Trainingsstunde

Brilli

Timmi

3. Trainingsstunde

Clara

Hörnchen

Flora

Fusseline

Kapitel 11

Name													4.	5.	6.

3. Trainingsstunde 101

Kapitel 11

13.
14.
15.
16.
17.
18.
19.

3. Trainingsstunde

Kapitel 11

Ergebnisse

11.4 Der Schatzsucherruf

Tabelle 5: Ziele, praktisches Vorgehen und Materialien der 4. Trainingsstunde

Ziele	Praktisches Vorgehen	Materialien
Angemessenes Lernklima	Ruheritual „Chamäleonpause"	Handpuppe „Ferdi"
Selbstinstruktion zur Aufmerksamkeitslenkung	Erlernen eines Schatzsucherrufs	CD: Nr. 1 oder 2
Steigerung visueller Aufmerksamkeit	Übung mit Kipp- und Suchbildern	vgl. S. 109 bis 110 Pferde, Dalmatiner **Option: S. 109:** Ente-Hase Overhead-Projektor, Kopierfolien
Erkennen des Zusammenhangs von Verhalten und Konsequenzen; Aufrechterhaltung der Motivation	Verteilen der Tokens	Verstärkerplan Tokens (Punkte)

Struktur der Trainingsstunde

1. Chamäleonpause
2. „Schatzsuchertraining"
   A. Vermittlung einer Selbstinstruktion zur Aufmerksamkeitslenkung
      Einführung durch Ferdi
      Einüben des Schatzsucherrufs
   B. Steigerung der visuellen Aufmerksamkeit
      Einleitung der Arbeitseinheit durch Ferdi
      Übung zur Aufmerksamkeitslenkung
3. Kurzreflexion und Tokenvergabe durch Ferdi

1. Chamäleonpause

Durchführung der Chamäleonpause.

2. „Schatzsuchertraining"

A. *Vermittlung einer Selbstinstruktion zur Aufmerksamkeitslenkung*

Die Kinder lernen, ihre Aufmerksamkeit durch eine Selbstanweisung besser zu steuern. Diese Form der Verhaltenssteuerung soll die Kinder dabei unterstützen, ihre Umwelt differenzierter zu beobachten, das heißt visuelle und auditive Informationen detailliert aufzunehmen und zu verarbeiten. Die Selbstinstruktion ist inhaltlich so gestaltet, dass den Kindern der Nutzen aufmerksamen Verhaltens zur Problemlösung verdeutlicht wird. Zudem ist sie in Reimform gestaltet, um den Aufforderungscharakter für die Kinder zu erhöhen. Zur Erleichterung des Einübens der Selbstinstruktion kann die beiliegende CD genutzt werden.

Einführung durch Ferdi

> **Textvorschlag „Ferdi"**
>
> Na, was haben eure Eltern von den Schatzsucherregeln gehalten? Habt ihr solche Regeln auch zu Hause? Oder sind eure Regeln anders? Erzählt mal!

Die Kinder berichten über Familienregeln zu Hause.

> Bevor wir loslaufen, will ich euch noch einen Trick verraten, der uns Chamäleons sehr geholfen hat, uns auf die Rätsel und Aufgaben zu konzentrieren. Wir haben einen Schatzsucherruf erfunden, den wir rufen, bevor wir eine Aufgabe lösen müssen. Der Schatzsucherruf hilft uns dabei. Wollt ihr ihn hören?
>
> Passt auf:
>
>
> Hey, ho, was ist das?
> Ein Problem das macht doch Spaß!
> Schau genau hin und du wirst es sehn',
> hör gut zu und du wirst verstehn'.
> Die Lösung, die ist gar nicht schwer,
> schon wieder weiß ich etwas mehr!
> Jipiiiie!!!
>

▪ Text auf CD: Nr. 1.

> **Wichtiger Hinweis:**
>
> Sollte der Schatzsucherruf zu schwierig erscheinen, kann eine vereinfachte Alternative eingeübt werden.

▪ Text auf CD: Nr. 2.

> Augen auf, Augen auf,
> Ohren auch, Ohren auch,
> das ist der Chamäleonbrauch.

Einüben des Schatzsucherrufs

Der Schatzsucherruf wird mit den Kindern Zeile für Zeile eingeübt. An den entsprechenden Stellen werden die Kinder aufgefordert, den Text durch Handbewegungen zu unterstützen:
– *Schau genau hin/Augen auf* → Finger unter das Auge!
– *Hör genau zu/Ohren auch* → Hand hinter das Ohr!

B. Steigerung der visuellen Aufmerksamkeit

Den Kindern werden Bilder präsentiert, deren Informationen auf den ersten Blick nicht zweifelsfrei erkannt werden können. Die Kinder sollen gezielt hinschauen, um so die relevanten Bildinformationen zu erfassen.

Einleitung der Arbeitseinheit durch Ferdi

> **Textvorschlag „Ferdi"**
>
> Dieser Schatzsucherruf ist ganz wichtig, um Aufgaben und Rätsel zu lösen.
>
> Damit ein Schatzsucher seine Aufgaben lösen kann, muss er zwei Dinge besonders gut können: Er muss genau HINSCHAUEN und genau ZUHÖREN können. Wir Chamäleons haben das schon früh erkannt, deshalb haben wir uns auch den Schatzsucherruf ausgedacht. Bei der Aufgabe, die es jetzt zu lösen gilt, müssen wir Schatzsucher ganz genau hinschauen. Damit es uns auch gelingt, rufen wir jetzt noch einmal alle gemeinsam unseren Schatzsucherruf.

Durchführung des Schatzsucherrufs.

Übung zur Aufmerksamkeitslenkung

Die Kinder bearbeiten zunächst das Suchbild „Pferde". Die Kinder werden dazu aufgefordert, die Anzahl der Pferde auf dem Bild zu bestimmen. Zur Bearbeitung sollte das Bild auf eine Folie kopiert und per Overheadprojektor präsentiert werden.

Suchbild „Pferde" (vgl. S. 109).

Lösung: Es sind fünf Pferde.

> **Wichtiger Hinweis:**
>
> Sollte noch Zeit sein, findet sich ein weiteres Suchbild (Dalmatiner), das im Unterricht bearbeitet werden kann (vgl. auch S. 110). Auf Seite 109 befindet sich zusätzlich das Kippbild „Ente-Hase" zur Bearbeitung.

3. Kurzreflexion und Tokenvergabe durch Ferdi

Ferdi fragt die Kinder, was sie herausgefunden haben. Er fragt nach, was auf den Bildern zu sehen war. Danach werden die Tokens (Punkte) verteilt.

> **Textvorschlag „Ferdi"**
>
> An dieser Aufgabe habt ihr gemerkt, wie wichtig es ist, genau hinzugucken. Denn wenn man nicht genau hinguckt, dann entgeht einem eine Menge. Dann hättet ihr unter Garantie ein Pferd übersehen.

Ferdi lobt die Kinder für die Mitarbeit und vergibt die Tokens (Punkte) im Rahmen des Verstärkerplans.

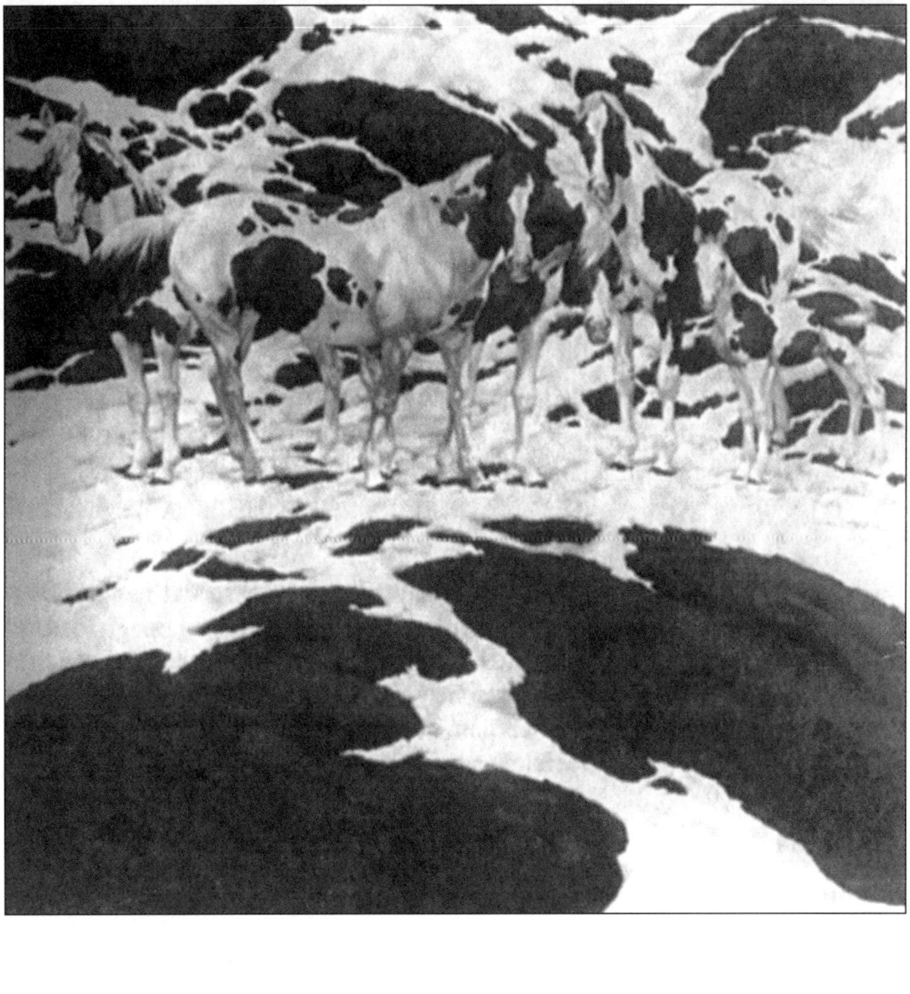

11.5 Das Orakel

Tabelle 6: Ziele, praktisches Vorgehen und Materialien der 5. Trainingsstunde

Ziele	Praktisches Vorgehen	Materialien
Angemessenes Lernklima	Ruheritual „Chamäleonpause"	Handpuppe „Ferdi"
Steigerung auditiver Aufmerksamkeit	Das Orakel-Spiel	**CD: Nr. 3** CD-Player
Erkennen des Zusammenhangs von Verhalten und Konsequenzen; Aufrechterhaltung der Motivation	Verteilen der Tokens	Verstärkerplan Tokens (Punkte)

Struktur der Trainingsstunde

1. Chamäleonpause
2. „Schatzsuchertraining"
   A. Einleitung der Arbeitseinheit durch Ferdi
   B. Übung zur auditiven Aufmerksamkeit
       Unterscheiden von Sprachlauten und Geräuschen
3. Kurzreflexion und Tokenvergabe durch Ferdi

1. Chamäleonpause

Durchführung der Chamäleonpause.

2. „Schatzsuchertraining"

A. Einleitung der Arbeitseinheit durch Ferdi

Ferdi lobt die Kinder, dass sie die Aufgabe der letzten Stunde so gut gelöst haben. Dann leitet er zu der nächsten Aufgabe über.

> **Textvorschlag „Ferdi"**
>
> Na, meine lieben Schatzsucherfreunde, könnt ihr euch noch an den Schatzsucherruf erinnern?

Die Kinder den Schatzsucherruf rufen und die Handzeichen dabei machen lassen.

> Könnt ihr euch auch noch daran erinnern, was ein Schatzsucher können muss? Richtig, genau hinschauen und genau hinhören. Genau hinschauen könnt ihr ja schon klasse. Bei der nächsten Aufgabe geht es darum, gut hinzuhören. Schaut mal auf der Schatzkarte nach, wo wir uns gerade befinden.

Die Schatzsucher befinden sich vor einem Wasserfall, der in einen großen Fluss fließt. Über diesen Fluss gibt es keine Brücke. Aber die Schatzsucher müssen über diesen Fluss gelangen, sonst kommen sie nicht weiter. Zum Glück weiß Ferdi, was zu tun ist. Es gibt ein Orakel, das den Kindern verrät, wie sie über den Fluss gelangen. Wie bei Orakeln üblich, spricht es in Rätseln. Die Kinder erhalten die Aufgabe, das Rätsel des Orakels zu lösen (die Orakelübung befindet sich auf der beiliegenden CD).

> **Textvorschlag „Ferdi"**
>
> Ihr seht, wir befinden uns hier vor dem großen Wasserfall, der in den Fluss mündet. Da kommen wir so ohne Weiteres nicht hinüber. Zum Glück weiß ich, was zu tun ist. Es gibt hier ein Orakel. Ein Orakel ist so etwas wie ein Zauberer, der einem Geheimnisse verrät. Aber mit den Orakeln ist das so eine Sache: Sie verraten ihre Geheimnisse nicht einfach so mir nichts, dir nichts, sie sprechen in Rätseln.
>
> Das Orakel, mit dem wir es hier zu tun haben, verrät uns den Zauberspruch, mit dem wir uns über den Fluss zaubern können. Aber wie bei jedem Orakel, ist es nicht ganz leicht, diesen Zauberspruch zu enträtseln. Wir müssen also ganz genau zuhören, um zu verstehen, was für einen Zauberspruch das Orakel uns verrät. Ihr hört gleich abwechselnd Sätze der Sprache, die wir sprechen und eine Reihe anderer Geräusche. Merkt euch alles, was das Orakel in unserer Sprache spricht. Die anderen Geräusche, die ihr zu hören bekommt, braucht ihr euch nicht zu merken, die sollen euch nur durcheinander bringen. Ganz schön listig, so ein Orakel was?

B. Übung zur auditiven Aufmerksamkeit

Den Kindern werden sprachliche Informationen dargeboten, die durch ablenkende Geräusche, wie zum Beispiel Meeresrauschen oder Telefonklingeln, unterbrochen sind. Sie sollen gezielt hinhören und sich die relevanten Informationen merken, um sie im Anschluss wiedergeben zu können.

Unterscheiden von Sprachlauten und Geräuschen

Es wird *die Orakelübung von der CD abgespielt*, auf der die relevanten Sprachlaute zu hören sind. Diese sind durch Geräusche, wie zum Beispiel Vogelgezwitscher oder Klingelgeräusche, unterbrochen. Die relevanten Sätze lauten wie folgt:

■ **Text auf CD: Nr. 3.**

> Die Daumen nach oben.
> Die Augen geschlossen.
> Zählt laut bis drei.
> Hopst auf der Stelle.

Bevor die CD abgespielt wird, rufen alle gemeinsam den Schatzsucherruf.

Die Sätze des Orakels werden zusammengetragen und die Kinder werden von Ferdi aufgefordert, die Anweisungen Schritt für Schritt auszuführen.

Option

Der Schwierigkeitsgrad dieser Übung kann vielfach variiert werden. Sollten die Kinder es beim ersten Durchgang nicht geschafft haben, sich alle Sätze zu merken, kann die CD erneut abgespielt werden.

Zusätzlich besteht die Möglichkeit, die Kinder in vier Gruppen zu teilen, wovon sich die erste Gruppe den ersten Satz, die zweite Gruppe den zweiten Satz usw. merken soll. Die Sätze werden später nacheinander zusammengetragen. Danach können die Kinder die Anweisungen des Orakels ausführen.

Für Kinder mit einem guten Gedächtnis kann es zum Beispiel reizvoll sein, sich alle dargebotenen Reize, möglicherweise sogar in der korrekten Reihenfolge, zu merken.

Auch bei der abschließenden Ausführung der Orakelanweisungen kann variiert werden, so dass sie zum Beispiel nacheinander oder aber gleichzeitig vollzogen werden können.

3. Kurzreflexion und Tokenvergabe durch Ferdi

Ferdi fasst die Arbeitsergebnisse kurz zusammen, lobt die Kinder für ihre Mitarbeit und vergibt die Tokens (Punkte) im Rahmen des Verstärkerplans.

11.6 Das Missverständnis

Tabelle 7: Ziele, praktisches Vorgehen und Materialien der 6. Trainingsstunde

Ziele	Praktisches Vorgehen	Materialien
Angemessenes Lernklima	Ruheritual „Chamäleonpause"	Handpuppe „Ferdi"
Stärkung der sozialen Wahrnehmung	Übung: „Das Missverständnis"	**vgl. S. 117/ Arbeitsheft S. 8:** Bild „Cordula von Eich" **vgl. S. 118/ Arbeitsheft S. 9:** Bildergeschichte **CD: Nr. 4** CD-Player, Overheadprojektor, Kopierfolien
Erkennen des Zusammenhangs von Verhalten und Konsequenzen; Aufrechterhaltung der Motivation	Verteilen der Tokens	Verstärkerplan Tokens (Punkte)

Struktur der Trainingsstunde
1. Chamäleonpause
2. „Schatzsuchertraining"
A. Einleitung der Arbeitseinheit durch Ferdi
B. Übung zur Verbesserung der sozialen Wahrnehmung: „Das Missverständnis"
Bearbeitung des Bildmaterials
Bearbeitung des Bild- und Tonmaterials
3. Kurzreflexion und Tokenvergabe durch Ferdi

1. Chamäleonpause

Durchführung der Chamäleonpause.

2. „Schatzsuchertraining"

A. Einleitung der Arbeitseinheit durch Ferdi

Textvorschlag „Ferdi"

Hallo, liebe Freunde,
ich freue mich, dass wir meinen Freunden heute wieder ein Stück näher kommen. Wir gelangen heute in den Zauberwald. Dort lebt die berühmte Waldfee Cordula von Eich. Habt ihr schon einmal von ihr gehört?

Nein? Dann schaut mal in euer Arbeitsheft auf Seite 8.

Wie alle Waldfeen liebt auch Cordula nichts mehr als Schatzsuchern Rätsel zu stellen. Als Belohnung für das Lösen eines Rätsels zeigt sie den Schatzsuchern den kürzesten Weg durch den Wald. Seid ihr bereit für Cordulas Rätsel?

Für die optimale Vorbereitung zur Rätsellösung nun unser Schatzsucherruf.

■ Arbeitsblatt „Cordula von Eich" (vgl. S. 117) und Arbeitsheft S. 8.

Durchführung des Schatzsucherrufs.

B. Übung zur Verbesserung der sozialen Wahrnehmung: „Das Missverständnis"

Die Übung soll dazu dienen, den Kindern zu vermitteln, dass es insbesondere in sozialen Situationen erforderlich ist, möglichst umfassende Informationen zu sammeln, um diese richtig interpretieren zu können. Dazu gehören beispielsweise nicht allein visuelle, sondern auch auditive Informationen.

Zu diesem Ziel wird den Kindern eine Übung mit kombiniertem Bild- und Tonmaterial dargeboten.

Bearbeitung des Bildmaterials

Die Kinder werden dazu aufgefordert, die *Seite 9 ihres Arbeitsheftes* aufzuschlagen. Die zwei Bilder der Kurzgeschichte „Das Missverständnis" sollen nacheinander genau beschrieben werden.

■ „Das Missverständis" (vgl. S. 118) und Arbeitsheft S. 9.

Arbeitsfragen Bild 1
– Wie viele Kinder seht ihr auf dem Bild?
– Wo befinden sich die Kinder?
– Wie sehen die einzelnen Kinder aus?
– Was machen die einzelnen Kinder gerade?

Arbeitsfragen Bild 2
– Seht ihr auf diesem Bild die gleichen Kinder?
– Wie sehen die einzelnen Kinder aus? Was hat sich verändert?
– Was machen die einzelnen Kinder gerade?

Mit der Bilderfolge wird dem Betrachter suggeriert, dass die Kindergruppe den einzelnen Jungen auf Grund seines Äußeren (Brille, Figur) auslacht. Die Bildinformationen sollen beschrieben und das Verhalten der Kindergruppe bewertet werden. Sollten die Kinder nicht der Meinung sein, dass der Junge auf der linken Seite von den anderen ausgelacht wird, sollte dem nicht widersprochen werden. Es könnte allerdings abschließend gefragt werden, was man braucht, um ganz sicher zu sein, worüber die Kinder lachen.

Bearbeitung des Bild- und Tonmaterials

Nun wird den Kindern das Tonmaterial zur Übung „Das Missverständnis" präsentiert; es befindet sich auf der CD. Es ist zu hören, dass die Kindergruppe sich zunächst über schulische Belange unterhält. Schließlich erzählt eines der Kinder einen Witz, über den die anderen lachen. Die Kinder sollen erkennen, dass ihre erste Annahme auf Grund ihrer eingeschränkten Informationen zu einer falschen Schlussfolgerung geführt hat, falls sie der Meinung waren, dass der dicke Junge ausgelacht wurde. Erst mit dem zusätzlichen Tonmaterial konnten sie erkennen oder ganz sicher sein, dass die Kinder nicht den Jungen namens „Mark" auslachen, sondern sich über den Witz amüsieren.

Text auf CD: Nr. 4.

Arbeitsfragen zum Tonmaterial
– Worüber unterhalten sich die Kinder?
– Wo befinden sich die Kinder?
– Welches der Kinder ist Mark?
– Worüber lachen die Kinder?

Abschließende Fragen
– Haben die Bilder ausgereicht, um die Geschichte richtig zu verstehen?
– Was war wichtig, um ganz sicher zu sein, worüber die Kinder lachen?
– Ist es euch auch schon einmal passiert, dass ihr euch so geirrt habt? (Falls die Kinder der Meinung waren, der Mark würde ausgelacht)

Rätselfrage
– Worauf muss ein Schatzsucher also achten, um seine Umgebung richtig zu verstehen?

Lösung: Genau hinschauen und richtig zuhören.

3. Kurzreflexion und Tokenvergabe durch Ferdi

Ferdi fasst die Arbeitsergebnisse kurz zusammen, lobt die Kinder für ihre Mitarbeit und vergibt die Tokens (Punkte) im Rahmen des Verstärkerplans.

11.7 Baltasar ist traurig

Tabelle 8: Ziele, praktisches Vorgehen und Materialien der 7. Trainingsstunde

Ziele	Praktisches Vorgehen	Materialien
Angemessenes Lernklima	Ruheritual „Chamäleonpause"	Handpuppe „Ferdi"
Differenzierte Selbst- und Fremdwahrnehmung basaler Gefühle: – Trauer	Geschichte: „Baltasar ist traurig" Bearbeitung von Bild- und Textmaterial Unterrichtsgespräch über das Gefühl Trauer	Gespensterbriefkasten **S. 124:** Gespensterbrief „Baltasar" **vgl. S. 126/** **Arbeitsheft S. 11:** Gespensterbild „Baltasar ist traurig" **vgl. S. 125/** **Arbeitsheft S. 10:** „Was mich traurig macht" Spiegel für Kinder
Erkennen des Zusammenhangs von Verhalten und Konsequenzen; Aufrechterhaltung der Motivation	Verteilen der Tokens	Verstärkerplan Tokens (Punkte)

Struktur der Trainingsstunde

1. Chamäleonpause
2. „Schatzsuchertraining"
   A. Einleitung der Arbeitseinheit durch Ferdi
   B. Verlesen des Gespensterbriefes und Präsentation des Gespensterbildes „Baltasar ist traurig"
      Strukturierte Text- und Bildanalyse
   C. Sensibles Wahrnehmen von Trauer
   D. Ferdi-Aufgaben für zu Hause
3. Kurzreflexion und Tokenvergabe durch Ferdi

1. Chamäleonpause

Durchführung der Chamäleonpause.

2. „Schatzsuchertraining"

Nach dem Ruheritual wird den Kindern mit Unterstützung von Ferdi erläutert, dass sie in den kommenden Stunden der Schatzsuche zu einem verlassenen Schloss gelangen. In dem Schloss leben drei Gespenster. Die Gespenster haben allesamt das Problem allein zu sein, reagieren allerdings unterschiedlich darauf: Baltasar ist traurig, Mortimer bekommt Angst, Cäsar wird vor Langeweile gereizt und ärgerlich. Die Aufgabe der Kinder wird im ersten Schritt darin bestehen, das situative Problem des jeweiligen Gespenstes herauszufinden, das dadurch ausgelöste Gefühl zu erkennen und zu benennen. In einem zweiten Schritt sollen die Kinder die gewonnenen Erkenntnisse mit der eigenen Erlebniswelt in Zusammenhang bringen. Schließlich sollen die Kinder berichten, welche *Emotionsregulationsstrategien* sie anwenden und welche davon erfolgreich waren.

Thematisch wird damit in die dritte Stufe des Verhaltenstrainings eingeleitet, in der sich die Kinder mit folgenden Themen auseinander zu setzen haben:
– Fremd- und Selbstwahrnehmung der basalen Gefühle Trauer, Angst, Ärger und Freude,
– Empathie und
– Hilfeverhalten.

Die Kinder lernen dabei, bei sich und anderen basale Gefühle sensibel wahrzunehmen, die ihnen durch die Bild- und Textinformation (Gespensterbilder, Gespensterbriefe) vermittelt werden. Die Texte sind so aufgebaut, dass die Kinder die unterschiedlichen Emotionen anhand
– physiologischer Reaktionen (Körperwahrnehmung),
– kognitiver Reaktionen (Wahrnehmung der eigenen Gedanken) und
– motorischer Reaktionen (Wahrnehmung der eigenen Handlung)

erarbeiten können.

Durch die Gespensterbilder sollen sich die Kinder zudem mit den nonverbalen, beobachtbaren Kernmerkmalen (Mimik; Körperhaltung) der genannten Gefühle auseinander setzen, um ihnen das Erkennen von Hinweisreizen bei Menschen in unterschiedlichen Gefühlszuständen zu erleichtern (Fremdwahrnehmung).

Das Üben von Einfühlungsvermögen wird den Kindern mithilfe von Ferdi nahe gebracht, der ihnen das „Sich-Hineinversetzen in einen anderen" als Trick vermittelt.

Das Erkennen, Verstehen und Nachempfinden von Gefühlen anderer bildet die Voraussetzung für Kooperations- und Hilfsbereitschaft. Um die Kinder für positives Sozialverhalten zu motivieren, werden sie von den Gespenstern direkt dazu aufgefordert, ihnen zu helfen. Hierbei sollen sie Handlungsalternativen für die Gespenster entwickeln.

A. Einleitung der Arbeitseinheit durch Ferdi

Ferdi begrüßt die Kinder und eröffnet ihnen, dass sie nun zu einem einsamen, verlassenen Schloss kommen, in dem drei Gespenster ihr Unwesen treiben.

7. Trainingsstunde

Textvorschlag „Ferdi"

Guten Morgen, Kinder,
heute gelangen wir auf unserer Schatzsuche in ein altes Schloss. Durch dieses Schloss müssen wir durch, bevor wir in das Land des Drachen gelangen, in dem der Schatz liegt. Das Schloss ist seit vielen, vielen Jahren menschenleer, nur drei Schlossgespenster spuken darin herum. Die drei Gespenster haben ihr Schloss untereinander aufgeteilt. Jeder von ihnen wohnt in seinem Teil. Die Gespenster lieben nichts mehr als Besuch, denn dann ist endlich mal etwas los. Leider haben viele Menschen Angst vor Gespenstern, so dass sich kaum jemand in das Schloss traut. Eigentlich schade, weil es lustig ist, wenn sie ihren Schabernack mit den Besuchern treiben. Als meine Freunde und ich durch das Schloss kamen, flogen ständig Gegenstände durch die Luft, zum Beispiel Blumenvasen, so als ob sie Flügel hätten. Oder als sie Brilli hochhoben und durch den großen Saal mitfliegen ließen. Brilli war natürlich total begeistert und wollte gar nicht mehr aufhören.

Schwierig wird es erst, wenn die Gespenster sich einmal nicht gut fühlen, denn Gespenster haben zwar supergute „Quatschmach-Ideen", aber wenn sie Schwierigkeiten haben, gehen ihnen die Ideen schnell aus, dann wissen sie meist nicht, was sie tun sollen. In dem Fall ist es besser, wir helfen ihnen aus der Klemme, oder?

Heute kommen wir zum ersten Schlossgespenst Baltasar. Es wohnt hier in diesem Turm des Schlosses.

Auf den linken Turm der Schatzkarte zeigen.

Tagsüber ist es natürlich unsichtbar und wir können es weder sehen noch mit ihm sprechen. Stattdessen hinterlässt es uns Nachrichten, die es mit Zaubertinte schreibt und in unserem Gespensterbriefkasten hinterlegt. Ah, hier ist die Erste. Aber bevor euer Lehrer/Trainer ihn euch vorliest, lasst uns unseren Schatzsucherruf anstimmen. Ihr wisst ja noch aus den letzten Stunden: Genau hinsehen und zuhören ist wichtig, um Aufgaben zu lösen.

Durchführung des Schatzsucherrufs.

B. Verlesen des Gespensterbriefes und Präsentation des Gespensterbildes „Baltasar ist traurig"

Nachdem der Trainer den Kindern mithilfe der Handpuppe eine erste Orientierung über den Inhalt der Trainingsstunde gegeben hat, verliest er zunächst den ersten „Gespensterbrief". Es sollte eine detaillierte Textanalyse durchgeführt werden, der eine genaue Bildanalyse folgt. Zu diesem Zweck werden die Kinder aufgefordert, ihr *Arbeitsheft auf Seite 11* aufzuschlagen, wo sich das Bild des traurigen Gespenstes Baltasar befindet.

> **Textinformation: Gespensterbrief „Baltasar" (vgl. S. 124).**
> **Bildinformation: „Baltasar ist traurig" (vgl. S. 126) und Arbeitsheft S. 11.**

Für den Briefwechsel zwischen den Gespenstern und der Gruppe wird ein Gespensterbriefkasten benötigt. Dazu eignet sich zum Beispiel ein beklebter Schuhkarton. Wichtig ist, dass der Trainer sicherstellt, dass nur er den Briefkasten öffnen kann.

Strukturierte Text- und Bildanalyse

Die Text- und Bildanalyse erfolgt anhand eines strukturierten Fragenkatalogs. Ist es für manche Kinder schwierig, einzelne Fragen zu beantworten, sollten sie durch Hinweise (einfache Fragen) zu den Lösungen hingeführt werden.

Textbezogene Arbeitsfragen
- Wie fühlt sich Baltasar? (Wie nennt man dieses Gefühl?)
  Lösung: Trauer (Traurigkeit).
- Warum ist Baltasar traurig?
  Lösung: Er ist einsam, weil sein Freund Spooky ihn verlassen und er keine Freunde hat.
- Wie fühlt sich Baltasars Körper an, wenn er traurig ist?
  (Vereinfachung: Fühlt er sich leicht? Fühlt Baltasar sich so fit, als wenn er „Bäume ausreißen" könnte?).
  Lösung: Sein Körper fühlt sich schwer und träge an.
- Was denkt Baltasar, wenn er traurig ist?
  Lösung: Er denkt: „Spooky, wärst du bloß bei mir, ich bin so allein!"
- Was macht Baltasar, wenn er traurig ist?
  Lösung: Er weint, hat zu nichts Lust und alles was er macht, wirkt doppelt so anstrengend.
- Ändert sich Baltasars Stimmung durch das, was er macht?
  Lösung: Baltasars Stimmung ändert sich durch sein Verhalten nicht, er ist ständig traurig.

Bildbezogene Arbeitsfragen
- Wie sieht Baltasar aus, wenn er traurig ist?
  → Merkmale der Körperhaltung (regungslose Haltung, herabhängende Schultern) erarbeiten.
  → Merkmale der Mimik (hängende Augenbrauen, hängende Mundwinkel) erarbeiten.

C. Sensibles Wahrnehmen von Trauer

Im Anschluss an die Vorstellung des fiktiven Modells „Baltasar" sollten die Kinder nun dazu angeregt werden, die zuvor erarbeiteten Inhalte auf ihr eigenes Erleben zu übertragen. Hierzu sollte die Sitzordnung möglichst geändert werden. Es hat sich gezeigt, dass die etwas zugewandtere Atmosphäre eines Stuhlkreises hierfür geeignet ist.

Die Kinder werden vorwiegend motorische Reaktionen und situative Kontexte beschreiben. Es ist hier allerdings von Bedeutung, auch die inneren Reaktionsmodi beschreiben zu lassen, die zu einer differenzierten Selbstwahrnehmung hinführen.

Von wesentlicher Bedeutung ist zudem die Frage nach den Folgen der Reaktion, da hier Zweckmäßigkeit der Gedanken und Handlungen beurteilt werden soll.

Transferfragen
– Habt ihr euch auch schon mal so traurig wie Baltasar gefühlt? Wenn ja, was war passiert?
– Was macht euch sonst noch traurig?
– Wie fühlt sich euer Körper dann an?
 (Vereinfachung: *War euer Körper so schwer und träge wie Baltasars oder anders?*)
– Wie seht ihr aus, wenn ihr traurig seid? (Mimik/Körperhaltung)
– Was denkt ihr, wenn ihr traurig seid?
– Was macht ihr, wenn ihr traurig seid?
– Hilft euch das, was ihr dann macht, euer Problem zu lösen?

Beispiele sammeln.

Kurze Spiegelübung:

Um den eigenen Ausdruck bei Trauer sowie den Trauerausdruck von anderen Kindern kennen zu lernen, wird eine kurze Partnerübung durchgeführt. Hierfür erhalten die Kinder einen Spiegel. Sie sollen abwechselnd so traurig wie möglich in den Spiegel schauen, um den eigenen Trauerausdruck zu erkennen. Der Spielpartner bestimmt, ob man das Gefühl erkennen kann. Danach legen die Kinder den Spiegel zur Seite, machen sich gegenseitig den Trauerausdruck vor und erklären dem Spielpartner, an welchen Stellen im Gesicht sie bei ihm das Gefühl Trauer erkennen.

D. Ferdi-Aufgaben für zu Hause

1. Die Kinder werden dazu aufgefordert, das Gespensterbild zu Hause auszumalen. Ziel dieser Aufgabe ist es, die Auseinandersetzung mit der Thematik zu vertiefen und besonders die Fremdwahrnehmungsaspekte besser zu memorieren.
2. Zusätzlich sollen sie ihren Eltern ihr Bild zeigen, erklären und dann erfragen, was ihre Eltern traurig macht und die Spiegelübung mit ihnen durchführen.

Option

Im Arbeitsheft auf Seite 10 befindet sich das Arbeitsblatt „Was mich traurig macht". Hier haben die Kinder die Möglichkeit, ihre eigenen Erfahrungen zum Thema „Traurigkeit" gestalterisch einzubringen. Den Fertigkeiten der Kinder entsprechend ist diese Übung vor allem ab der zweiten Klasse zu empfehlen.

„Was mich traurig macht" (vgl. S. 125) und Arbeitsheft S. 10.

3. Kurzreflexion und Tokenvergabe durch Ferdi

Ferdi fasst die Arbeitsergebnisse kurz zusammen, lobt die Kinder für die Mitarbeit und vergibt die Tokens (Punkte) im Rahmen des Verstärkerplans.

Gespensterbrief „Baltasar"

Liebe Besucher,
willkommen im Schloss. Mein Name ist Baltasar – ich bin das Schlossgespenst. Schön, dass ihr da seid, denn ich hatte schon so lange keinen Besuch mehr. Ich glaube, das letzte Mal zogen ein paar schatzsuchende Chamäleons hier durch. Denen habe ich gezeigt, wie toll ich spuken kann. Das hat richtig Spaß gemacht.

Aber im Moment geht es mir nicht besonders gut. Ich bin immer so *allein* und habe *keine Freunde*. Niemand ist da, der mir mal zuhört oder mit mir spielt. Tagein, tagaus geistere ich durch die Zimmer und Säle meines Schlossturms und bin ganz *einsam*. Niemand ist da, der mit mir reden kann. Früher hatte ich mal einen Kumpel, meinen Freund Spooky, der ist auch ein Gespenst. Zu zweit hatten wir viel Spaß und haben den ganzen Tag nur Quatsch gemacht. Herrlich! Aber dann musste Spooky umziehen.

Ich denke oft an ihn. Dann erinnere ich mich an all unsere Abenteuer und es endet damit, dass ich schließlich *weinen* muss, weil er weg ist. *„Spooky, wärst du bloß bei mir, ich bin so allein!"*, denke ich dann. Wenn ich mich so fühle, macht selbst das Spuken und Quatschmachen keinen Spaß mehr. An solchen Tagen *habe ich wirklich zu gar nichts Lust*. Mein Körper fühlt sich dann ganz *schwer und träge* an, als wenn er sich nicht bewegen lassen will. Alles was ich mache ist dann *doppelt so anstrengend*.

Was ist nur mit mir los? Wisst ihr einen Rat? Bitte helft mir!

Viele Grüße,
Euer Baltasar

P. S. In eurem Schatzsucherheft seht ihr ein Bild von mir, damit ihr wisst, mit wem ihr es zu tun habt.

Was mich traurig macht

11.8 Wir helfen Baltasar!

Tabelle 9: Ziele, praktisches Vorgehen und Materialien der 8. Trainingsstunde

Ziele	Praktisches Vorgehen	Materialien
Angemessenes Lernklima	Ruheritual „Chamäleonpause"	Handpuppe „Ferdi"
Differenzierte Selbst- und Fremdwahrnehmung basaler Gefühle: – Trauer – Freude		**CD: Nr. 5** Gespensterbriefkasten
Einüben von Einfühlungsvermögen und Aufbau von Hilfeverhalten	Erarbeitung von Hilfsstrategien Singspiel „Komm mit!"	vgl. S. 126/ **Arbeitsheft S. 11:** „Baltasar ist traurig" vgl. S. 131: „Baltasars Dankschreiben" vgl. S. 132/ **Arbeitsheft S. 12:** „Was mich fröhlich macht" vgl. S. 133/ **Arbeitsheft S. 13:** „Baltasar ist fröhlich" Spiegel für die Kinder
Erkennen des Zusammenhangs von Verhalten und Konsequenzen; Aufrechterhaltung der Motivation	Verteilen der Tokens	Verstärkerplan Tokens (Punkte)

Struktur der Trainingsstunde

1. Chamäleonpause
2. „Schatzsuchertraining"
   A. Einleitung der Arbeitseinheit durch Ferdi
   B. Wiederholung der Inhalte der letzten Trainingsstunde („Baltasar ist traurig") sowie der Hausaufgaben
   C. Sensibles Wahrnehmen von Freude
   D. Einüben des Einfühlungsvermögens und Aufbau von Hilfeverhalten
   E. Vertiefung des Themas: Singspiel „Komm mit!"
   F. Ferdi-Aufgabe
3. Kurzreflexion und Tokenvergabe durch Ferdi

1. Chamäleonpause

Durchführung der Chamäleonpause.

2. „Schatzsuchertraining"

Nachdem die Kinder in der letzten Stunde das Gefühl der Traurigkeit erarbeitet haben, sollen sie in dieser Trainingsstunde Handlungsalternativen entwickeln, um Traurigkeit zu überwinden. Entscheidend ist dabei, den Zusammenhang zwischen Situation (Auslöser), Gedanken (Wahrnehmung, Interpretation, Bewertung) und den Emotionen zu vermitteln, die die Handlung begründen. Es sollte auch verdeutlicht werden, wie durch eigenes Bemühen und das Bemühen der Interaktionspartner Emotionen verändert werden können. Dabei lernen die Kinder Indikatoren für das Gefühl der Freude kennen.

A. Einleitung der Arbeitseinheit durch Ferdi

> **Textvorschlag „Ferdi"**
>
> Guten Morgen, Kinder,
> seid ihr alle wieder fit und startklar für unsere nächste Etappe? Super, dann lasst uns gleich loslegen. Letztes Mal habt ihr wieder gut aufgepasst und gleich herausgefunden, wie Baltasar sich fühlt.
>
> Was haltet ihr davon, wenn wir Baltasar helfen, seine Traurigkeit zu vertreiben? Soll ich euch ein paar Tricks verraten, wie wir Chamäleons das anstellen würden?
>
> Also hier unsere „Chamäleontricks":
> 1. Wir schauen den anderen genau an und versuchen zu erkennen, wie er oder sie sich fühlt, ob er/sie traurig oder fröhlich aussieht. Das haben wir beim letzten Mal anhand des Gespensterbildes getan.
> 2. Um ganz sicher zu gehen, fragen wir den anderen freundlich, wie er oder sie sich fühlt und warum. Wie Baltasar sich fühlt, haben wir durch seinen Gespensterbrief herausbekommen.
> 3. Wenn er oder sie uns erzählt, was mit ihm los ist, stellen wir uns vor, uns wäre das Gleiche passiert wie dem anderen. Dann verstehen wir besser, wie er sich fühlt und können viel besser überlegen, wie wir ihm weiterhelfen können.
>
> Und genau das versucht gleich einmal.
>
> So und nun zur Einstimmung auf die Aufgaben erschallt wie immer unser Schatzsucherruf.

Durchführung des Schatzsucherrufs.

B. Wiederholung der Inhalte der letzten Trainingsstunde („Baltasar ist traurig") sowie der Hausaufgaben

Die Kinder erhalten den Auftrag, sich das Bild „Baltasar ist traurig" noch einmal genau anzusehen und die Inhalte der letzten Stunde zu wiederholen. Dabei sollen die als Ferdi-Aufgabe der vergangenen Trainingsstunde ausgemalten Gespensterbilder sowie die Ergebnisse der Befragung der Eltern unterstützend zum Einsatz kommen. Sollten die Kinder wesentliche Merkmale des Gespensterbriefes nicht mehr präsent haben, sollte er nochmals verlesen werden. Die Wiederholung sollte vom Trainer durch die folgenden Fragen unterstutzt werden.

Arbeitsfragen
– Wie hat sich Baltasar gefühlt? (Wie nennt man dieses Gefühl?)
– Warum ist er so traurig? Woran konntet ihr das erkennen?

C. Sensibles Wahrnehmen von Freude

Transferfragen
Erinnert euch an unsere letzte Schatzsucherstunde. Ihr habt erzählt, was euch manchmal traurig gemacht hat.
– Wer oder was hat euch wieder fröhlich gemacht? Wer oder was hat euch geholfen wieder fröhlich zu werden?
– Was habt ihr gedacht, als ihr wieder fröhlich wart und wieder gute Laune hattet?
– Was habt ihr gemacht, als ihr wieder fröhlich wart und wieder gute Laune hattet?
– Wie fühlte sich dann euer Körper an? War er immer noch schwer und träge wie bei Baltasar?

Beispiele sammeln.

Kurze Spiegelübung:

Um den eigenen Ausdruck bei Freude sowie den Freudeausdruck von anderen Kindern kennen zu lernen, wird eine kurze Partnerübung durchgeführt. Hierfür erhalten die Kinder einen Spiegel. Sie sollen abwechselnd so erfreut wie möglich in den Spiegel schauen, um den eigenen Freudeausdruck zu erkennen. Der Spielpartner bestimmt, ob man das Gefühl erkennen kann. Danach legen die Kinder den Spiegel zur Seite, machen sich gegenseitig den Trauer- und den Freudeausdruck vor, erraten entweder das eine oder das andere Gefühl und erklären dem Spielpartner, an welchen Stellen im Gesicht sie bei ihm die Gefühle Trauer und Freude erkennen können.

Option

Im Arbeitsheft auf Seite 12 befindet sich das Arbeitsblatt „Was mich fröhlich macht". Hier haben die Kinder die Gelegenheit, ihre eigenen Erfahrungen zum Thema „Freude" gestalterisch einzubringen. Den Fertigkeiten der Kinder entsprechend ist diese Übung vor allem ab der zweiten Klasse zu empfehlen.

„Was mich fröhlich macht" (vgl. S. 132) und Arbeitsblatt S. 11.

D. Einüben des Einfühlungsvermögens und Aufbau von Hilfeverhalten

– Was meint ihr, wie können wir Baltasar helfen und ihn wieder aufheitern?
– Stellt euch vor, ihr wäret selbst in Baltasars Lage.

Im Rahmen eines gelenkten Unterrichtsgesprächs sollen die Kinder neben anderen Vorschlägen zu dem Ergebnis kommen, Baltasar mitzunehmen, damit er nicht mehr so allein ist.

E. Vertiefung des Themas: Singspiel „Komm mit!"

Zum Abschluss der Arbeitseinheit stellt der Trainer den Kindern mithilfe der CD ein Lied vor, das sie gemeinsam singen, um dem Gespenst „Baltasar" ihre Bereitschaft zu signalisieren, es mitzunehmen. Dazu stellen sich Kinder und Trainer in einen Kreis. Ein Kind stellt sich in die Mitte und spielt das traurige Gespenst „Baltasar". Dabei soll es eine traurige Mimik und Körperhaltung einnehmen und sich vorstellen, es wäre so einsam wie Baltasar. Der Spieler wird in den Kreis der übrigen Kinder aufgenommen, womit deutlich werden soll, dass das Gespenst nun in die Gruppe aufgenommen ist. Nachdem die Kinder das Lied gesungen haben, wird das Kind gefragt, ob es ihm an Baltasars Stelle besser gehen würde, nachdem es so herzlich in die Gruppe aufgenommen worden ist. Die Buchstaben unter den Liedzeilen sind Gitarrenakkorde, falls eine instrumentelle Liedbegleitung angedacht wird.

Text auf CD: Nr. 5.

Lied „Komm mit!"

Lieber Baltasar,
G
Sei nicht mehr traurig,
G
Wir nehmen dich mit!
G
Wir mögen Gespenster und ganz besonders dich!
G
Wenn wir einander helfen ↑
C   G
Und richtig verstehn' ↑
C   G
Dann fühlen wir uns besser ↑
C   G
Lass uns gemeinsam gehn' ↓
D   G

Der Trainer findet das im Gespensterbriefkasten vor der Stunde deponierte Dankschreiben von Baltasar und verliest es. Die Kinder bekommen den Auftrag, ihr *Arbeitsheft auf Seite 13* aufzuschlagen, wo sie das Gespensterbild „Baltasar ist fröhlich" vorfinden. Nun wird noch kurz der mimische und gestische Ausdruck Baltasars analysiert, um die Unterschiede zur Trauer herauszuarbeiten.

Dankschreiben von Baltasar (siehe unten).

„Baltasar ist fröhlich" (vgl. S. 133) und Arbeitsheft S. 13.

F. Ferdi-Aufgabe

Die Kinder erhalten die Aufgabe, bis zur nächsten Ferdistunde die „Chamäleontricks" bei einem anderen Kind anzuwenden, das traurig ausschaut.

3. Kurzreflexion und Tokenvergabe durch Ferdi

Ferdi lobt die Kinder für ihre Mitarbeit, fasst die wesentlichen Inhalte der Stunde zusammen und verteilt die Tokens (Punkte) im Rahmen des Verstärkerplans.

Arbeitsmaterial „Baltasars Dankschreiben"

Liebe Kinder,
habt vielen Dank für eure Hilfe. Es ist schön zu wissen, dass ich euch nicht gleichgültig bin, und dass ihr nachempfinden könnt, wie ich mich fühle. Jetzt geht es mir schon viel besser. Wie schön, dass ihr mich mitnehmen wollt. Ich begleite euch natürlich gern.

Viele Grüße
Euer Baltasar

P. S. In eurem Schatzsucherheft findet ihr ein neues Bild von mir. Auf dem anderen sah ich so traurig aus.

Was mich fröhlich macht

11.9 Mortimer hat Angst

Tabelle 10: Ziele, praktisches Vorgehen und Materialien der 9. Trainingsstunde

Ziele	Praktisches Vorgehen	Materialien
Angemessenes Lernklima	Ruheritual „Chamäleonpause"	Handpuppe „Ferdi"
Differenzierte Selbst- und Fremdwahrnehmung basaler Gefühle: – Angst	Geschichte: „Mortimer hat Angst"	Gespensterbriefkasten **vgl. S. 137:** Gespensterbrief „Mortimer"
	Bearbeitung von Bild- und Textmaterial	**vgl. S. 139/** **Arbeitsheft S. 15:** Gespensterbild „Mortimer hat Angst"
	Unterrichtsgespräch über das Gefühl Angst	**vgl. S. 138/** **Arbeitsheft S. 14:** „Was mir Angst macht" Spiegel für die Kinder
Erkennen des Zusammenhangs von Verhalten und Konsequenzen; Aufrechterhaltung der Motivation	Verteilen der Tokens	Verstärkerplan Tokens (Punkte)

Struktur der Trainingsstunde

1. Chamäleonpause
2. „Schatzsuchertraining"
  A. Einleitung der Arbeitseinheit durch Ferdi
  B. Verlesen des Gespensterbriefes und Präsentation des Gespensterbildes „Mortimer hat Angst"
   Strukturierte Text- und Bildanalyse
  C. Sensibles Wahrnehmen von Angst
  D. Ferdi-Aufgabe für zu Hause
3. Kurzreflexion und Tokenvergabe durch Ferdi

1. Chamäleonpause

Durchführung der Chamäleonpause.

2. „Schatzsuchertraining"

A. Einleitung der Arbeitseinheit durch Ferdi

Textvorschlag „Ferdi"

Hey, ho, Freunde und Begleiter der spannendsten Schatzsuche der Welt, erzählt mal: Konntet ihr bei einem anderen Kind die Chamäleontricks anwenden?

Kinder berichten über die Hausaufgaben („Ferdi-Aufgaben").

Nun lasst uns mal sehen, an welchem Punkt unserer Schatzsuche wir uns heute befinden.

Ich sehe schon, wir sind immer noch im Schloss der Gespenster. Zum Glück haben wir es mit vereinten Kräften geschafft, Baltasar wieder aufzuheitern, so dass er seine Traurigkeit loswurde.

Nun kommen wir in den nächsten Turm des Schlosses. Hier spukt normalerweise das Gespenst Mortimer herum. Mal sehen, ob uns Mortimer eine Nachricht hinterlassen hat. Ich hoffe, es geht ihm besser als Baltasar in der letzten Woche.

Ah, hier ist seine Nachricht. Bevor euer Lehrer/Trainer sie vorliest, lasst uns zum Fit-werden noch einmal in unseren Schatzsucherruf einstimmen.

Durchführung des Schatzsucherrufs.

B. Verlesen des Gespensterbriefes und Präsentation des Gespensterbildes „Mortimer hat Angst"

Nachdem der Trainer den Kindern mithilfe der Handpuppe eine erste Orientierung über den Inhalt der Trainingsstunde gegeben hat, verliest er zunächst den zweiten „Gespensterbrief". Es sollte eine detaillierte Textanalyse durchgeführt werden, der eine genaue Bildanalyse folgt.

Textinformation: Gespensterbrief „Mortimer" (vgl. S. 137).

Bildinformation: „Mortimer hat Angst" (vgl. S. 139) und Arbeitsheft S. 15.

Strukturierte Text- und Bildanalyse

Die Text- und Bildanalyse erfolgt anhand eines strukturierten Fragenkatalogs. Sollten die Kinder Schwierigkeiten haben, einzelne Fragen zu beantworten, sollten sie mit Hilfestellungen zu den Lösungen hingeführt werden.

Textbezogene Arbeitsfragen
- Wie fühlt sich Mortimer? (Wie nennt man dieses Gefühl?).
  Lösung: Angst.
- Wovor hat Mortimer Angst?
  Lösung: vor dem Alleinsein; vor Geisterjägern.
- Was spürt Mortimer, wenn er Angst hat? (Vereinfachung: *Was spürt Mortimer an seinen Händen? Was spürt Mortimer an seinem Herzen?*).
  Lösung: Hände zittern; Herz rast.
- Was denkt Mortimer, wenn er Angst hat?
  Lösung: „Wenn das Geisterjäger sind! Die werden mich fangen." (s. Gespensterbrief „Mortimer").
- Was macht Mortimer, wenn er Angst hat?
  Lösung: Flüchtet; versteckt sich; hat Albträume; kann an nichts anderes mehr denken
- Ändert sich Mortimers Stimmung durch das, was er macht?
  Lösung: Mortimers Stimmung hat sich durch seine Reaktion nicht geändert.

Bildbezogene Arbeitsfragen
- Wie sieht Mortimer aus, wenn er Angst hat?
  → Merkmale der Körperhaltung (zittern; hochgezogene Schultern; verschränkte Arme) erarbeiten.
  → Merkmale der Mimik (hochgezogene Augenbrauen, aufgerissene Augen, offener Mund) erarbeiten.

C. Sensibles Wahrnehmen von Angst

Um diese Übung durchzuführen, sollte sich die Gruppe in den Stuhlkreis begeben, um eine persönlichere Atmosphäre herzustellen.

Transferfragen
- Habt ihr auch schon mal Angst gehabt wie Mortimer? Wenn ja, wovor?
- Was macht euch sonst noch Angst?
- Wie fühlt sich euer Körper dann an?
- Wie seht ihr dann aus?
- Was denkt ihr dann?
- Was macht ihr dann?
- Hilft euch das, was ihr dann macht, euer Problem zu lösen?

Beispiele sammeln.

Kurze Spiegelübung:

Um den eigenen Ausdruck bei Angst sowie den Angstausdruck von anderen Kindern kennen zu lernen, wird eine kurze Partnerübung durchgeführt. Hierfür erhalten die Kinder einen Spiegel. Sie sollen abwechselnd so ängstlich wie möglich in den Spiegel schauen, um den eigenen Angstausdruck zu erkennen. Der Spielpartner bestimmt, ob man das Gefühl erkennen kann. Danach legen die Kinder den Spiegel zur Seite, machen sich gegenseitig den Trauer-, Freude- und Angstausdruck vor, erraten die Gefühle und erklären dem Spielpartner, an welchen Stellen im Gesicht sie die Gefühle erkennen konnten.

D. Ferdi-Aufgabe für zu Hause

Die Kinder erhalten den Auftrag, das Bild „Mortimer hat Angst" auszumalen, es ihren Eltern zu zeigen sowie mit ihnen darüber zu sprechen, was den Eltern Angst macht und was ihnen hilft, die Angst zu bewältigen.

Option

Im Arbeitsheft auf Seite 14 befindet sich das Arbeitsblatt „Was mir Angst macht". Hier können die Kinder ihre eigenen Erfahrungen zum Thema „Angst" gestalterisch einbringen. Den Fertigkeiten der Kinder entsprechend ist diese Übung vor allem ab der zweiten Klasse zu empfehlen.

„Was mir Angst macht" (vgl. S. 138) und Arbeitsheft S. 14.

3. Kurzreflexion und Tokenvergabe durch Ferdi

Ferdi fasst die Arbeitsergebnisse kurz zusammen, lobt die Kinder für die Mitarbeit und vergibt die Tokens (Punkte) im Rahmen des Verstärkerplans.

Arbeitsmaterial Gespensterbrief „Mortimer"

Liebe Schlossbesucher,
seid gegrüßt und herzlich willkommen in meinem Turm des Schlosses. Toll, dass endlich jemand da ist. Ihr seid meine Rettung!

Ich habe im Moment nämlich ein Problem: Ich kann nicht mehr *allein* sein. Früher hat mir das Alleinsein überhaupt nichts ausgemacht. Aber vor ungefähr einer Woche passierte Folgendes: Ich geisterte wie immer durch meinen Schlossturm und trainierte gerade das Durch-die-Wand-hindurch-fliegen – das ist auch für uns Gespenster nicht so einfach –, da hörte ich plötzlich ein furchtbares Krachen und Knacken. Mein Gott, habe ich mich *erschrocken*. Mein *Herz raste* wie wild und meine *Hände zitterten*. Ich ergriff sofort die *Flucht* und flog direkt hinter eine Ritterrüstung und traute mich nicht mehr heraus. *Ich dachte*: „*Wenn das Geisterjäger sind! Die werden mich fangen und ich allein kann überhaupt nichts gegen sie tun. Sie werden mich in ihr ausbruchsicheres Verlies stecken. Da werde ich niemals mehr herauskommen. Niemand wird mich finden. Ich bin verloren!*". Schließlich schlief ich vor Erschöpfung ein. In dieser Nacht hatte ich einen *schrecklichen Traum*. Eine riesige Gruppe von *Geisterjägern* war hinter mir her und *verfolgte mich* kreuz und quer durch das Schloss. Ich war ganz allein und niemand konnte mir helfen. Schließlich spürte ich die eiskalte Hand eines Geisterjägers im Nacken – und wachte schweißnass auf. Seitdem träume ich *fast jede Nacht* diesen Traum. Ich traue mich schon gar nicht mehr einzuschlafen. Wenn ich wach bin, muss ich aber auch immer an die Geisterjäger denken. Was ist bloß mit mir los? Was soll ich tun? Könnt ihr mir helfen?

Viele Grüße,
Euer Mortimer

P. S. Im Schatzsucherheft findet ihr ein Bild von mir, damit ihr wisst wie ich aussehe.

Was mir Angst macht

11.10 Wir helfen Mortimer!

Tabelle 11: Ziele, praktisches Vorgehen und Materialien der 10. Trainingsstunde

Ziele	Praktisches Vorgehen	Materialien
Angemessenes Lernklima	Ruheritual „Chamäleonpause"	Handpuppe „Ferdi"
Differenzierte Selbst- und Fremdwahrnehmung basaler Gefühle: – Angst – Freude		vgl. S. 139/ **Arbeitsheft S. 15:** Gespensterbild „Mortimer hat Angst" **CD: Nr. 6**
Einüben von Einfühlungsvermögen und Aufbau von Hilfeverhalten	Erarbeitung von Hilfestrategien Singspiel „Komm mit!"	Gespensterbriefkasten vgl. S. 143: Dankschreiben „Mortimer" vgl. S. 145/ **Arbeitsheft S. 17:** „Mortimer ist fröhlich" vgl. S. 144/ **Arbeitsheft S. 16:** „Was mir hilft, wenn ich Angst habe"
Erkennen des Zusammenhangs von Verhalten und Konsequenzen; Aufrechterhaltung der Motivation	Verteilen der Tokens	Verstärkerplan Tokens (Punkte)

Struktur der Trainingsstunde

1. Chamäleonpause
2. „Schatzsuchertraining"
   A. Einleitung der Arbeitseinheit durch Ferdi
   B. Wiederholung der Inhalte der letzten Trainingsstunde („Mortimer hat Angst") sowie der Hausaufgaben
   C. Sensibles Wahrnehmen von Freude
   D. Einüben des Einfühlungsvermögens und Aufbau von Hilfeverhalten
   E. Vertiefung des Themas: Singspiel „Komm mit!"
   F. Ferdi-Aufgabe
3. Kurzreflexion und Tokenvergabe durch Ferdi

1. Chamäleonpause

Durchführung der Chamäleonpause.

2. „Schatzsuchertraining"

A. Einleitung der Arbeitseinheit durch Ferdi

Textvorschlag „Ferdl"

Guten Morgen, Kinder,
seid ihr alle wieder fit und startklar für unsere nächste Etappe? Super, dann lasst uns gleich einmal loslegen. Letztes Mal habt ihr wieder gut aufgepasst und gleich herausgefunden wie Mortimer sich fühlt. Was meint ihr, ist es nicht besser Mortimer zu helfen? Der Arme wird seine Angst wohl ohne uns nicht los.

Wer erinnert sich an die Chamäleontricks, die ich euch verraten habe, um herauszufinden, wie ein anderer sich fühlt und wie man ihm weiterhelfen kann.

Genau:
1. Wir schauen den anderen genau an und versuchen zu erkennen, ob er traurig, ängstlich oder fröhlich aussieht.
2. Um ganz sicher zu gehen, fragen wir den anderen freundlich, wie er sich fühlt und warum.
3. Wenn er oder sie uns erzählt, was mit ihm los ist, stellen wir uns vor, uns wäre das Gleiche passiert wie dem anderen. Dann verstehen wir besser, wie er sich fühlt und können viel besser überlegen, wie wir ihm weiterhelfen können.

Die Tricks könnt ihr gleich anwenden, um Mortimer zu helfen. Aber vorher unser aller Schatzsucherruf: ...

Durchführung des Schatzsucherrufs.

B. Wiederholung der Inhalte der letzten Trainingsstunde („Mortimer hat Angst") sowie der Hausaufgaben

Arbeitsfragen
– Wie hat sich Mortimer gefühlt? (Wie nennt man dieses Gefühl?)
– Wovor hatte er Angst? Woran konntet ihr das erkennen?

Ergebnisse der letzten Stunde zusammenfassen und Hausaufgaben („Ferdi-Aufgaben") besprechen.

C. Sensibles Wahrnehmen von Freude

Transferfragen
– Was kann man für euch tun, damit ihr eure Angst verliert und wieder fröhlich werdet?
– Wie fühlt sich dann euer Körper an?

– Was denkt ihr, wenn ihr wieder fröhlich seid und die Angst verloren habt?
– Was macht ihr, wenn ihr wieder fröhlich seid und die Angst verloren habt?

Beispiele sammeln.

D. Einüben des Einfühlungsvermögens und Aufbau von Hilfeverhalten

Arbeitsfragen
– Wie können wir Mortimer helfen und ihn wieder aufheitern? Stellt euch dabei vor, ihr wäret in seiner Lage.

Beispiele sammeln.

Schließlich sollen die Kinder sich dazu entschließen, Mortimer ebenfalls mitzunehmen wie zuvor Baltasar.

E. Vertiefung des Themas: Singspiel „Komm mit!"

Der Trainer stellt den Kindern mithilfe der CD ein Lied vor, das sie gemeinsam singen, um dem Gespenst „Mortimer" ihre Bereitschaft zu signalisieren, es mitzunehmen. Dazu stellen sich Kinder und Trainer in einen Kreis. Ein Kind stellt sich in die Mitte und spielt das ängstliche Gespenst „Mortimer". Dabei soll es eine ängstliche Mimik und Körperhaltung einnehmen und sich vorstellen, es hätte schreckliche Angst vor Geisterjägern. Der Spieler wird in den Kreis der übrigen Kinder aufgenommen, womit deutlich werden soll, dass das Gespenst nun in die Gruppe aufgenommen ist. Nachdem die Kinder das Lied gesungen haben, wird das Kind gefragt, ob es ihm an Mortimers Stelle besser gehen würde, nachdem es so herzlich in die Gruppe aufgenommen worden ist.

Lied auf CD: Nr. 6.

Lied „Komm mit!"

Lieber Mortimer,
G
Hab keine Angst mehr,
G
Wir nehmen dich mit!
G
Wir mögen Gespenster und ganz besonders dich!
G
Wenn wir einander helfen ↑
C   G
Und richtig verstehn' ↑
C   G
Dann fühlen wir uns besser ↑
C   G
Lass uns gemeinsam gehn' ↓
D   G

Der Trainer „findet" das vor der Stunde im Briefkasten deponierte Dankschreiben von Mortimer und verliest es. Die Kinder schlagen ihr *Arbeitsheft Seite 17* auf. Dort ist das Gespensterbild „Mortimer ist fröhlich" abgebildet. Nun wird noch kurz der mimische und gestische Ausdruck Mortimers analysiert.

▎ **Dankschreiben von Mortimer (siehe unten).**
▎ **„Mortimer ist fröhlich" (vgl. S. 145) und Arbeitsheft S. 17.**

F. Ferdi-Aufgabe

Die Kinder erhalten die Aufgabe bis zur nächsten Stunde, die „Chamäleontricks" bei einem anderen Kind anzuwenden, das traurig oder ängstlich ausschaut.

Option

Im Arbeitsheft auf Seite 16 befindet sich das Arbeitsblatt „Was mir hilft, wenn ich Angst habe". Im Rahmen einer zusätzlichen Ferdi-Aufgabe können die Kinder hier ihre eigenen Erfahrungen gestalterisch einbringen. Den Fertigkeiten der Kinder entsprechend ist diese Übung erst ab der zweiten Klasse zu empfehlen.

▎ **„Was mir hilft, wenn ich Angst habe" (vgl. S. 144) und Arbeitsheft S. 16.**

3. Kurzreflexion und Tokenvergabe durch Ferdi

Ferdi fasst die wesentlichen Inhalte der Stunde zusammen, lobt die Kinder für ihre Mitarbeit und vergibt die Tokens (Punkte) im Rahmen des Verstärkerplans.

Arbeitsmaterial „Mortimers Dankschreiben"

Liebe Kinder der (Klassen- oder Gruppenbezeichnung),
ich danke euch sehr für eure Hilfe. So viel Freundlichkeit und Verständnis hätte ich von euch Menschen nicht erwartet. Es ist schön zu wissen, dass ihr euch um andere kümmert und nicht nur an euch selbst denkt. Jetzt geht es mir schon viel besser. Ich glaube, das mit den Geisterjägern habe ich mir nur eingebildet. Am schönsten finde ich es, dass ihr mich mitnehmen wollt, denn wenn ich nicht mehr allein bin, kann ich es sogar mit Geisterjägern aufnehmen.

Macht's gut,
Euer Gespensterfreund Mortimer

P. S. Im Schatzsucherheft findet ihr ein neues Bild von mir. Auf dem anderen sah ich so ängstlich aus.

Was mir hilft, wenn ich Angst habe

11.11 Cäsar ärgert sich

Tabelle 12: Ziele, praktisches Vorgehen und Materialien der 11. Trainingsstunde

Ziele	Praktisches Vorgehen	Materialien
Angemessenes Lernklima	Ruheritual „Chamäleonpause"	Handpuppe „Ferdi"
Differenzierte Selbst- und Fremdwahrnehmung basaler Gefühle: – Ärger	Geschichte: „Cäsar ärgert sich" Bearbeitung von Bild- und Textmaterial Unterrichtsgespräch über das Gefühl Ärger	Gespensterbriefkasten **vgl. S. 149:** Gespensterbrief „Cäsar" **vgl. S. 151/** **Arbeitsheft S. 19:** Gespensterbild „Cäsar ärgert sich" **vgl. S. 150/** **Arbeitsheft S. 18:** „Was mich wütend macht" Spiegel für die Kinder
Erkennen des Zusammenhangs von Verhalten und Konsequenzen; Aufrechterhaltung der Motivation	Verteilen der Tokens	Verstärkerplan Tokens (Punkte)

Struktur der Trainingsstunde

1. Chamäleonpause
2. „Schatzsuchertraining"
   A. Einleitung der Arbeitseinheit durch Ferdi
   B. Verlesen des Gespensterbriefes und Präsentation des Gespensterbildes „Cäsar ärgert sich"
      Strukturierte Text- und Bildanalyse
   C. Sensibles Wahrnehmen von Ärger
   D. Ferdi-Aufgabe für zu Hause
3. Kurzreflexion und Tokenvergabe durch Ferdi

1. Chamäleonpause

Durchführung der Chamäleonpause.

2. „Schatzsuchertraining"

A. Einleitung der Arbeitseinheit durch Ferdi

Textvorschlag „Ferdi"

Hallo, Freunde und Schatzsucher,
erzählt erst einmal: Beim wem konntet ihr die Chamäleontricks anwenden? Das interessiert mich brennend!

Die Kinder berichten von den Hausaufgaben („Ferdi-Aufgaben").

Wir sind immer noch im Schloss der Gespenster. Zum Glück haben wir es mit vereinten Kräften geschafft, Mortimer wieder aufzuheitern und dabei zu helfen, seine Angst loszuwerden.

Nun kommen wir in den dritten Turm des Schlosses. Hier spukt normalerweise das Gespenst Cäsar herum. Mal sehen, ob uns Cäsar auch eine Nachricht hinterlassen hat. Ich hoffe, es geht ihm besser als Baltasar und Mortimer.

Ah, hier ist seine Nachricht. Bevor Euer Lehrer/Trainer sie vorliest, lasst zur Einstimmung noch einmal unseren Schatzsucherruf ertönen.

Durchführung des Schatzsucherrufs.

B. Verlesen des Gespensterbriefes und Präsentation des Gespensterbildes „Cäsar ärgert sich"

Nachdem der Trainer den Kindern mithilfe der Handpuppe eine erste Orientierung über den Inhalt der Trainingsstunde gegeben hat, verliest er zunächst den dritten „Gespensterbrief". Es sollte eine detaillierte Textanalyse durchgeführt werden, der eine genaue Bildanalyse folgt. Zu diesem Zweck finden die Kinder ein Gespensterbild in ihrem *Arbeitsheft auf Seite 19*.

Textinformation: Gespensterbrief „Cäsar" (vgl. S. 149).

Bildinformation: „Cäsar ärgert sich" (vgl. S. 151) und Arbeitsheft S. 19.

Strukturierte Text- und Bildanalyse

Die Text- und Bildanalyse erfolgt anhand eines strukturierten Fragenkatalogs. Sollten die Kinder Schwierigkeiten haben, einzelne Fragen zu beantworten, werden sie mit Hilfestellungen zu den Lösungen hingeführt.

Textbezogene Arbeitsfragen
– Wie fühlt sich Cäsar? (Wie nennt man dieses Gefühl?)
   Lösung: Ärger; Wut.

- Warum ärgert sich Cäsar?
  Lösung: Ist allein, daher gelangweilt und gereizt; dann passiert ihm ein Missgeschick.
- Wie fühlt sich Cäsars Körper an, wenn er sich ärgert?
  Lösung: angespannt; heiß.
- Was denkt Cäsar, wenn er sich ärgert?
  Lösung: „Immer das Gleiche, Tag für Tag. Nichts ändert sich. Nichts!"
- Was macht Cäsar, wenn er sich ärgert?
  Lösung: Fliegt durch den Turm; bei einem Missgeschick bekommt er einen Wutanfall (schreit herum; tritt gegen Rüstung).
- Ändert sich Cäsars Stimmung durch das, was er macht?
  Lösung: Cäsars Stimmung ändert sich nicht, sein Ärger nimmt zu.

Bildbezogene Arbeitsfragen
- Wie sieht Cäsar aus, wenn er sich ärgert?
  → Merkmale der Körperhaltung (Arme angewinkelt; Hände an den Hüften; hochgezogene Schultern, ggf. rot im Gesicht) erarbeiten.
  → Merkmale der Mimik (gekrauste Stirn, heruntergezogene Augenbrauen, offener Mund, heruntergezogene Mundwinkel) erarbeiten.

C. Sensibles Wahrnehmen von Ärger

Bevor sich die Kinder in den Stuhlkreis begeben, sollen sie einmal durch den Raum gehen und sich vorstellen, sie wären wütend. Danach sollen sie durch den Raum gehen und sich vorstellen, sie wären erfreut. Die Kinder sollten dabei auf unterschiedliche Körpermerkmale achten.

Transferfragen
- Habt ihr euch auch schon mal geärgert wie Cäsar?
- Wenn ja, worüber habt ihr euch geärgert?
- Was macht euch sonst noch ärgerlich/wütend?
- Wie fühlt sich euer Körper dann an?
- Wie seht ihr dann aus?
- Was denkt ihr dann?
- Was macht ihr dann?
- Hilft euch das, was ihr dann macht, euer Problem zu lösen?

Beispiele sammeln.

Kurze Spiegelübung:

Um den eigenen Ausdruck bei Ärger sowie den Ärgerausdruck von anderen Kindern kennen zu lernen, wird eine kurze Partnerübung durchgeführt. Hierfür erhalten die Kinder einen Spiegel. Sie sollen abwechselnd so ärgerlich wie möglich in den Spiegel schauen, um den eigenen Ärgerausdruck zu erkennen. Der Spielpartner bestimmt, ob man das Gefühl erkennen kann.

Danach legen die Kinder den Spiegel zur Seite, machen sich nun im gesamten Stuhlkreis gegenseitig den Trauer-, Freude-, Angst- und Ärgerausdruck vor, erraten die Gefühle und erklären dem Spielpartner, an welchen Stellen im Gesicht sie die Gefühle erkennen konnten.

D. Ferdi-Aufgabe für zu Hause

Die Kinder sollen das Bild „Cäsar ärgert sich" ausmalen, es den Eltern zeigen und mit ihnen besprechen, was die Eltern wütend macht und wie diese ihren Ärger möglichst schnell überwinden.

Option

Im Arbeitsheft auf Seite 18 befindet sich das Arbeitsblatt „Was mich wütend macht". Hier können die Kinder ihre eigenen Erfahrungen gestalterisch einbringen. Den Fertigkeiten der Kinder entsprechend ist diese Übung erst ab der zweiten Klasse zu empfehlen.

„Was mich wütend macht" (vgl. S. 150) und Arbeitsheft S. 18.

3. Kurzreflexion und Tokenvergabe durch Ferdi

Ferdi fasst die Arbeitsergebnisse kurz zusammen, lobt die Kinder für die Mitarbeit und vergibt die Tokens (Punkte) im Rahmen des Verstärkerplans.

Arbeitsmaterial Gespensterbrief „Cäsar"

Hallo Schlossbesucher,
Leute, gut, dass ihr da seid. Ich *langweile* mich sonst noch zu Tode. Habt ihr eine Vorstellung, was es bedeutet, tagein, tagaus allein im Schlossturm herumzuschwirren, *niemanden zu treffen und nichts zu tun zu haben*? Jeden Tag streife ich *schlecht gelaunt* durch die Säle und *weiß überhaupt nichts mit mir anzufangen*. Das macht mich noch wahnsinnig.

Vorgestern war es besonders schlimm. Weil mir wieder einmal nicht einfiel, was ich anderes tun könnte, flog ich durch meine Zimmer. Ihr könnt euch vorstellen, wie ich mich fühlte, als ich schließlich zum 25. Mal durch den gleichen Saal kam? *Ich dachte: „Immer das Gleiche, Tag für Tag. Nichts ändert sich. Nichts!"*

Weil ich so in Gedanken war, *stieß ich aus Versehen gegen eine Ritterrüstung* und der linke Arm der Rüstung fiel ab. Auch das noch! *Mir wurde ganz heiß, ich lief rot an* und hatte den Eindruck, ich würde aus meinem Gewand *herausplatzen*. „Du blödes Ding!", schrie ich die Rüstung an. „Verflixt und zugenäht, welcher Schmied hat dich denn zusammengezimmert? Und überhaupt, warum stehst du hier mitten im Weg herum?" Total *angespannt* versuchte ich, den Arm wieder anzubringen. Ich war so *aufgeregt*, dass es nicht klappte. Schließlich *trat ich gegen die Rüstung*. Was meint ihr, was dann passierte? Richtig, die Rüstung fiel ganz auseinander. Solche Sachen passieren mir in letzter Zeit dauernd. Dabei konnte mich *früher nichts aus der Ruhe bringen*. Was soll ich bloß machen? Wisst ihr einen Rat?

Tschüß,
Euer Cäsar

P.S. Im Schatzsucherheft seht ihr ein Bild von mir, damit ihr wisst, wie ich aussehe.

Was mich wütend macht

11. Trainingsstunde

11.12 Wir helfen Cäsar!

Tabelle 13: Ziele, praktisches Vorgehen und Materialien der 12. Trainingsstunde

Ziele	Praktisches Vorgehen	Materialien
Angemessenes Lernklima	Ruheritual „Chamäleonpause"	Handpuppe „Ferdi"
Differenzierte Selbst- und Fremdwahrnehmung basaler Gefühle: – Ärger – Freude		vgl. S. 151/ **Arbeitsheft S. 19:** Gespensterbild „Cäsar ärgert sich" **CD: Nr. 7, 8** Gespensterbriefkasten
Einüben von Einfühlungsvermögen und Aufbau von Hilfeverhalten	Erarbeitung von Hilfestrategien Singspiel „Komm mit!"	vgl. S. 155 f.: Dankschreiben „Cäsar" vgl. S. 157/ **Arbeitsheft S. 20:** „Gruppenbild der fröhlichen Gespenster"
Erkennen des Zusammenhangs von Verhalten und Konsequenzen; Aufrechterhaltung der Motivation	Verteilen der Tokens	Verstärkerplan Tokens (Punkte)

Struktur der Trainingsstunde

1. Chamäleonpause
 2. „Schatzsuchertraining"
    A. Einleitung der Arbeitseinheit durch Ferdi
    B. Wiederholung der Inhalte der letzten Trainingsstunde („Cäsar ärgert sich") sowie der Hausaufgaben
    C. Sensibles Wahrnehmen von Freude
    D. Einüben des Einfühlungsvermögens und Aufbau von Hilfeverhalten
    E. Vertiefung des Themas: Singspiel „Komm mit!"
    F. Ferdi-Aufgabe
 3. Kurzreflexion und Tokenvergabe durch Ferdi

1. Chamäleonpause

Durchführung der Chamäleonpause.

2. „Schatzsuchertraining"

A. Einleitung der Arbeitseinheit durch Ferdi

Textvorschlag „Ferdi"

Guten Morgen, Kinder,
schön, dass ihr alle wieder da seid. Seid ihr bereit für die heutige Etappe? Super, dann lasst uns gleich beginnen. Letztes Mal haben wir die Nachricht von Cäsar erhalten, wisst ihr noch?

Wir mussten zunächst einmal herausfinden, wie der gute Cäsar sich fühlt. Damit ihr euch besser erinnert, zeigt mir und dem Lehrer/Trainer doch gleich die Bilder, die ihr zu Hause ausmalen solltet.

Außerdem sollten wir danach überlegen, wie wir Cäsar ein wenig aufheitern können, denn so schlecht gelaunt darf er doch nicht bleiben, oder? Wer von euch weiß noch die drei Chamäleontricks, mit denen wir auch Cäsar helfen könnten, seine Stimmung zu verbessern?

Die drei Strategien aus den vorangegangenen Trainingsstunden gemeinsam mit den Kindern wiederholen.

Na, dann wissen wir ja nun, was wir zu tun haben. Lasst mich, bevor ihr beginnt, noch einmal den Schatzsucherruf hören, dann kommen die guten Ideen ganz sicher.

Durchführung des Schatzsucherrufs.

B. Wiederholung der Inhalte der letzten Trainingsstunde („Cäsar ärgert sich") sowie der Hausaufgaben

Arbeitsfragen
– Schaut auf eure Bilder, die ihr daheim ausgemalt habt:
– Wie hat sich Cäsar gefühlt? (Wie nennt man dieses Gefühl?)
– Warum war er so ärgerlich? Woran konntet ihr das erkennen?

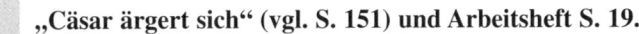
„Cäsar ärgert sich" (vgl. S. 151) und Arbeitsheft S. 19.

Ergebnisse der letzten Stunde zusammenfassen und die Hausaufgaben („Ferdi-Aufgaben") besprechen.

C. Sensibles Wahrnehmen von Freude

Transferfragen
– Was kann man für euch tun, damit ihr euren Ärger verliert und wieder fröhlich seid?
– Was könnt ihr selbst tun, um euren Ärger los zu werden?
– Was denkt ihr, wenn ihr euren Ärger los seid und wieder gute Laune habt?

– Was macht ihr, wenn ihr euren Ärger los seid und wieder gute Laune habt?
– Wie fühlt sich dann euer Körper an und wie seht ihr aus?

Beispiele sammeln.

D. Einüben des Einfühlungsvermögens und Aufbau von Hilfeverhalten

Arbeitsfragen
– Wie kann man Cäsar helfen und ihn wieder aufheitern? Stellt euch dabei vor, ihr wäret selbst in Cäsars Lage.

Beispiele sammeln.

Im Rahmen eines gelenkten Unterrichtsgesprächs sollen die Kinder neben anderen Vorschlägen zu dem Ergebnis kommen, Cäsar mit den anderen beiden Gespenstern zusammenzubringen und ihn in die Gruppe aufzunehmen.

E. Vertiefung des Themas: Singspiel „Komm mit!"

Der Trainer stellt den Kindern ein Lied vor, das sie gemeinsam singen, um dem Gespenst „Cäsar" zu verkünden, dass sie es mitnehmen wollen, damit es nicht mehr so allein ist. Dazu stellen sich Kinder und Trainer in einen Kreis. Ein Kind stellt sich in die Mitte und spielt das verärgerte Gespenst „Cäsar". Dabei soll es eine verärgerte Mimik und Körperhaltung einnehmen und sich vorstellen, es wäre so verärgert wie Cäsar. Wie in den Stunden zuvor wird „Cäsar" in die Gruppe aufgenommen. Nachdem die Kinder das Lied gesungen haben, wird das Kind gefragt, ob es ihm an Cäsars Stelle besser gehen würde, nachdem es so herzlich in die Gruppe aufgenommen worden ist.

Text auf CD: Nr. 7.

Lied „Komm mit!"

Lieber Cäsar,
G
Vergiss den Ärger,
G
Du bist nicht mehr allein!
G
Bei uns sind zwei Gespenster, die wollen deine Freunde sein.
G
Wenn wir einander helfen ↑
C   G
Und richtig verstehn' ↑
C   G
Dann fühlen wir uns besser ↑
C   G
Und der Spaß kann weitergehn'. ↓
D   G

Der Trainer „findet" das im Gespensterbriefkasten zuvor deponierte Dankschreiben von Cäsar und verliest es. Die Kinder werden aufgefordert, ihr Arbeitsheft aufzuschlagen und das Gruppenbild „Fröhliche Gespenster" anzuschauen. Zum Schluss singen die Kinder die letzte Strophe des Liedes und verabschieden sich damit von den Gespenstern.

Dankschreiben von Cäsar (siehe unten).

„Fröhliche Gespenster" (vgl. S. 157) und Arbeitsheft S. 20.

Text auf CD: Nr. 8.

Letzte Strophe: „Viel Spaß, ihr Gespenster!"

Ihr lieben Gespenster,
Euch geht's jetzt wieder gut
Wir müssen jetzt weiter
Während ihr gemeinsam spukt.
Ihr werdet euch helfen
Und richtig verstehn'
Dann fühlt ihr euch gleich besser
Und der Spaß kann weitergehn'.

F. Ferdi-Aufgabe

Die Kinder erhalten die Aufgabe, bis zur nächsten Ferdistunde die „Chamäleontricks" bei einem anderen Kind anzuwenden, das traurig, ängstlich oder ärgerlich ausschaut.

3. Kurzreflexion und Tokenvergabe durch Ferdi

Ferdi fasst die wesentlichen Inhalte der Stunde zusammen, lobt die Kinder für ihre Mitarbeit und vergibt die Tokens (Punkte) im Rahmen des Verstärkerplans.

Arbeitsmaterial „Cäsars Dankschreiben"

Hey, Freunde,
danke für eure prima Ideen. Endlich kann ich den Ärger über meine Langeweile vertreiben. Die Idee, mir Baltasar und Mortimer mitzubringen, finde ich ganz prima. Wir verstehen uns gut. Wir haben beschlossen, hier im Schloss zu bleiben. Es ist bestimmt viel lustiger gemeinsam auf Spuktour zu gehen, als ständig allein herumzuschwirren. Da hätte ich eigentlich auch selbst einmal drauf kommen können, aber zum Glück habe ich ja euch als Unterstützung.

Schade, dass ihr schon wieder weiter müsst. Ihr seid eine dufte Gruppe. Wehe, ihr kommt nicht vorbei, wenn ihr mal wieder in der Gegend seid. Ihr wollt doch nicht, dass ich mich schon wieder ärgere, oder?

So, nun aber genug der Schreiberei. Balti und Morti drängeln schon die ganze Zeit. Wir wollen gleich mit dem Spuken loslegen. Beide grüßen euch übrigens recht herzlich und bedanken sich noch einmal für eure Hilfe.

Haltet die Ohren steif und hebt den Schatz,
Euer Cäsar

P. S. Im Schatzsucherheft findet ihr ein Bild von uns. Ich bin übrigens das Gespenst ganz rechts. Ihr müsst zugeben, dass ich jetzt blendend aussehe, oder?

12. Trainingsstunde

11.13 Das „Wann-bekomme-ich-Ärger?"-Spiel

Tabelle 14: Ziele, praktisches Vorgehen und Materialien der 13. Trainingsstunde

Ziele	Praktisches Vorgehen	Materialien
Angemessenes Lernklima	Ruheritual „Chamäleonpause"	Handpuppe „Ferdi"
Motivationsaufbau	Drachengeschichte	Schatzkarte vgl. S. 168/ **Arbeitsheft S. 21** „Der Ärgerdrache"
Ermittlung des Kinderwissens über angemessenes Sozialverhalten und Abschätzen von Konsequenzen	Das „Wann-bekomme-ich-Ärger?"-Spiel	vgl. S. 169/ **Arbeitsheft S. 49:** Symbolkarte (Drache/Schatz) **vgl. S. 162:** Spielbogen **vgl. S. 163 bis 167:** Aufgabenkarten
Erkennen des Zusammenhangs von Verhalten und Konsequenzen; Aufrechterhaltung der Motivation	Verteilen der Tokens	Verstärkerplan Tokens (Punkte)

Struktur der Trainingsstunde

1. Chamäleonpause
2. „Schatzsuchertraining"
   A. Einleitung der Arbeitseinheit durch Ferdi
   B. Das „Wann-bekomme-ich-Ärger?"-Spiel
      Durchführung des Spiels
3. Kurzreflexion und Tokenvergabe durch Ferdi

1. Chamäleonpause

Durchführung der Chamäleonpause.

2. „Schatzsuchertraining"

Mit dieser Trainingsstunde wird die vierte Stufe des Trainings eingeleitet. Sie hat das Ziel, den Kindern soziale Basisfertigkeiten zu vermitteln, um mit Problem- und Konfliktsituationen angemessen umzugehen. Hierfür werden die in den vorangegangenen Trainingsstunden gelernten Strategien zur Aufmerksamkeitslenkung, differenzierten Wahrnehmung und des Hineinversetzens und Einfühlens in andere und deren Situation benötigt. Die altersangemessene Einbettung der Thematik in die Schatzsuche erfolgt durch die Konfrontation mit einer neuen Figur: dem „Ärgerdrachen". Die Kinder erhalten die Information, dass der Drache der Bewacher des Schatzes ist und eine Aufgabe stellt, bevor er Schatzsucher zum Schatz durchlässt. Er ist ein sehr freundlicher Drache, jedoch nur wenn seine Aufgabe gelöst wird, macht er den Weg zum Schatz frei. Bei der Aufgabe, die der Drache stellt, handelt es sich um eine Problemsituation, in der die Kinder sich sozial kompetent verhalten sollen. Ferdi wird ihnen erklären, dass die Aufgabe des Drachen nicht so ohne Weiteres zu lösen ist und daher eine Trainingsphase von Nöten sein wird.

▌ „Der Ärgerdrache" (vgl. S. 168) und Arbeitsheft S. 21.

In den nun folgenden Trainingsstunden wird den Kindern jeweils eine Comicgeschichte oder ein Hörspiel präsentiert, in der sich Schulkinder mit einer sozialen Konfliktsituation konfrontiert sehen. Jede Comicgeschichte oder Hörspiel wird in drei Schritten bearbeitet: Im ersten Schritt wird eine Ausgangssituation mit offenem Ende präsentiert, die von den Kindern detailliert wiedergegeben werden soll. Im zweiten Schritt wird den Kindern eine Situation angeboten, in der die Hauptfigur sozial inkompetent auf die Ausgangssituation reagiert. Danach sollen die Kinder möglichst viele angemessene Lösungen finden. Zur Unterstützung wird den Kindern eine sozial kompetente Reaktion der Hauptfigur präsentiert. Ziel ist es, die Verhaltensreaktionen der Hauptfigur genau zu beschreiben und zu bewerten. Das von den Kindern als angemessen erachtete Verhalten soll anschließend in einem Rollenspiel verfestigt werden.

A. Einleitung der Arbeitseinheit durch Ferdi

Ferdi begrüßt die Kinder und bespricht mit ihnen, an welcher Stelle der Schatzsuche sie sich heute befinden.

> **Textvorschlag „Ferdi"**
>
> Hey, Schatzsucherfreunde, übrigens soll ich euch ganz liebe Grüße von den Gespenstern ausrichten. Die fühlen sich pudelwohl in ihrem Schloss und spielen jetzt jeden Tag miteinander. Ist das nicht schön? Konntet ihr die Chamäleontricks anwenden? Erzählt mal darüber.

Die Kinder berichten über die Hausaufgabe („Ferdi-Aufgabe").

> Aber nun zu euch: Jetzt ist es nicht mehr weit zum Schatz, wir müssen nur noch durch das Land des Drachen mit dem Namen Ärger. Könnt ihr ihn sehen?
>
> Genau, er sitzt auf einer großen Mauer. Der Ärgerdrache ist nämlich der Bewacher des Schatzes und als Bewacher des Schatzes nimmt er seine Aufgabe sehr ernst. Er lässt nur Schatzsucher zum Schatz, die ihm bewiesen haben, dass sie sich nicht um den Schatz streiten, sondern sich ohne Streit einigen. Um herauszufinden, ob die Schatzsucher das können, stellt er ihnen eine ganz schwere Aufgabe. In seiner Aufgabe geht es darum, zu beweisen, dass man dem Ärger aus dem Weg gehen kann. Keine Angst, der Drache ist *nicht böse*! Er ist ein guter und friedlicher Zeitgenosse. Er will nur nicht, dass es Streit um den Schatz gibt. Darum die Aufgabe. Zum Glück weiß ich, wie so eine Aufgabe vom Ärgerdrache ungefähr aussieht. Der wird euch eine Geschichte erzählen, in der Kinder vor einem Problem stehen. Dieses Problem müsst ihr lösen. Wenn es so gelöst wird, dass eines der Kinder Ärger bekommt, hat der Drache gewonnen und wir kommen nicht zum Schatz. Wenn wir eine gute Lösung für das Problem finden, haben wir gewonnen und den Drachen besiegt. Dann ist der Weg zum Schatz frei. Habt ihr das verstanden?
>
> Damit wir die Aufgabe des Drachens auch sicher lösen und endlich den Schatz heben können, ist es ganz wichtig, dass wir vorher ein paar Stunden üben, Lösungen für Probleme zu finden, ohne dass einer von uns Ärger bekommt, klaro!
>
> Zum Aufwärmen haben euer Lehrer/Trainer und ich uns ein supergutes Ratespiel für euch ausgedacht. Es geht darum, genau darüber nachzudenken, für welches Verhalten man Ärger bekommen kann und für welches nicht. Na, ihr Blitzmerker, habt ihr schon Ideen?
>
> Unser Schatzsucherruf kann da noch ein bisschen weiterhelfen, oder?

Durchführung des Schatzsucherrufs.

B. Das „Wann-bekomme-ich-Ärger?"-Spiel

Diese Übung soll die Kinder auf das Bewertungsprinzip der kommenden Stunden vorbereiten. Sie sollen lernen, wie man die Folgen sozialen Handelns in unterschiedlichen Kontexten abschätzen kann. Dazu wird ihnen zunächst die Symbolkarte erläutert. Die Symbolkarte hat zwei Motive. Auf der oberen Hälfte der Seite ist ein Schatz, auf der unteren ein Drache illustriert. Das Symbol Schatz bedeutet, dass die Schatzsucher gewonnen haben, das heißt, dass sie keinen Ärger bekommen und der Drache so keinen Grund hat, sie nicht zum Schatz zu lassen (= sozial angemessene Lösung). Das Symbol Drache bedeutet, dass es Ärger gibt, der Drache also einen Grund hat, die Kinder nicht zu dem Schatz zu lassen (= sozial unangemessene Lösung). Zur besseren Unterscheidbarkeit der Motive ist der Schatz grün, der Drache rot unterlegt. Diese Symbolkarte wird in allen Stunden der Stufe 4 benötigt, um die unterschiedlichen Lösungsmöglichkeiten der bearbeiteten Problem- und Konfliktsituationen zu bewerten.

▪ **„Drache-Schatz-Symbolkarte"** (vgl. S. 169) und Arbeitsheft S. 49.

Spielanleitung

- Es werden zwei Mannschaften gebildet.
- An die Tafel wird der groß kopierte Spielbogen geheftet (vgl. S. 162).
- Der Trainer hält für jeden auf dem Spielbogen abgebildeten Lebensbereich (Schulhof, Unterricht, Freizeit, zu Hause) einen Stapel mit Aufgabenkarten bereit, auf denen soziale Situationen geschildert werden. Die Karten sind mit Symbolen versehen, die denen des Spielbogens an der Tafel entsprechen. Die Vorlagen für die Karten befinden sich auf den Seiten 163 bis 167. Die Vorlagen sind vom Trainer zu kopieren, auszuschneiden und in vier Stapel zu sortieren.
- Die Kinder jeder Mannschaft entscheiden sich im Wechsel für ein Feld des Spielbogens. Dieses Feld steht für eine bestimmte Karte, die der Trainer zieht und den Kindern vorliest (Beispieldialog: Kind: „Ich wähle das Feld Schulhof/Katze." Der Trainer verliest den Text der Karte mit der Illustration Schulhof/Katze: „Uwe ist gestolpert und hat Uli versehentlich angerempelt. Uli rempelt zurück."). Die Kinder müssen entscheiden, ob es eine Drachen- oder eine Schatzsituation ist, das heißt, ob die Handlung dazu führt, dass man Ärger bekommt oder ob man keinen Ärger bekommt. Sie sollen ihre Entscheidung nicht laut in den Raum rufen, sondern die korrekte Seite der Symbolkarte hochhalten (Beispiel Schulhof/Katze: Drache muss nach oben zeigen, weil Rempeln eine unangemessene Lösung ist). Die Kinder haben ca. eine Minute Zeit, sich für eine Antwort zu entscheiden. Die Mannschaft bekommt den Punkt, wenn alle in der Gruppe die richtige Seite der Symbolkarte zeigen. Sollte die Antwort falsch sein, bekommt die andere Mannschaft den Punkt.
- Die Mannschaft, die am Ende des Spiels die meisten Punkte erreicht, hat gewonnen.
- Einen Sonderpunkt kann sich jede Mannschaft verdienen, wenn sie außer der richtigen Entscheidung auch noch erklären kann, warum es in der Situation Ärger gibt oder keinen Ärger gibt.

▪ **Spielbogen** (vgl. S. 162).

▪ **Vorlagen für Aufgabenkarten** (vgl. S. 163 bis 167).

Option

Sollte das Spiel unentschieden ausgehen, sind auf den Seiten 163 bis 167 pro Lebensbereich (Schulhof, Unterricht, Freizeit, zu Hause) jeweils drei Situationskarten zu finden, die für ein „Stechen" eingesetzt werden können. Diese zusätzlichen Situationskarten sind lediglich mit der Illustration des jeweiligen Lebensbereiches versehen.

3. Kurzreflexion und Tokenvergabe durch Ferdi

Ferdi fasst die wesentlichen Inhalte der Stunde zusammen, lobt die Kinder für ihre Mitarbeit und verteilt die Tokens (Punkte) im Rahmen des Verstärkerplans.

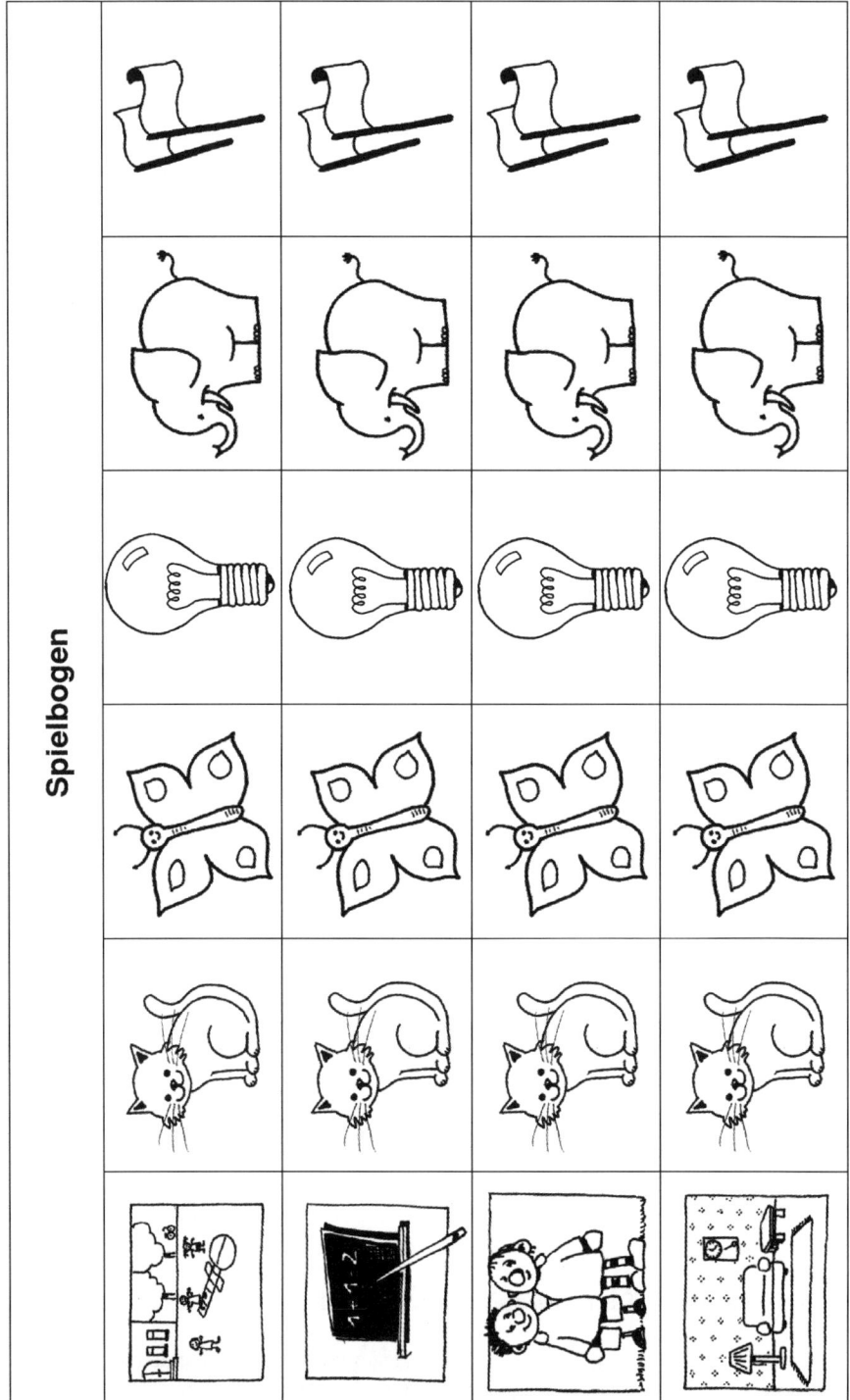

13. Trainingsstunde

	🦋	Karin hat ihr Pausenbrot vergessen. Tina gibt Karin von ihrem Pausenbrot ab. (+)
	🐱	Uwe ist gestolpert und hat Uli verschentlich angerempelt. Uli rempelt zurück. (−)
	🐘	In der Pause stehen alle am Milchstand an. Kurt rempelt die anderen Kinder beiseite und drängelt sich vor. (−)
	🚩	Tina steht allein am Schulhofrand. Sarah und Svenja fragen sie, ob sie mit ihnen „Gummi-Twist" spielen möchte. (+)
	💡	Jens hat seine Rollschuhe mit in die Schule gebracht. Er fährt Britta um und lacht. (−)
		Alle Kinder sind in der Pause. Lisa kneift die neue Mitschülerin Beate fest in den Arm. (−)
		Der Lehrer bittet Timo, sein Butterbrotpapier in den Mülleimer zu werfen. Timo geht sofort zum Mülleimer und schmeißt sein Papier hinein. (+)

		Mehrere Kinder spielen Fangen. Lars versucht den anderen ein Bein zu stellen. (–)
		Lisa hat eine Tüte mit Keksen mitgebracht. Sascha nimmt ihr die Tüte weg und isst alle Kekse mit seinen Freunden Tim und Uli auf. (–)
		Jan ist seine Federmappe heruntergefallen. Er bückt sich, um sie wieder aufzuheben, aber sein Tischnachbar Axel kickt sie noch weiter weg. (–)
		Während der Deutschstunde kichern und reden Susi und Anne ständig miteinander. (–)
		Beim Sportunterricht schießt Uli Tom absichtlich den Ball in den Bauch. (–)
		Die Lehrerin sagt, dass die Kinder jetzt zuhören sollen. Es ist mucksmäuschenstill. (+)
		Florian sieht beim Schwimmunterricht Jo auf dem 1m-Brett. Jo traut sich nicht zu springen. Florian macht ihm Mut. (+)

13. Trainingsstunde

			Die Lehrerin erklärt gerade etwas. Peter versucht aufzupassen. Aber sein Tischnachbar Ulf fragt ihn ständig etwas und lenkt Peter ab. (–)
			Nils ist mit seinen Aufgaben viel schneller fertig als sein Nachbar. Nils hilft ihm beim Lösen der Aufgaben. (+)
			Jan hat ein neues Fahrrad geschenkt bekommen. Sein Freund Uli möchte auch gern einmal damit fahren, aber Jan lässt ihn nicht. (–)
			Tina hat eine neue Brille bekommen. Lisa sagt, dass sie ihr gut steht und lächelt sie an. (+)
			Tina hat von ihrer Mutter Geld für Eis bekommen. Ihre Freundin Lena hat kein Geld. Tina kauft für sich und Lena ein Eis. (+)
			Britta, Ines, Jens und Bernd sind auf dem Spielplatz. Jens drängelt sich an der Schaukel ständig vor und lässt die anderen nicht schaukeln. (–)

		Gert hat von seiner Oma ein neues Auto geschenkt bekommen. Er geht gleich zu seinen Freund Uwe, damit sie gemeinsam mit Autos spielen können. (+)
		Britta, Lisa, Anne und Felix spielen Verstecken. Lisa schummelt beim Zählen und fängt viel zu früh an zu suchen. (−)
		Susanne und Claudia spielen „Mensch ärgere Dich nicht". Claudia verliert. Sie steht auf und schmeißt alle Spielfiguren durcheinander. (−)
		Anne und Jutta haben sich verabredet. Anne kommt eine Stunde zu spät. (−)
		Jens hilft seiner Mutter nach dem Essen beim Abräumen des Tisches. (+)
		Tim hat alle Spielsachen, Schulhefte und Kleider durcheinander in seinem Zimmer. Seine Mutter hatte ihn gebeten, gleich nach dem Mittagessen aufzuräumen, aber Tim hat lieber ferngesehen. (−)

13. Trainingsstunde

(Zimmer)	(Elefant)	Lena hat von ihrer Oma Gummibärchen geschenkt bekommen und teilt sie mit ihrer Schwester Susanne. (+)
(Zimmer)	(Glühbirne)	Sabine sollte gleich nach der Schule nach Hause kommen. Aber sie ist noch mit zu ihrer Freundin Tine gegangen und kommt erst zwei Stunden später nach Hause. (−)
(Zimmer)	(Fahne)	Lisa sieht, wie ihre Schwester ein schönes Bild malt. Sie sagt zu ihrer Schwester: „Was malst du denn da Hässliches?" (−)
(Zimmer)		Tom soll erst seine Hausaufgaben machen, dann darf er zum Fußball. Tom setzt sich gleich an seinen Schreibtisch und fängt an. (+)
(Zimmer)		Bernd und seine Schwester Lisa wollen heute beide die neuen Rollschuhe benutzen. Lisa schnappt sie sich einfach und läuft aus der Wohnung. (−)
(Zimmer)		Lars hat keine Lust, seine Hausaufgaben zu machen. Er kleckst und schmiert in seinem Heft herum. (−)

13. Trainingsstunde

11.14 Wir lernen Rollenspielregeln

Tabelle 15: Ziele, praktisches Vorgehen und Materialien der 14. Trainingsstunde

Ziele	Praktisches Vorgehen	Materialien
Angemessenes Lernklima	Ruheritual „Chamäleonpause"	Handpuppe „Ferdi"
Aufbau von Regelverständnis für strukturierte Rollenspiele	Erarbeiten und Einüben der Rollenspielregeln	**vgl. S. 174/ Arbeitsheft S. 22:** „Rollenspielregeln" Trillerpfeife
Erkennen des Zusammenhangs von Verhalten und Konsequenzen; Aufrechterhaltung der Motivation	Verteilen der Tokens	Verstärkerplan Tokens (Punkte)

Struktur der Trainingsstunde

1. Chamäleonpause
2. „Schatzsuchertraining"
   A. Einleitung der Arbeitseinheit durch Ferdi
   B. Erklärung der Symbole für die Rollenspielregeln
   C. Einüben von Rollenspielregeln in Form einer Übung
   D. Ferdi-Aufgabe für zu Hause
3. Kurzreflexion und Tokenvergabe durch Ferdi

1. Chamäleonpause

Durchführung der Chamäleonpause.

2. „Schatzsuchertraining"

Den Kindern wird erklärt, dass es dem Drachen nicht reicht, wenn sie ihm die Lösung sagen, sondern sie müssen ihm beweisen, dass sie auch so handeln können, das heißt, der Drache möchte, dass man ihm die Lösung vorspielt. Um das zu üben, werden die Lösungen nicht nur besprochen, sondern auch von den Kindern in Rollenspielen gespielt. Die Methode des Rollenspiels bietet den Kindern die Gelegenheit, ihr Handlungsrepertoire um sozial angemessene Kompetenzen in alltagsnaher Form zu erweitern.

Da nicht alle Kinder gleichzeitig spielen können, muss eine Reihenfolge vereinbart werden. Hier kann der Trainer entscheiden, in welcher Abfolge dies geschehen soll (nach dem Alphabet, nach der Sitzordnung etc.). Wichtig ist, dass möglichst jedes Kind einmal als „Schauspieler" zum Zuge kommt.

Um einen reibungslosen Ablauf der Rollenspiele zu gewährleisten, werden mit den Kindern in dieser Trainingsstunde Rollenspielregeln erarbeitet, die sie mithilfe einer Übung verinnerlichen sollen.

A. Einleitung der Arbeitseinheit durch Ferdi

Textvorschlag „Ferdi"

Nun, meine lieben Freunde,
seid ihr bereit für die nächste Etappe unserer Schatzsuche? Ich will es hoffen, denn heute kommt schon wieder etwas Neues auf euch zu. Ich habe euch doch erzählt, dass wir in den nächsten Stunden für die Drachenaufgabe trainieren müssen. Der Drache erwartet nun aber nicht nur, dass ihr ihm die Lösung sagen könnt, ihr sollt sie ihm auch vormachen können. Der Drache sagt, nur wenn ihm jemand richtig zeigt, was er oder sie kann, ist er überzeugt. Tja, das mit dem Vormachen ist so eine Sache. Praktisch wie im Theater. War jemand von euch schon im Theater?

– Wie läuft es denn in einem Theater so ab?
  Lösung: Die Spieler spielen.
– Was ist, wenn die zu leise reden?
  Lösung: Dann versteht man nicht, was die sagen.
– Was ist, wenn die einfach nichts spielen, sondern nur herumstehen?
  Lösung: Die Zuschauer langweilen sich.
– Was ist, wenn die Zuschauer nicht sitzen bleiben?
  Lösung: Man kann nicht mehr in Ruhe den Schauspielern zuschauen.
– Was ist, wenn die Zuschauer sich einfach miteinander unterhalten?
  Lösung: Dann kommen die Schauspieler durcheinander.

Welche Regeln gibt es im Theater, damit die Zuschauer verstehen, was die Schauspieler spielen? Welche Regeln mag es für die Schauspieler geben?

Ich finde, wir sollten uns diese Regeln von den Theaterleuten abgucken. Wenn das bei denen im Theater so besser funktioniert, dann bei uns bestimmt auch. Da weiß gleich jeder, was er zu tun und zu lassen hat, oder?

Solche Regeln findet ihr in eurem Arbeitsheft, damit ihr sie nicht so schnell vergesst. Außerdem gibt es da noch ein prima Spiel, mit dem man die Regeln einüben kann. Nun, bevor ihr startet, unser Schatzsucherruf.

Durchführung des Schatzsucherrufs.

B. Erklärung der Symbole für die Rollenspielregeln

Die Bedeutung der Regelsymbole wird gemeinsam mit den Kindern erarbeitet. Die Regeln lauten wie folgt:

Beobachterregeln
– Wir sind leise, während die anderen spielen. – Wir sitzen auf unseren Stühlen.

Spielerregeln
– Wir spielen unsere Rolle. – Wir sprechen laut und deutlich, damit uns jeder versteht.

Die Rollenspielregeln sind im *Arbeitsheft auf Seite 22* abgebildet. Die Regeln sind anhand von Symbolen verdeutlicht. Zusätzlich sollte der Trainer das Regelblatt groß kopiert und gut sichtbar im Klassenraum/Gruppenraum aufhängen.

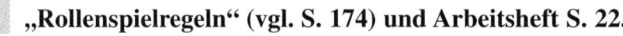 „Rollenspielregeln" (vgl. S. 174) und Arbeitsheft S. 22.

Wichtiger Hinweis:
Die Beobachter- und Spielerregeln sollten vor Beginn jedes Rollenspiels anhand des im Klassenraum/Gruppenraum aufgehängten Regelbogens wiederholt werden.

C. Einüben von Rollenspielregeln in Form einer Übung

Die Kinder werden in zwei Gruppen aufgeteilt, wobei die eine Gruppe die Beobachter und die andere Gruppe die Spieler darstellen soll. Die Beobachter haben die Aufgabe, leise zu sein und sitzen zu bleiben, während die Gruppe der Spieler den Auftrag hat, den Schatzsucherruf laut und deutlich auszusprechen (nicht schreien) und die dazugehörigen Bewegungen zu tun. Die Spieler müssen dazu aufstehen. Beide Gruppen müssen sich genau anschauen. Der Trainer gibt mit einer Trillerpfeife das Signal, wann die beiden Gruppen zu wechseln haben. Der Mitspieler, der den Wechsel zu spät bemerkt, scheidet aus.

D. Ferdi-Aufgabe für zu Hause

Die Kinder erhalten die Aufgabe, das Arbeitsblatt „Rollenspielregeln" zu Hause auszumalen.

Option

Besonders motivierte Kinder können zusätzlich zum Arbeitsblatt „Rollenspielregeln" den „Ärgerdrachen" auf Seite 21 des Arbeitshefts ausmalen.

▪ **„Der Ärgerdrache" (vgl. S. 168) und Arbeitsheft S. 21.**

3. Kurzreflexion und Tokenvergabe durch Ferdi

Ferdi fragt die Kinder noch einmal kurz nach den Rollenspielregeln, lobt die Kinder für ihre Mitarbeit und verteilt ihre Tokens (Punkte) im Rahmen des Verstärkerplans.

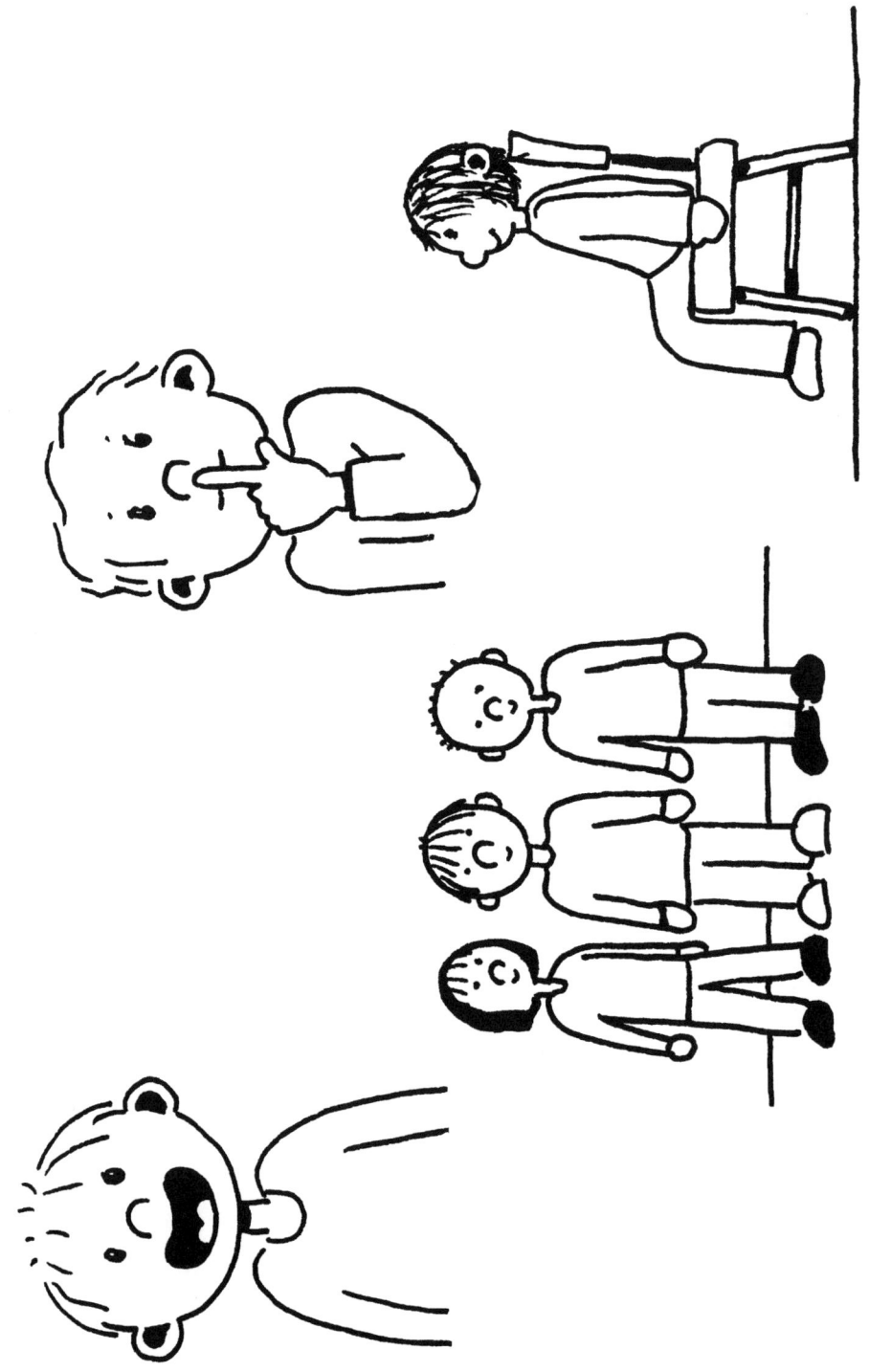

11.15 Mein Platz ist besetzt!

Tabelle 16: Ziele, praktisches Vorgehen und Materialien der 15. Trainingsstunde

Ziele	Praktisches Vorgehen	Materialien
Angemessenes Lernklima	Ruheritual „Chamäleonpause"	Handpuppe „Ferdi"
Differenzierte Wahrnehmung eines Handlungsablaufs; Hineinversetzen und Einfühlen in andere sowie deren Situation	Analyse der Comicgeschichte „Mein Platz ist besetzt!"	Comicgeschichte **vgl. S. 180/Arbeitsheft S. 23:** Ausgangssituation Overheadprojektor, Folien
Unterscheiden verschiedener Lösungsmöglichkeiten und Abschätzen von Konsequenzen	Analyse und Bewertung der angebotenen Lösungsstrategien	**vgl. S. 181 bis 182:** unangemessene Lösungen **vgl. S. 183/Arbeitsheft S. 24:** angemessene Lösung
Aufbau des angemessenen Sozialverhaltens und Erweitern des Handlungsrepertoires	Rollenspiele Verteilen der „Ferdi-Plan"-Kärtchen	**vgl. Arbeitsheft S. 22:** Rollenspielregeln **vgl. S. 56:** Selbstinstruktions-Kärtchen „Ferdi-Plan" für jedes Kind
Erkennen des Zusammenhangs von Verhalten und Konsequenzen; Aufrechterhaltung der Motivation	Verteilen der Tokens	Verstärkerplan Tokens (Punkte)

Struktur der Trainingsstunde

1. Chamäleonpause
2. „Schatzsuchertraining"
   A. Einleitung der Arbeitseinheit durch Ferdi
   B. Präsentation und Analyse der Comicgeschichte „Mein Platz ist besetzt!"
      Ausgangssituation wiedergeben
      Unangemessene Lösungen bewerten
      Angemessene Lösung erarbeiten
   C. Vertiefung der Arbeitsinhalte im Rollenspiel und Verteilen der Selbstinstruktionskärtchen „Ferdi-Plan" an den Schüler
   D. Ferdi-Aufgabe
3. Kurzreflexion und Tokenvergabe durch Ferdi

1. Chamäleonpause

Durchführung der Chamäleonpause.

2. „Schatzsuchertraining"

Die Kinder werden wie immer durch Ferdi begrüßt und in die Aufgaben der Trainingsstunde eingewiesen. In dieser Stunde sollen die Kinder lernen, ein Gewohnheitsrecht angemessen zu verteidigen. Hierbei wird eine Ausgangssituation vorgestellt und gemeinsam analysiert. Es ist die Aufgabe der Kinder zu überdenken, wie die Geschichte ausgeht. Danach werden den Kindern unangemessene und eine angemessene Konfliktlösung vorgestellt, die sie jeweils beschreiben und bewerten sollen.

A. Einleitung der Arbeitseinheit durch Ferdi

> **Textvorschlag „Ferdi"**
>
> Hallo, meine Schatzsucherfreunde,
> Habt ihr die Regelblätter schön ausgemalt? Lasst mal sehen!

Die Kinder zeigen Ferdi kurz ihre Hausaufgabe („Ferdi-Aufgabe").

> Seid ihr bereit für die nächste Trainingsaufgabe?
>
> Heute wollen wir wieder trainieren, damit wir die Aufgabe des Ärgerdrachen sicher lösen können. Euer Lehrer/Trainer zeigt euch gleich eine Bildergeschichte. Die Bildergeschichte handelt von Tina, die eines Morgens in den Klassenraum kommt und entdeckt, dass ihre Klassenkameradin Sarah auf ihrem Platz sitzt. Ihr sollt die Bilder der Geschichte ganz genau anschauen und überlegen, was ihr an Tinas Stelle tun würdet, um den Ärgerdrachen zu besiegen. Damit wir uns wieder erinnern, worauf es beim Lösen von Problemen ankommt, lasst uns unseren Schatzsucherruf anstimmen.

Durchführung des Schatzsucherrufs.

B. Präsentation und Analyse der Comicgeschichte „Mein Platz ist besetzt!"

Ausgangssituation wiedergeben

Der Trainer fordert die Kinder auf, ihr *Arbeitsheft auf Seite 23* aufzuschlagen. Die Kinder finden dort das Bild der Ausgangssituation vor. Er erläutert die Ausgangssituation mit folgendem Text:

> „Mein Platz ist besetzt" (vgl. S. 180) und Arbeitsheft S. 23.

Bild: Tina kommt in die Schule und stellt fest, dass sich Sarah auf ihren Platz gesetzt hat.

Arbeitsfragen zur Situationsanalyse

Der Trainer analysiert die Problemsituation anhand eines strukturierten Fragenkatalogs mit den Kindern:
- Gebt genau wieder, was hier passiert ist!
- Wo befinden sich die Kinder?
- Was macht Tina genau?
- Was macht Sarah genau?
- Was denkt Tina?
- Was denkt Sarah?
- Wie fühlt sich Tina?
- Wie fühlt sich Sarah?
- Wie wird die Geschichte ausgehen?

Unangemessene Lösungen bewerten

Der Trainer präsentiert den Kindern nacheinander zwei Bildbeispiele negativer Lösungen per Overheadprojektor (aggressive Selbstbehauptung). Das erste Beispiel stellt verbale, das zweite körperliche Aggression dar. Die Kinder sollen üben, unangemessene Handlungen und ihre Folgen zu erkennen und zu bewerten.

Wie bei der Analyse der Ausgangssituation sollen auch die Bildfolgen anhand strukturierter Fragen mit den Kindern erarbeitet werden. Es gilt herauszufinden, ob und warum die dargestellten Verhaltensweisen der Comicfigur in einen sozialen Konflikt münden, also Ärger hervorrufen würden. Die Kinder werden vom Trainer aufgefordert, ihre Bewertung durch Hochhalten der richtigen Seite der Symbolkarte (Schatz oder Drache) abzugeben. Dadurch bekommt der Trainer einen Überblick, welche der Kinder in der Lage sind, eine Handlung und ihre Folgen abzuschätzen.

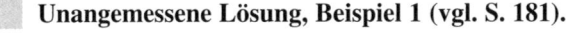
Unangemessene Lösung, Beispiel 1 (vgl. S. 181).

Bild: Tina schreit Sarah an, sie solle von ihrem Platz verschwinden.

Arbeitsfragen zur Situationsanalyse
- Was macht Tina genau?
- Was macht Sarah genau?
- Was denkt/sagt Tina?
- Was denkt/sagt Sarah?
- Wie fühlt sich Tina?
- Wie fühlt sich Sarah?
- Woran erkennt ihr das?

- Der Trainer fragt, ob Tina sich in der Situation kompetent verhalten hat: Hat Tina den Drachen besiegt? (Begründung!)

Transferfragen
- Wer von euch ist schon einmal in eine ähnliche Lage gekommen wie Tina?
- Wer von euch hat ebenso wie Tina gehandelt? Was ist daraufhin passiert? (Folgen; Ziel erreicht?)
- Wer hat sich anders verhalten als Tina? (Folgen; Ziel erreicht?)

Unangemessene Lösung, Beispiel 2 (vgl. S. 182).

Bild: Tina zieht Sarah vom Stuhl!

Arbeits- und Transferfragen zur Situationsanalyse
Siehe oben.

Angemessene Lösungen erarbeiten

Der Trainer fordert die Kinder auf, so viele Vorschläge für angemessene Lösungen wie möglich zu sammeln. Nach der Sammlung werden sie aufgefordert, ihr *Arbeitsheft auf Seite 24* aufzuschlagen, auf dem eine sozial angemessene Lösung präsentiert wird. Die Comicfigur verteidigt ihr Recht mithilfe eines angemessenen Tonfalls und einem entsprechenden Wortlaut. Sie verdeutlicht ihrer Interaktionspartnerin damit ihr Interesse, ohne dieses mit einer Schädigungsabsicht zu verbinden. Die Interaktionspartnerin erhält so die Gelegenheit, ausschließlich ihr eigenes Handeln zu beurteilen. Eine zusätzliche Auseinandersetzung mit einem aggressiven Angriff muss hier nicht stattfinden, so dass sich ein Gegenangriff oder Reaktanz weitgehend erübrigt.

Angemessene Lösung (vgl. S. 183) und Arbeitsheft S. 24.

Bild: Tina weist Sarah freundlich darauf hin, dass Sarah auf Tinas Platz sitzt und fordert sie dazu auf, sich wieder auf ihren eigenen Platz zu setzen.

Wichtiger Hinweis:

Sollten die Kinder Beispiele bringen, in denen sie mit dem empfohlenen Verhalten erfolglos geblieben sind, dann sollte darauf hingewiesen werden, dass sie ihre Aufforderung mit Nachdruck so oft wiederholen sollten, bis sie ihr berechtigtes Interesse durchgesetzt haben oder sich Hilfe vom Trainer holen.

Arbeitsfragen zur Situationsanalyse
Siehe oben.

Transferfragen

- Was hättet ihr an Tinas Stelle getan, um den Ärgerdrachen zu besiegen?
- Welche Situationen sind so ähnlich wie die Geschichte von heute?
- Wo/wann kann man die guten Lösungen noch anwenden?

C. Vertiefung der Arbeitsinhalte im Rollenspiel und Verteilen der Selbstinstruktionskärtchen „Ferdi-Plan" an jeden Schüler

Die Kinder einigen sich, welche angemessene Lösung sie im Rahmen eines Rollenspiels umsetzen. Dabei haben sie die Möglichkeit, sich für die angebotene oder eine eigene angemessene Lösung zu entscheiden. Dann verteilt der Trainer die „Ferdi-Plan"-Kärtchen und erklärt diese (s. Kap. 9.4).

Das Kärtchen (Kreditkartenformat) sollte vom Lehrer ausgeschnitten, für jedes Kind vervielfältigt und laminiert werden. Die Kinder sollten aufgefordert werden, ihre persönlichen „Ferdi-Pläne" ständig bei sich zu tragen und so dass sie an die Umsetzung der angemessenen Verhaltensstrategien erinnert werden.

■ **Vorlage „Ferdi-Plan"-Kärtchen (vgl. Abb. 5, S. 56).**

Bevor es losgeht, werden die Rollenspielregeln wiederholt. Der Trainer gliedert die Gruppe in Rollenspieler und Zuschauer. Die Spieler bekommen die Aufgabe, die Geschichte so zu spielen, dass der Ärgerdrache besiegt wird. Um ihre Rollen zu üben, werden die Rollenspieler kurz vor die Tür geschickt. Die Zuschauer bekommen den Auftrag, die Bühne herzurichten, das heißt einen Sitzkreis aufzubauen. Die Zuschauer müssen hinterher mithilfe der Symbolkarte beurteilen, ob die gespielte Lösung eine angemessene Konfliktlösung war, das heißt, ob sie zum Sieg über den Drachen und somit zum Schatz geführt hat.

D. Ferdi-Aufgabe

Die Kinder werden gebeten bis zur nächsten Trainingsstunde zu beobachten, ob und wann sie selbst oder jemand anders die guten Lösungen anwenden konnten. Sie werden beauftragt, ihre „Ferdi-Plan"-Kärtchen von nun an immer bei sich zu tragen, damit sie an die guten Lösungen erinnert werden.

3. Kurzreflexion und Tokenvergabe durch Ferdi

Ferdi fasst die wesentlichen Inhalte der Arbeitseinheit zusammen, lobt die Kinder für die Analyse und das Rollenspiel und verteilt ihre Tokens (Punkte) im Rahmen des Verstärkerplans.

Kapitel 11

15. Trainingsstunde

15. Trainingsstunde

11.16 Die Beschimpfung

Tabelle 17: Ziele, praktisches Vorgehen und Materialien der 16. Trainingsstunde

Ziele	Praktisches Vorgehen	Materialien
Angemessenes Lernklima	Ruheritual „Chamäleonpause"	Handpuppe „Ferdi"
Differenzierte Wahrnehmung eines Handlungsablaufs	Analyse des Hörspiels „Die Beschimpfung"	**CD: Nr. 9** Ausgangssituation
Hineinversetzen und Einfühlen in andere sowie deren Situation		
Unterscheiden verschiedener Lösungsmöglichkeiten und Abschätzen von Konsequenzen	Analyse und Bewertung der angebotenen Lösungsstrategien	**CD: Nr. 10 und 11** Weiterführende Hörspielsequenzen
Aufbau des angemessenen Sozialverhaltens und Erweitern des Handlungsrepertoires	Rollenspiele	**vgl. Arbeitsheft S. 22** Rollenspielregeln „Ferdi-Plan"-Kärtchen
Erkennen des Zusammenhangs von Verhalten und Konsequenzen; Aufrechterhaltung der Motivation	Verteilen der Tokens	Verstärkerplan Tokens (Punkte)

Struktur der Trainingsstunde
1. Chamäleonpause
2. „Schatzsuchertraining"
A. Einleitung der Arbeitseinheit durch Ferdi
B. Präsentation und Analyse des Hörspiels „Die Beschimpfung"
Ausgangssituation wiedergeben
Unangemessene Lösung bewerten
Angemessene Lösung erarbeiten
C. Vertiefung der Arbeitsinhalte im Rollenspiel
D. Ferdi-Aufgabe
3. Kurzreflexion und Tokenvergabe durch Ferdi

1. Chamäleonpause

Durchführung der Chamäleonpause.

2. „Schatzsuchertraining"

Die Kinder werden wie immer von Ferdi begrüßt und in die Aufgabe der Trainingsstunde eingewiesen. In der heutigen Stunde werden die Kinder mit einer Hörspielsequenz konfrontiert, in der ein Kind einen Mitschuler beschimpft. Die Kinder sollen üben, sich gegen Beschimpfungen sozial angemessen zur Wehr zu setzen. Entscheidend wird dabei sein, eine berechtigte Verärgerung in eine Entgegnung umzuwandeln, die dem Aggressor „den Wind aus den Segeln" nimmt.

A. Einleitung der Arbeitseinheit durch Ferdi

> **Textvorschlag „Ferdi"**
>
> Hallo, meine lieben Freunde,
> Wer von euch konnte eine gute Lösung aus der letzten Stunde ausprobieren? Wer hat es gut geschafft, die Ferdi-Aufgabe zu machen? Wem hat das „Ferdi-Plan"-Kärtchen geholfen?

Die Kinder berichten von den Hausaufgaben („Ferdi-Aufgaben").

> Heute kommt eine besonders schwere Übung auf euch zu. Heute habe ich euch keine Bildergeschichte, sondern eine CD mitgebracht. Auf der CD habe ich einen Schüler aufgenommen, der einen anderen Schüler beschimpft. Ihr sollt euch vorstellen, dass das Kind euch beschimpft. Stellt euch das ganz fest vor.
>
> Bevor ich gleich die CD abspiele, erst noch unser Schatzsucherruf.

Durchführung des Schatzsucherrufs.

B. Präsentation und Analyse des Hörspiels „Die Beschimpfung"

Ausgangssituation wiedergeben

Der Trainer spielt die CD ab.

Text auf CD: Nr. 9.

> Klingelzeichen. Die große Pause beginnt. Martin geht in den Pausenhof hinaus. Dabei kommt er an Peter vorbei, einem Jungen aus der Nachbarschaft. Als er schon an ihm vorbei ist, hört er Peters Stimme rufen: „Hey, Martin, du Eierloch!"

Arbeitsfragen zur Situationsanalyse
- Was ist hier passiert?
- Was denkt Martin wohl, als er das hört?
- Wie fühlt Martin sich?
- Was meint ihr, was Martin denkt?
- Wie wird die Geschichte ausgehen?

Unangemessene Lösung bewerten

Mit dieser unangemessenen Reaktion lässt Martin nicht nur den Konflikt eskalieren, er reagiert mit ziemlicher Wahrscheinlichkeit genauso wie es sich der Provokateur erhofft: Martin gerät außer Kontrolle und verstärkt damit dessen Verhalten. In der Konsequenz wird es Peter bei der nächsten Gelegenheit wieder probieren. Zudem läuft Martin Gefahr, für sein Verhalten bestraft zu werden. Wie immer werden die Kinder gebeten, die dargestellte Lösung mit ihrer Symbolkarte zu bewerten.

Text auf CD: Nr. 10.

Martin wird wütend und geht auf Peter, der ihn beschimpft hat, los.

Arbeitsfragen zur Situationsanalyse
- Was macht Martin?
- Wie fühlt sich Martin?
- Was denkt Martin?
- Was sagt Martin?
- Was denkt Peter?
- Wie fühlt sich Peter?
- Was macht Peter?
- Der Trainer fragt, ob sich Martin in der Situation kompetent verhalten hat: Hat Martin den Drachen besiegt? (Begründung!)

Transferfragen
- Wer von euch ist auch schon einmal beschimpft worden?
- Wer von euch hat genauso reagiert? Was ist daraufhin passiert? (Folgen, Ziel erreicht?)
- Wer hat sich anders verhalten? (Folgen, Ziel erreicht?)

Angemessene Lösung erarbeiten

Die Kinder werden aufgefordert *möglichst viele gute Lösungen* zu sammeln. Danach wird ihnen die angemessene Lösung von der CD vorgespielt. Hier greift Martin zu einem kompetenteren Mittel, um der Situation zu begegnen. Martin hat in dieser Lösung verstanden, dass das Ziel von Peters Provokation ist, Wut bei ihm auszulösen. Daher bleibt er nach außen gelassen. Um seine Gelassenheit auch darzustellen, hat er sich eine lockere Entgegnung überlegt.

Die Kinder sollten nun die „beliebtesten" Beschimpfungen nennen und gemeinsam überlegen, wie man gekonnt darauf reagieren kann.

Beispiel:
„Dumpfbacke"   Lieber 'ne dumpfe Backe als 'nen hohlen Kopf.

Text auf CD: Nr. 11.

> Martin sagt zu Peter: „Um mich zu ärgern, musst du dir schon ein paar originellere Sprüche einfallen lassen. Da lachen ja die Hühner!" und grinst.

Arbeitsfragen zur Situationsanalyse
Siehe oben.

Transferfragen
– Was hättet ihr an Stelle des Jungen getan, um den Ärgerdrachen zu besiegen?
– Welche guten Lösungen wollt ihr ab jetzt bei Beschimpfungen ausprobieren?

C. Vertiefung der Arbeitsinhalte im Rollenspiel

Die Kinder einigen sich, welche angemessene Lösung sie im Rahmen eines Rollenspiels umsetzen. Dabei haben sie die Möglichkeit, sich für die angebotene oder eine eigene angemessene Lösung zu entscheiden.

Bevor es losgeht, werden die Rollenspielregeln wiederholt. Die Kinder vergewissern sich, ob sie ihren „Ferdi-Plan" dabei haben. Der Trainer gliedert die Gruppe in Rollenspieler und Zuschauer. Die Spieler bekommen die Aufgabe die Geschichte so zu spielen, dass der Ärgerdrache besiegt wird. Um ihre Rollen zu üben, werden die Rollenspieler kurz vor die Tür geschickt. Die Zuschauer bekommen den Auftrag, die Bühne herzurichten, das heißt einen Sitzkreis aufzubauen. Die Zuschauer müssen hinterher beurteilen, ob die gespielte Lösung eine angemessene Konfliktlösung war, das heißt, ob sie zum Sieg über den Drachen und somit zum Schatz geführt hat.

D. Ferdi-Aufgabe

Die Kinder werden gebeten bis zur nächsten Trainingsstunde zu beobachten, ob und wann sie selbst oder jemand anders die guten Lösungen anwenden konnten. Dabei sollen sie ihre „Ferdi-Plan"-Kärtchen ständig bei sich tragen.

3. Kurzreflexion und Tokenvergabe durch Ferdi

Die Kinder werden für die Analyse und das Rollenspiel gelobt und erhalten ihre Tokens (Punkte) im Rahmen des Verstärkerplans.

11.17 Das Missgeschick

Tabelle 18: Ziele, praktisches Vorgehen und Materialien der 17. Trainingsstunde

Ziele	Praktisches Vorgehen	Materialien
Angemessenes Lernklima	Ruheritual „Chamäleonpause"	Handpuppe „Ferdi"
Differenzierte Wahrnehmung eines Handlungsablaufs; Hineinversetzen und Einfühlen in andere sowie deren Situation	Analyse der Comicgeschichte „Das Missgeschick"	Comicgeschichte **vgl. S. 193/ Arbeitsheft S. 25:** Ausgangssituation Overheadprojektor, Folien
Unterscheiden verschiedener Lösungsmöglichkeiten und Abschätzen von Konsequenzen	Analyse und Bewertung der angebotenen Lösungsstrategien	**vgl. S. 194:** unangemessene Lösung **vgl. S. 195/ Arbeitsheft S. 26:** angemessene Lösung
Aufbau des angemessenen Sozialverhaltens und Erweitern des Handlungsrepertoires	Rollenspiele	**vgl. Arbeitsheft S. 22:** Rollenspielregeln „Ferdi-Plan"-Kärtchen
Erkennen des Zusammenhangs von Verhalten und Konsequenzen; Aufrechterhaltung der Motivation	Verteilen der Tokens	Verstärkerplan Tokens (Punkte)

Struktur der Trainingsstunde

1. Chamäleonpause
2. „Schatzsuchertraining"
   A. Einleitung der Arbeitseinheit durch Ferdi
   B. Präsentation und Analyse der Comicgeschichte „Das Missgeschick"
      Ausgangssituation wiedergeben
      Unangemessene Lösung bewerten
      Angemessene Lösung erarbeiten
   C. Vertiefung der Arbeitsinhalte im Rollenspiel
   D. Ferdi-Aufgabe
3. Kurzreflexion und Tokenvergabe durch Ferdi

1. Chamäleonpause

Durchführung der Chamäleonpause.

2. „Schatzsuchertraining"

Die Kinder werden wie immer von Ferdi begrüßt und in die Aufgabe der Trainingsstunde eingewiesen. In dieser Stunde sollen die Kinder lernen, mehrdeutige Situationen angemessen zu interpretieren. Um die Kinder im Umgang mit mehrdeutigen Situationen zu trainieren, wird ihnen eine Comicszene präsentiert, in der ein Kind ein anderes begrüßt und dieses vor Schreck seine Milchtüte fallen lässt. Es ist die Aufgabe der Kinder, sich zu überlegen, wie die Geschichte ausgehen könnte. Danach wird den Kindern eine unangemessene und eine angemessene Lösung vorgestellt, die sie jeweils beschreiben und bewerten sollen.

A. Einleitung der Arbeitseinheit durch Ferdi

> **Textvorschlag „Ferdi"**
>
> Hallo, Schatzsucherfreunde,
> erzählt mir erst einmal von der Ferdi-Aufgabe aus der letzten Stunde. Wer konnte eine gute Lösung anwenden? Habt ihr eure „Ferdi-Plan"-Kärtchen dabei gehabt?

Die Kinder berichten von der Ferdi-Aufgabe.

> Los geht's mit der nächsten Trainingsaufgabe. Euer Lehrer/Trainer zeigt euch gleich eine Bildergeschichte. In der Bildergeschichte geht es um eine Milchtüte, aber das werdet ihr gleich selber sehen.
>
> Bevor es richtig losgeht, müssen wir aber noch etwas machen: genau, unseren Schatzsucherruf rufen.

Durchführung des Schatzsucherrufs.

B. Präsentation und Analyse der Comicgeschichte „Das Missgeschick"

Ausgangssituation wiedergeben

Der Trainer fordert die Kinder auf, ihr *Arbeitsheft auf Seite 25* aufzuschlagen, auf der die Ausgangssituation abgebildet ist. Die Ausgangssituation wird zunächst nicht weiter erläutert. Es wird lediglich auf die Namen der Kinder, Mike und Thomas, hingewiesen.

„Das Missgeschick" (vgl. S. 193) und Arbeitsheft S. 25.

Bild 1: Mike steht auf dem Schulhof und trinkt aus einer Milchtüte. Thomas nähert sich von hinten.
Bild 2: Thomas schlägt Mike zur Begrüßung auf den Rücken.
Bild 3: Mike lässt vor Schreck die Milchtüte fallen.

Arbeitsfragen zur Situationsanalyse

Die Kinder sollen die Geschichte schildern. Es wird wiederum vom Trainer strukturiert nachgefragt:
– Gebt genau wieder, was hier passiert ist!
– Wo befinden sich die Kinder?
– Was macht Mike genau?
– Was macht Thomas genau?
– Was denkt Mike?
– Was denkt Thomas?
– Wie fühlt sich Mike?
– Wie fühlt sich Thomas?
– Wie wird die Geschichte ausgehen?

Unangemessene Lösung bewerten

Der Trainer präsentiert die unangemessene Lösung per Overheadprojektor. Mit der Darstellung von Mikes unangemessener Reaktion werden die Kinder mit dem Thema „Fehlinterpretationen" konfrontiert. Mike erkennt die Mehrdeutigkeit der Situation nicht. Er interpretiert das Handeln von Thomas als gezielten Angriff gegen sich („Das hat der extra gemacht!") und bewertet es entsprechend („Gemeinheit"). Diese Bewertung führt schließlich zu Mikes unangemessener Reaktion.

Lernziel ist, dass die Kinder die mögliche Mehrdeutigkeit eines Verhaltens oder einer Situation erkennen lernen, und dass solche Situationen differenziert wahrzunehmen und mehrfach interpretierbar sind. Eine Handlung kann also beabsichtigt oder unbeabsichtigt sein.

Der Trainer stellt auch hier die Frage, welche Folgen das Verhalten von Mike haben wird und ob es zum Sieg über den Drachen geführt hätte. Die Kinder sollen ihre Einschätzung durch das Hochhalten der entsprechenden Seite der Symbolkarte (Drache oder Schatz) verdeutlichen.

Unangemessene Lösung (vgl. S. 194)

Bild: Mike beschimpft Thomas und geht auf ihn los.

Arbeitsfragen zur Situationsanalyse
– Was macht Mike genau?
– Was macht Thomas genau?

- Was denkt/sagt Mike?
- Was denkt/sagt Thomas?
- Wie fühlt sich Mike?
- Wie fühlt sich Thomas?
- Woran erkennt ihr das?
- Der Trainer fragt, ob Mike sich in der Situation kompetent verhalten hat: Hat Mike den Drachen besiegt? (Begründung!)

Transferfragen
- Wer von euch ist schon einmal in eine ähnliche Lage gekommen wie Mike?
- Wer von euch hat ebenso wie Mike gehandelt? Was ist daraufhin passiert? (Folgen; Ziel erreicht?)
- Wer hat sich anders verhalten als Mike? (Folgen; Ziel erreicht?)

Angemessene Lösung erarbeiten

Die Kinder sammeln *möglichst viele gute Lösungen* und tragen sie zusammen. Danach schlagen sie ihr *Arbeitsheft auf Seite 26* auf und beschäftigen sich mit der angebotenen Lösungsmöglichkeit. Es ist erkennbar, dass sich Mike sozial kompetent verhält. Er ist auf Grund der Mehrdeutigkeit der Situation nicht sicher, ob Thomas ihn beabsichtigt oder unbeabsichtigt erschreckt hat. Aus diesem Grund fragt er nach, ohne ihm eine absichtsvolle Handlung zu unterstellen.

Angemessene Lösung (vgl. S. 195) und Arbeitsheft S. 26.

Bild: Mike fragt Thomas, ob er das mit Absicht getan hat. Thomas verneint, entschuldigt sich und macht Mike den Vorschlag, ihm eine neue Milch zu kaufen.

Arbeitsfragen zur Situationsanalyse
Siehe oben

Transferfrage
- Was hättet ihr an Mikes Stelle getan, um den Ärgerdrachen zu besiegen?

C. Vertiefung der Arbeitsinhalte im Rollenspiel

Die Kinder einigen sich, welche angemessene Lösung sie im Rahmen eines Rollenspiels umsetzen. Dabei haben sie die Möglichkeit, sich für die angebotene oder eine eigene angemessene Lösung zu entscheiden.

Bevor es losgeht, werden die Rollenspielregeln wiederholt. Der Trainer erinnert die Kinder an die „Ferdi-Plan"-Kärtchen. Der Trainer gliedert die Gruppe in Rollenspieler und Zuschauer. Die Spieler bekommen die Aufgabe, die Geschichte so zu spielen, dass der Ärgerdrache besiegt wird. Um ihre Rollen zu üben, werden die Rollenspieler kurz vor die Tür geschickt. Die Zuschauer bekommen den Auftrag, die Bühne herzurichten, das heißt einen Sitzkreis aufzubauen. Die Zuschauer müssen hinterher beurteilen, ob die gespielte Lösung eine angemessene Konfliktlösung war, ob sie zum Sieg über den Drachen und somit zum Schatz geführt hat.

D. Ferdi-Aufgabe

Die Kinder werden gebeten, bis zur nächsten Trainingsstunde zu beobachten, ob und wann sie selbst oder jemand anders die guten Lösungen anwenden konnten. Dabei soll ihnen wieder ihr „Ferdi-Plan"-Kärtchen helfen.

3. Kurzreflexion und Tokenvergabe durch Ferdi

Die Kinder werden für die Analyse und das Rollenspiel gelobt und erhalten ihre Tokens (Punkte) im Rahmen des Verstärkerplans.

17. Trainingsstunde

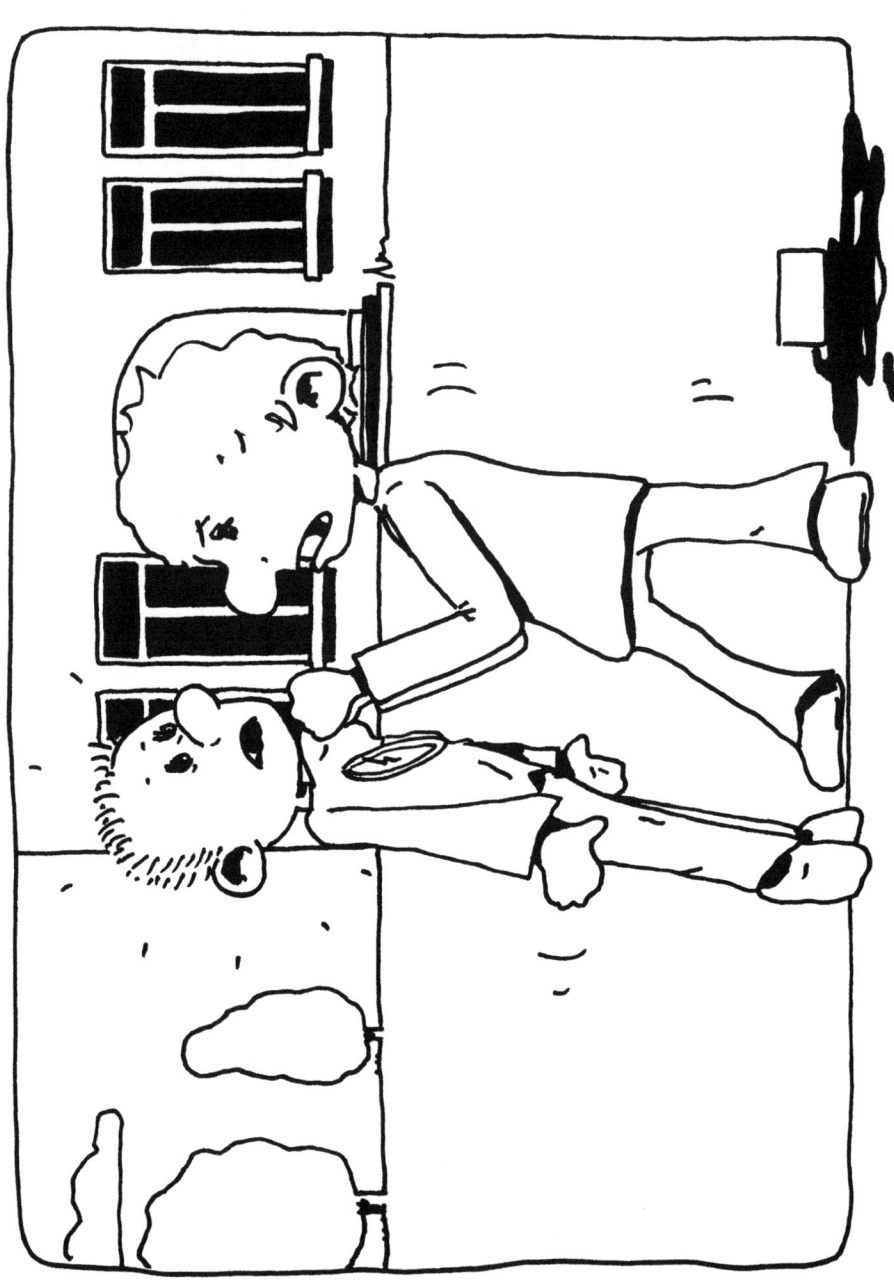

18. Trainingsstunde

11.18 Das Federmäppchen

Tabelle 19: Ziele, praktisches Vorgehen und Materialien der 18. Trainingsstunde

Ziele	Praktisches Vorgehen	Materialien
Angemessenes Lernklima	Ruheritual „Chamäleonpause"	Handpuppe „Ferdi"
Differenzierte Wahrnehmung eines Handlungsablaufs; Hineinversetzen und Einfühlen in andere sowie deren Situation	Analyse der Comicgeschichte „Das Federmäppchen"	Comicgeschichte **vgl. S. 201/ Arbeitsheft S. 27:** Ausgangssituation Overheadprojektor, Folien
Unterscheiden verschiedener Lösungsmöglichkeiten und Abschätzen der Konsequenzen	Analyse und Bewertung der angebotenen Lösungsstrategien	**vgl. S. 202 bis 203:** unangemessene Lösungen **vgl. S. 204/ Arbeitsheft S. 28:** angemessene Lösung
Aufbau des angemessenen Sozialverhaltens und Erweitern des Handlungsrepertoires der Kinder	Rollenspiele	**vgl. Arbeitsheft S. 22:** Rollenspielregeln „Ferdi-Plan"-Kärtchen
Erkennen des Zusammenhangs von Verhalten und Konsequenzen; Aufrechterhaltung der Motivation	Verteilen der Tokens	Verstärkerplan Tokens (Punkte)

Struktur der Trainingsstunde

1. Chamäleonpause
2. „Schatzsuchertraining"
   A. Einleitung der Arbeitseinheit durch Ferdi
   B. Präsentation und Analyse der Comicgeschichte „Das Federmäppchen"
      Ausgangssituation wiedergeben
      Unangemessene Lösungen bewerten
      Angemessene Lösung erarbeiten
   C. Vertiefung der Arbeitsinhalte im Rollenspiel
   D. Ferdi-Aufgabe
3. Kurzreflexion und Tokenvergabe durch Ferdi

18. Trainingsstunde

1. Chamäleonpause

Durchführung der Chamäleonpause.

2. „Schatzsuchertraining"

Die Kinder werden wie immer von Ferdi begrüßt und in die Aufgabe der Trainingsstunde eingewiesen. Wie in der vergangenen Stunde sollen die Kinder lernen, eine mehrdeutige soziale Situation angemessen zu interpretieren (Absicht oder Versehen?). Dazu wird ihnen die Comicgeschichte „Das Federmäppchen" präsentiert. Es ist die Aufgabe der Kinder sich zu überlegen, wie die Geschichte ausgehen könnte. Danach werden den Kindern zwei unangemessene und eine angemessene Lösung vorgestellt, die sie jeweils beschreiben und bewerten sollen.

A. Einleitung in die Arbeitseinheit durch Ferdi

> **Textvorschlag „Ferdi"**
>
> Hallo, meine Schatzsucherfreunde,
> wie ist euch die letzte Ferdi-Aufgabe gelungen? Ich bin schon ganz gespannt! Zeigt mal euer „Ferdi-Plan"-Kärtchen!

Die Kinder berichten von der Ferdi-Aufgabe.

> Seid ihr bereit für die nächste Trainingseinheit?
>
> Heute habe ich wieder eine Aufgabe mitgebracht, wie sie auch der Ärgerdrache stellen könnte. Euer Lehrer/Trainer zeigt euch gleich eine Bildergeschichte. Die Bildergeschichte handelt von Jan und Axel und einem Federmäppchen. Aber seht selbst.
>
> Bevor wir mit der Aufgabe beginnen, bereiten wir uns erst noch mit unserem Schatzsucherruf vor.

Durchführung des Schatzsucherrufs.

B. Präsentation und Analyse der Comicgeschichte „Das Federmäppchen"

Ausgangssituation wiedergeben

Der Trainer fordert die Kinder auf, ihr *Arbeitsheft auf Seite 27* aufzuschlagen, auf dem die Ausgangssituation zu sehen ist. Er erläutert diese mit folgendem Text:

> „Das Federmäppchen" (vgl. S. 201) und Arbeitsheft S. 27.

> *Bild:* Jan sitzt an seinem Schulpult. Axel läuft an seinem Pult vorbei und bleibt dabei an Jans Federmäppchen hängen. Sie fällt herunter.

Arbeitsfragen zur Situationsanalyse

Der Trainer analysiert die Problemsituation anhand eines strukturierten Fragenkatalogs mit den Kindern:
– Gebt genau wieder, was hier passiert ist!
– Wo befinden sich die Kinder?
– Was macht Axel genau?
– Was macht Jan genau?
– Was denkt Axel?
– Was denkt Jan?
– Wie fühlt sich Axel?
– Wie fühlt sich Jan?
– Wie wird die Geschichte ausgehen?

Unangemessene Lösungen bewerten

Der Trainer präsentiert den Kindern mithilfe des Overheadprojektors nacheinander zwei unangemessene Lösungen mit negativer Selbstbehauptung. Die erste Bildfolge visualisiert verbale Aggression, die zweite Bildfolge stellt körperliche Aggression dar.

Mit der Darstellung Jans unangemessener Reaktion werden die Kinder wiederum mit dem Thema „Fehlinterpretationen" konfrontiert. Jan erkennt die Mehrdeutigkeit der Situation nicht. Er interpretiert das Handeln von Axel als gezielten Angriff gegen sich („Das war Absicht!") und bewertet es entsprechend („Gemeinheit"). Diese Bewertung führt schließlich zu Jans unangemessener Reaktion.

Lernziel ist, die Kinder für die Mehrdeutigkeit von Situationen zu sensibilisieren und einen sozial kompetenten Umgang damit zu vermitteln. Der Trainer stellt auch hier die Frage, welche Folgen das Verhalten von Jan haben wird und ob es zum Sieg über den Drachen geführt hätte. Die Kinder sollen ihre Einschätzung durch das Hochhalten der entsprechenden Seite der Symbolkarte (Drache oder Schatz) verdeutlichen.

Unangemessene Lösung, verbale Aggression (vgl. S. 202).

Bild: Jan brüllt Axel an: „Heb' sofort mein Federmäppchen auf, du Idiot."

Arbeitsfragen zur Situationsanalyse
– Was macht Axel genau?
– Was macht Jan genau?
– Was denkt/sagt Axel?
– Was denkt/sagt Jan?
– Wie fühlt sich Axel?
– Wie fühlt sich Jan?
– Woran erkennt ihr das?
– Hat Jan den Drachen besiegt? Wenn ja, wie? Wenn nein, warum nicht?

Transferfragen
- Wie reagiert ihr, wenn euch so etwas wie Jan passiert?
- Wer von euch hat ebenso wie Jan gehandelt? Was ist daraufhin passiert? (Folgen; Ziel erreicht?)
- Wer hat sich anders verhalten als Jan? (Folgen; Ziel erreicht?)

Unangemessene Lösung, körperliche Aggression (vgl. S. 203).

Bild: Jan ist wütend. Er lässt sein Federmäppchen auf dem Boden liegen. Als Axel erneut vorbeiläuft, stellt er ihm ein Bein.

Arbeits- und Transferfragen zur Situationsanalyse
Siehe oben.

Angemessene Lösung erarbeiten

Die Kinder sammeln gemeinsam *möglichst viele gute Lösungen* und tragen sie zusammen. Danach schlagen sie ihr Arbeitsheft auf Seite 28 auf. In der angebotenen Lösung verhält sich Jan sozial kompetent. Er ist auf Grund der Mehrdeutigkeit der Situation nicht sicher, ob Axel sein Federmäppchen beabsichtigt oder unbeabsichtigt heruntergerissen hat. Er erkundigt sich nach Axels Intention, ohne ihm eine negative Absicht zu unterstellen.

Angemessene Lösung (vgl. S. 204) und Arbeitsheft S. 28.

Bild 1 und 2: „Axel, warte mal, du hast mir mein Federmäppchen heruntergeworfen. War das Absicht?" Axel verneint, kommt zurück und hebt das Federmäppchen wieder auf.

Arbeits- und Transferfragen
Siehe oben.

C. Vertiefung der Arbeitsinhalte im Rollenspiel

Nun bekommen die Kinder die Aufgabe, eine sozial erwünschte Lösung so zu spielen, dass der Drache besiegt wird. Hier können sie sich für eine eigene oder die angebotene Lösung entscheiden. Dazu werden im Vorfeld kurz die Rollenspielregeln wiederholt. Die Kinder sollen sich vergewissern, ob sie ihr „Ferdi-Plan"-Kärtchen dabei haben. Es wird entschieden, wer Beobachter und wer Spieler ist. Die Spieler werden gebeten, kurz vor die Tür zu gehen, um ihre Rollen einzuüben, während der Rest der Gruppe die „Bühne" herrichtet (Sitzkreis aufstellen). Die Beobachter sollen nach dem vorgetragenen Rollenspiel beurteilen, ob die Darstellung der gespielten Lösung zum Sieg über den Drachen geführt hätte.

D. Ferdi-Aufgabe

Die Kinder werden gebeten bis zur nächsten Trainingsstunde zu beobachten, ob und wann sie selbst oder jemand anders die guten Lösungen anwenden konnten. Dabei soll ihnen wieder ihr „Ferdi-Plan"-Kärtchen helfen.

3. Kurzreflexion und Tokenvergabe durch Ferdi

Die Kinder werden für ihre Analyse und das Rollenspiel gelobt und bekommen ihre Tokens (Punkte) im Rahmen des Verstärkerplans.

18. Trainingsstunde

18. Trainingsstunde

11.19 Lust auf Kekse

Tabelle 20: Ziele, praktisches Vorgehen und Materialien der 19. Trainingsstunde

Ziele	Praktisches Vorgehen	Materialien
Angemessenes Lernklima	Ruheritual „Chamäleonpause"	Handpuppe „Ferdi"
Differenzierte Wahrnehmung eines Handlungsablaufs; Hineinversetzen und Einfühlen in andere sowie deren Situation	Analyse der Comicgeschichte „Lust auf Kekse"	Comicgeschichte **vgl. S. 209/ Arbeitsheft S. 29:** Ausgangssituation Overheadprojektor, Folien
Unterscheiden verschiedener Lösungsmöglichkeiten und Abschätzen von Konsequenzen	Analyse und Bewertung der angebotenen Lösungsstrategien	**vgl. S. 210:** unangemessene Lösung **vgl. S. 211/ Arbeitsheft S. 30:** angemessene Lösung
Aufbau des angemessenen Sozialverhaltens und Erweitern des Handlungsrepertoires	Rollenspiele	**vgl. Arbeitsheft S. 22:** Rollenspielregeln „Ferdi-Plan"-Kärtchen
Erkennen des Zusammenhangs von Verhalten und Konsequenzen; Aufrechterhaltung der Motivation	Verteilen der Tokens	Verstärkerplan Tokens (Punkte)

Struktur der Trainingsstunde

1. Chamäleonpause
2. „Schatzsuchertraining"
   A. Einleitung der Arbeitseinheit durch Ferdi
   B. Präsentation und Analyse der Comicgeschichte „Lust auf Kekse"
      Ausgangssituation wiedergeben
      Unangemessene Lösung bewerten
      Angemessene Lösung erarbeiten
   C. Vertiefung der Arbeitsinhalte im Rollenspiel
   D. Ferdi-Aufgabe
3. Kurzreflexion und Tokenvergabe durch Ferdi

1. Chamäleonpause

Durchführung der Chamäleonpause.

2. „Schatzsuchertraining"

Die Stunde beginnt wie gewohnt mit der Begrüßung und Einweisung in die Trainingseinheit durch Ferdi. In dieser Stunde sollen die Kinder Selbstkontrolle üben. Wie gewohnt wird eine Ausgangssituation vorgestellt und gemeinsam analysiert. Es ist die Aufgabe der Kinder, über den Ausgang der Geschichte nachzudenken und die darauf folgende unangemessene und angemessene Lösung zu beschreiben und zu bewerten.

A. Einleitung der Arbeitseinheit durch Ferdi

> **Textvorschlag „Ferdi"**
>
> Hallo, meine Schatzsucherfreunde,
> bevor wir loslegen, möchte ich erst einmal wissen, wie gut ihr die Ferdi-Aufgabe der letzten Stunde lösen konntet. Ich bin sicher, ihr werdet immer besser.

Die Kinder berichten von der letzten Ferdi-Aufgabe. Es wird gefragt, wie ihnen das „Ferdi-Plan"-Kärtchen helfen konnte.

> So nun die nächste Trainingsaufgabe: Heute habe ich wieder eine Aufgabe mitgebracht, wie sie auch der Ärgerdrache stellen könnte. Euer Lehrer/Trainer zeigt euch gleich eine Bildergeschichte. Die Bildergeschichte handelt von Annika und Sascha. Annika hat Kekse mit in die Schule gebracht. Sascha hat große Lust auf Kekse. Lasst euch überraschen, wie er versucht, das Problem zu lösen.
>
> Bevor wir mit der Aufgabe beginnen, fehlt aber noch etwas. Könnt ihr mir sagen, was das ist? Genau, unser Schatzsucherruf.

Durchführung des Schatzsucherrufs.

B. Präsentation und Analyse der Comicgeschichte „Lust auf Kekse"

Ausgangssituation wiedergeben

Die Kinder schlagen ihr *Arbeitsheft auf Seite 29* auf. Der Trainer erläutert die dort abgebildete Ausgangssituation mit folgendem Text:

> **„Lust auf Kekse"** (vgl. S. 209) und Arbeitsheft S. 29.

> *Bild:* Annika hat eine Tüte mit Keksen in die Schule mitgebracht. Sascha steht daneben und bekommt Appetit auf Kekse. Er selbst hat aber keine mitgenommen.

Arbeitsfragen zur Situationsanalyse
– Gebt genau wieder, was hier passiert ist!
– Wo befinden sich die Kinder?
– Was macht Annika genau?
– Was macht Sascha genau?
– Was denkt Annika?
– Was denkt Sascha?
– Wie fühlt sich Annika?
– Wie fühlt sich Sascha?
– Wie wird die Geschichte ausgehen?

Unangemessene Lösung bewerten

Der Trainer präsentiert die unangemessene Lösung per Overheadprojektor. Die Kinder sollen anhand strukturierter Fragen die Bildinformation der dargestellten Szene analysieren und herausarbeiten, welche Folgen mit der dargestellten Handlung verbunden sein können. Das Bild zeigt Sascha, wie er stiehlt und sich damit durch die kurzfristige Konsequenz „Befriedigung des Appetits" leiten lässt, ohne die weiteren Konsequenzen seines Handelns (Ärger bei Entdeckung) zu bedenken.

Abschließend werden die Kinder wiederum aufgefordert zu entscheiden, ob dies eine sozial angemessene Reaktion sei, die den Drachen zufrieden stellen würde. Die Kinder sollen die entsprechende Seite der Symbolkarte (Schatz oder Drache) in die Höhe halten.

Unangemessene Lösung (vgl. S. 210).

Bild: Sascha wartet bis Annika ihre Kekse unbeobachtet lässt und nimmt sich ein paar davon. Genau in dem Moment sieht Annika zu ihrem Platz.

Arbeitsfragen zur Situationsanalyse
– Was macht Sascha genau?
– Was macht Annika genau?
– Was denkt/sagt Sascha?
– Was denkt/sagt Annika?
– Wie fühlt sich Sascha?
– Wie fühlt sich Annika?
– Woran erkennt ihr das?
– Hat Sascha den Drachen besiegt? Wenn ja, wie? Wenn nein, warum nicht?

Transferfragen
– Wie reagiert ihr, wenn ihr etwas haben wollt, was ein anderer hat?
– Wer von euch hat ebenso wie Sascha gehandelt? Was ist daraufhin passiert? (Folgen; Ziel erreicht?)
– Wer hat sich anders verhalten als Sascha? (Folgen; Ziel erreicht?)

Angemessene Lösung erarbeiten

Die Kinder sammeln gemeinsam *möglichst viele angemessene Lösungen* und tragen sie zusammen. Danach schlagen sie ihr Arbeitsheft auf Seite 30 auf.

Ziel ist es, den Kindern zu vermitteln, den ersten Handlungsimpuls zu unterdrücken und zuvor die Folgen des angestrebten Handelns zu bedenken. Dazu sollen die Kinder vorausschauend ihre sozial-emotionalen Kompetenzen nutzen, indem sie sich fragen, wie sie sich fühlen würden, wenn ihnen jemand etwas wegnimmt. Ziel der Übung auf der konkreten Handlungsebene ist, dass die Kinder lernen erst zu fragen, bevor sie sich etwas von jemand anderem nehmen.

Angemessene Lösung (vgl. S. 211) und Arbeitsheft S. 30.

Bild: Sascha fragt Annika, ob sie ihm ein paar Kekse abgeben würde. Annika gibt ihm ein paar Kekse.

Arbeitsfragen zur Situationsanalyse
Siehe oben.

Transferfrage
– Was hättet ihr an der Stelle von Sascha getan, um den Drachen zu besiegen?

C. Vertiefung der Arbeitsinhalte im Rollenspiel

Nun bekommen die Kinder die Aufgabe, eine sozial verträgliche Lösung so zu spielen, dass der Drache besiegt wird. Die Kinder dürfen sich für ihre eigene oder die angebotene Lösung entscheiden. Im Vorfeld werden kurz die Rollenspielregeln wiederholt und entschieden, wer Beobachter und wer Spieler ist. Die Kinder werden an ihr „Ferdi-Plan"-Kärtchen erinnert. Die Spieler werden gebeten, kurz vor die Tür zu gehen, um ihre Rollen einzuüben, während der Rest der Gruppe die „Bühne" herrichtet (Sitzkreis aufstellen). Die Beobachter sollen nach dem vorgetragenen Rollenspiel beurteilen, ob die Darstellung der gespielten Lösung zum Sieg über den Drachen geführt hätte.

D. Ferdi-Aufgabe

Die Kinder werden gebeten bis zur nächsten Trainingsstunde zu beobachten, ob und wann sie selbst oder jemand anders die guten Lösungen anwenden konnte. Dabei soll ihnen das „Ferdi-Plan"-Kärtchen helfen.

3. Kurzreflexion und Tokenvergabe durch Ferdi

Die Kinder werden für ihre Analyse und das Rollenspiel gelobt und bekommen ihre Tokens (Punkte) im Rahmen des Verstärkerplans.

19. Trainingsstunde

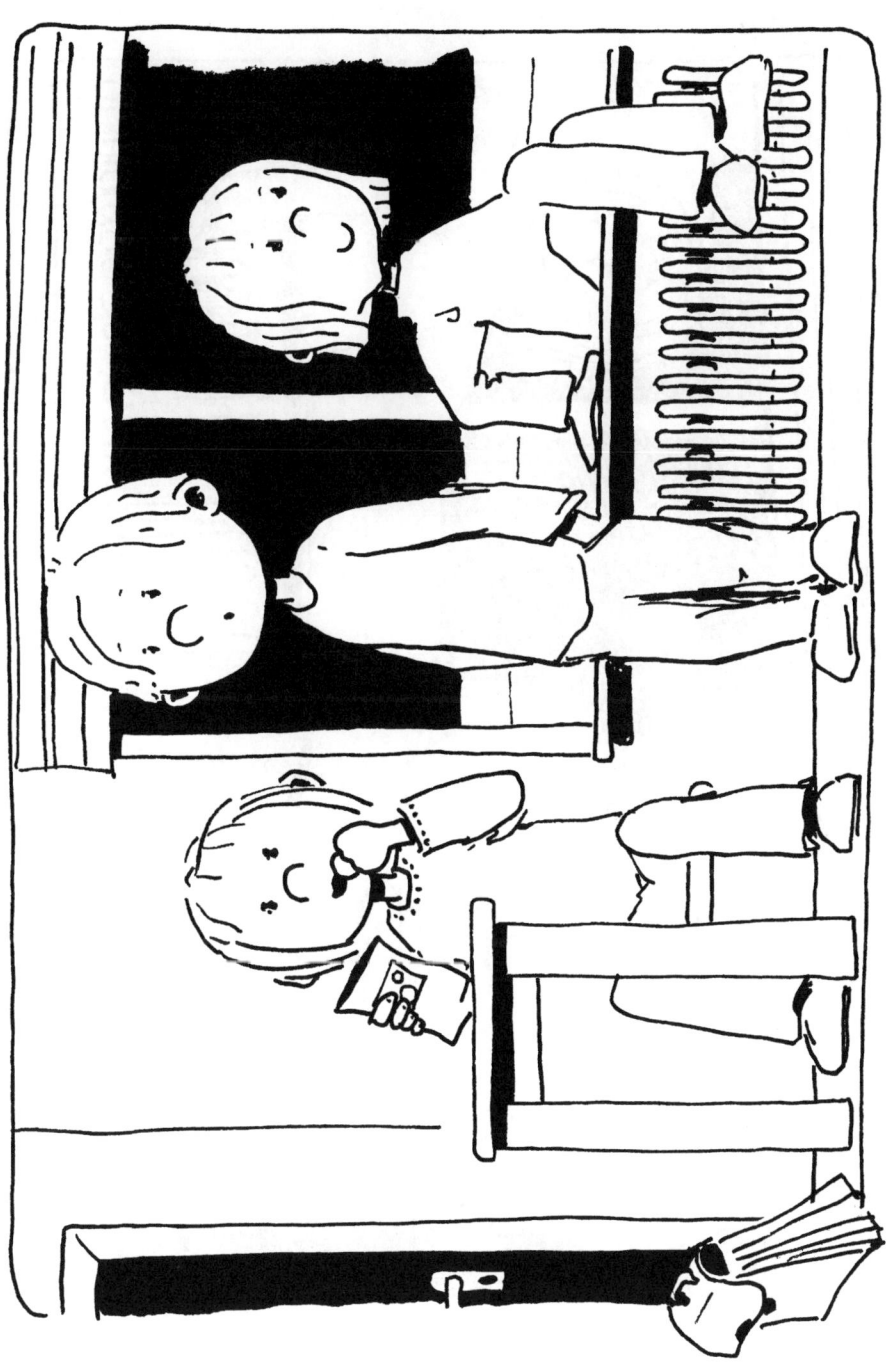

19. Trainingsstunde

11.20 Vordrängeln am Kiosk

Tabelle 21: Ziele, praktisches Vorgehen und Materialien der 20. Trainingsstunde

Ziele	Praktisches Vorgehen	Materialien
Angemessenes Lernklima	Ruheritual „Chamäleonpause"	Handpuppe „Ferdi"
Differenzierte Wahrnehmung eines Handlungsablaufs; Hineinversetzen und Einfühlen in andere sowie deren Situation	Analyse der Comicgeschichte „Vordrängeln am Kiosk"	Comicgeschichte **vgl. S. 216/ Arbeitsheft S. 31:** Ausgangssituation Overheadprojektor, Folien
Unterscheiden verschiedener Lösungsmöglichkeiten und Abschätzen von Konsequenzen	Analyse und Bewertung der angebotenen Lösungsstrategien	**vgl. S. 217:** unangemessene Lösung **vgl. S. 218/ Arbeitsheft S. 32:** angemessene Lösung
Aufbau des angemessenen Sozialverhaltens und Erweitern des Handlungsrepertoires	Rollenspiele	**vgl. Arbeitsheft S. 22:** Rollenspielregeln „Ferdi-Plan"-Kärtchen
Erkennen des Zusammenhangs von Verhalten und Konsequenzen; Aufrechterhaltung der Motivation	Verteilen der Tokens	Verstärkerplan Tokens (Punkte)

Struktur der Trainingsstunde

1. Chamäleonpause
2. „Schatzsuchertraining"
   A. Einleitung der Arbeitseinheit durch Ferdi
   B. Präsentation und Analyse der Comicgeschichte „Vordrängeln am Kiosk"
      Ausgangssituation wiedergeben
      Unangemessene Lösung bewerten
      Angemessene Lösung erarbeiten
   C. Vertiefung der Arbeitsinhalte im Rollenspiel
   D. Ferdi-Aufgabe
3. Kurzreflexion und Tokenvergabe durch Ferdi

1. Chamäleonpause

Durchführung der Chamäleonpause.

2. „Schatzsuchertraining"

Die Kinder werden wie immer durch Ferdi begrüßt und in die Aufgaben der Trainingsstunde eingewiesen. In dieser Stunde geht es um Selbstkontrolle. Es wird die Fertigkeit „Abwarten können" oder „Geduld aufbringen" trainiert.

Es wird eine Ausgangssituation vorgestellt und gemeinsam analysiert. Es ist die Aufgabe der Kinder zu überdenken, wie die Geschichte ausgeht. Danach werden den Kindern verschiedene Konfliktlösungen vorgestellt, die sie jeweils beschreiben und bewerten sollen.

A. Einleitung der Arbeitseinheit durch Ferdi

> **Textvorschlag „Ferdi"**
>
> Hallo, meine Schatzsucherfreunde,
> na, wie geht es euch? Habt ihr eure Ferdi-Aufgabe gut gelöst? Konnte euch das „Ferdi-Plan"-Kärtchen helfen?

Die Kinder berichten von der Ferdi-Aufgabe.

> Heute geht es erneut darum, für die Aufgabe des großen Schatzbewachers, dem Ärgerdrachen, zu trainieren. Seid ihr bereit? O. k., dann geht's los.
>
> Ich habe euch heute wieder so eine Aufgabe mitgebracht, wie der Ärgerdrache sie stellen könnte. In der heutigen Bildergeschichte geht es um Nena. Nena ist sehr ungeduldig. Aber seht selbst. Zum Einstimmen in die Aufgabe zunächst unser Schatzsucherruf.

Durchführung des Schatzsucherrufs.

B. Präsentation und Analyse der Comicgeschichte „Vordrängeln am Kiosk"

Ausgangssituation wiedergeben

Die Kinder schlagen ihr *Arbeitsheft auf Seite 31* auf. Dort finden sie die Ausgangssituation. Der Trainer erläutert diese mit folgendem Text:

„Vordrängeln am Kiosk" (vgl. S. 216) und Arbeitsheft S. 31.

> *Bild:* Es ist Pause. Am Kiosk hat sich eine Schlange gebildet. Nena sieht die Schlange und guckt genervt.

Arbeitsfragen zur Situationsanalyse
- Gebt genau wieder, was hier passiert ist!
- Wo befinden sich die Kinder?

– Was macht Nena genau?
– Was machen die anderen genau?
– Was denkt Nena?
– Was denken die anderen?
– Wie fühlt sich Nena?
– Wie fühlen sich die anderen?
– Wie wird die Geschichte ausgehen?

Unangemessene Lösung bewerten

Der Trainer präsentiert die unangemessene Lösung per Overheadprojektor. Die unangemessene Lösung zeigt ein Kind, das nicht abwarten kann und sich vordrängelt. Diese Bildfolge dient der Auseinandersetzung mit den Folgen einer solchen Handlung. Hier entscheidet sich Nena für den kurzfristigen Verstärker „Befriedigung des Durstes", indem sie sich ganz nach vorn in die Reihe schummelt. Sie bedenkt nicht, wie ihr Handeln auf ihre Mitmenschen wirkt und wie sie damit die Rechte der anderen beschneidet. Wie bei der Analyse der Ausgangssituation soll von den Kindern anhand strukturierter Fragen die Bildinformation der dargestellten Szene analysiert werden.

Im Anschluss daran sollen die Kinder die ausgeführte Handlung des Kindes der Geschichte hinsichtlich des Handlungserfolgs bewerten. Dazu werden die Kinder aufgefordert, die entsprechende Seite der Symbolkarte (Schatz oder Drache) in die Höhe zu halten.

Unangemessene Lösung (vgl. S. 217).

Bild: Nena drängelt sich vor. Die anderen Kinder schauen wütend.

Arbeitsfragen zur Situationsanalyse
– Was macht Nena genau?
– Was machen die anderen genau?
– Was denkt/sagt Nena?
– Was denken/sagen die anderen?
– Wie fühlt sich Nena?
– Wie fühlen sich die anderen?
– Woran erkennt ihr das?
– Hat Nena den Drachen besiegt? Wenn ja, wie? Wenn nein, warum nicht?

Transferfragen
– Wer von euch ist schon einmal in eine ähnliche Situation geraten wie Nena?
– Welche anderen Situationen gibt es noch, in denen man abwarten muss?
– Wer von euch hat ebenso wie Nena gehandelt? Was ist daraufhin passiert? (Folgen, Ziel erreicht?)
– Wer von euch hat sich anders verhalten als Nena? (Folgen, Ziel erreicht?)

Angemessene Lösung erarbeiten

Die Kinder sammeln gemeinsam *möglichst viele gute Lösungen* und tragen diese zusammen. Dann wird den Kindern eine sozial angemessene Lösung präsentiert, die im *Arbeitsheft auf Seite 32* abgebildet ist.

Ziel ist es, den Kindern zu vermitteln, den ersten Handlungsimpuls zu unterdrücken und zuerst die Folgen der angestrebten Handlung zu überdenken. Dazu sollten die Kinder vorausschauend ihre sozial-emotionalen Kompetenzen nutzen, indem sie überlegen, wie sie sich fühlen würden, wenn ein anderes Kind sich vor sie stellen würde. Auf der konkreten Handlungsebene wird ihnen eine Strategie näher gebracht, wie sie ihre Ungeduld durch eine angemessene Handlung (z. B. ein Gespräch mit dem Vordermann in der Schlange) vertreiben können. Wichtig ist es, mit den Kindern analoge Situationen zu erarbeiten, damit sie das positive Verhalten auf andere ähnliche Situationen übertragen können (z. B. am Schulbus).

Angemessene Lösung (vgl. S. 218) und Arbeitsheft S. 32.

Bild: Nena stellt sich hinten an und vertreibt sich die Zeit mit einem Gespräch mit ihrem Vordermann.

Arbeitsfragen zur Situationsanalyse
Siehe oben.

Transferfrage
– Was hättet ihr an Nenas Stelle getan, um den Ärgerdrachen zu besiegen?

C. Vertiefung der Arbeitsinhalte im Rollenspiel

Die Kinder einigen sich, welche angemessene Lösung sie im Rahmen eines Rollenspiels umsetzen. Dabei haben sie die Möglichkeit, sich für die angebotene oder eine eigene angemessene Lösung zu entscheiden.

Bevor es losgeht, werden die Rollenspielregeln wiederholt. Außerdem werden die Kinder an die „Ferdi-Plan"-Kärtchen erinnert. Der Trainer gliedert die Gruppe in Rollenspieler und Zuschauer. Die Spieler bekommen die Aufgabe, die Geschichte so zu spielen, dass der Ärgerdrache besiegt wird. Um ihre Rollen zu üben, werden die Kinder kurz vor die Tür geschickt. Die Zuschauer bekommen die Aufgabe, die Bühne herzurichten, das heißt einen Sitzkreis aufzubauen.

Die Zuschauer müssen hinterher beurteilen, ob die gespielte Lösung eine angemessene Konfliktlösung war, das heißt, ob sie zum Sieg über den Drachen geführt hat.

D. Ferdi-Aufgabe

Die Kinder werden gebeten bis zur nächsten Trainingsstunde zu beobachten, ob und wann sie selbst oder jemand anders die guten Lösungen anwenden konnten. Sie sollen die „Ferdi-Plan"-Kärtchen immer bei sich tragen.

3. Kurzreflexion und Tokenvergabe durch Ferdi

Die Kinder werden für ihre Analyse und das Rollenspiel gelobt und bekommen ihre Tokens (Punkte) im Rahmen des Verstärkerplans.

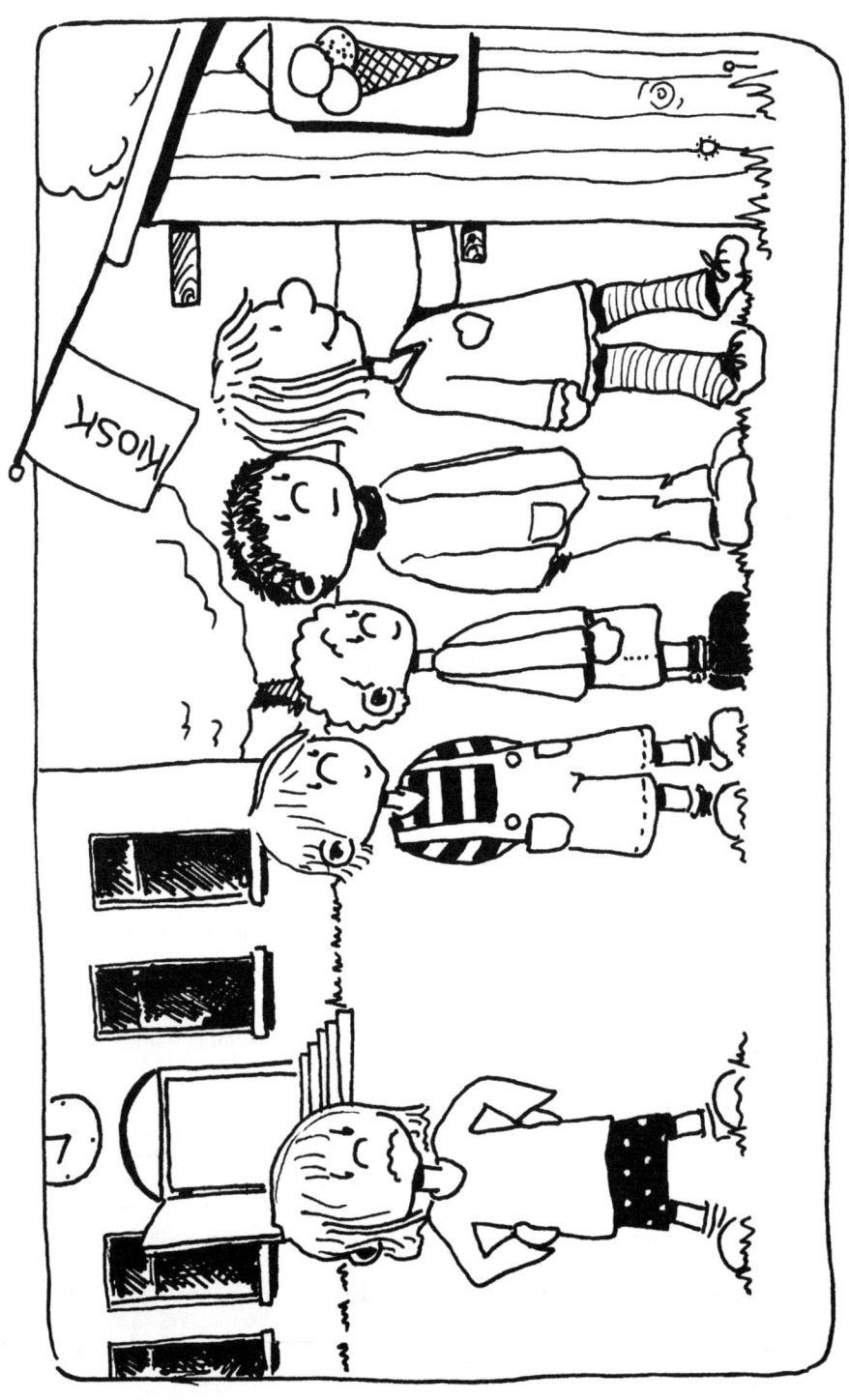

20. Trainingsstunde

11.21 Das Murmelspiel

Tabelle 22: Ziele, praktisches Vorgehen und Materialien der 21. Trainingsstunde

Ziele	Praktisches Vorgehen	Materialien
Angemessenes Lernklima	Ruheritual „Chamäleonpause"	Handpuppe „Ferdi"
Differenzierte Wahrnehmung eines Handlungsablaufs; Hineinversetzen und Einfühlen in andere sowie deren Situation	Analyse der Comicgeschichte „Das Murmelspiel"	Comicgeschichte **vgl. S. 224/ Arbeitsheft S. 33:** Ausgangssituation Overheadprojektor, Folien
Unterscheiden verschiedener Lösungsmöglichkeiten und Abschätzen von Konsequenzen	Analyse und Bewertung der angebotenen Lösungsstrategien	**vgl. S. 225:** unangemessene Lösung **vgl. S. 226/ Arbeitsheft S. 34:** angemessene Lösung
Aufbau des angemessenen Sozialverhaltens und Erweitern des Handlungsrepertoires	Rollenspiele	**vgl. Arbeitsheft S. 22:** Rollenspielregeln „Ferdi-Plan"-Kärtchen
Erkennen des Zusammenhangs von Verhalten und Konsequenzen; Aufrechterhaltung der Motivation	Verteilen der Tokens	Verstärkerplan Tokens (Punkte)

Struktur der Trainingsstunde

1. Chamäleonpause
2. „Schatzsuchertraining"
   A. Einleitung der Arbeitseinheit durch Ferdi
   B. Präsentation und Analyse der Comicgeschichte „Das Murmelspiel"
      Ausgangssituation wiedergeben
      Unangemessene Lösung bewerten
      Angemessene Lösung erarbeiten
   C. Vertiefung der Arbeitsinhalte im Rollenspiel
   D. Ferdi-Aufgabe
3. Kurzreflexion und Tokenvergabe durch Ferdi

1. Chamäleonpause

Durchführung der Chamäleonpause.

2. „Schatzsuchertraining"

Die Stunde beginnt wie gewohnt mit der Begrüßung und Einweisung in die Trainingseinheit durch Ferdi. In dieser Stunde sollen die Kinder lernen, mit Misserfolg angemessen umzugehen. Wie gewohnt wird eine Ausgangssituation vorgestellt und gemeinsam analysiert. Es ist die Aufgabe der Kinder, über den Ausgang der Geschichte nachzudenken und die darauf folgende unangemessene und angemessene Lösung zu beschreiben und zu bewerten.

A. Einleitung der Arbeitseinheit durch Ferdi

> **Textvorschlag „Ferdi"**
>
> Hallo, meine Schatzsucherfreunde,
> nun sind wir schon bald beim Drachen, seht ihr? Nur noch ein paar Trainingsstunden und wir können die Drachenprüfung machen.
>
> Aber erzählt erst einmal, wie euch die letzte Ferdi-Aufgabe gelungen ist! Wer konnte gute Lösungen anwenden?

Die Kinder berichten von der Ferdi-Aufgabe.

> Heute habe ich wieder eine Aufgabe mitgebracht, wie sie auch der Ärgerdrache stellen könnte. Euer Lehrer/Trainer zeigt euch gleich eine Bildergeschichte. Die Bildergeschichte handelt von Klaus und Lisa, die gemeinsam Murmeln spielen. Bei den meisten Spielen ist es so, dass es einen Sieger und einen Verlierer gibt. Wie das in dieser Geschichte ist, könnt ihr gleich selber sehen.
>
> Bevor wir mit der Aufgabe beginnen, fehlt aber noch etwas. Könnt ihr mir sagen, was das ist? Genau, unser Schatzsucherruf.

Durchführung des Schatzsucherrufs.

B. Präsentation und Analyse der Comicgeschichte „Das Murmelspiel"

Ausgangssituation wiedergeben

Der Trainer fordert die Kinder auf, ihr *Arbeitsheft auf Seite 33* aufzuschlagen. Die dort abgebildete Ausgangssituation erläutert der Trainer mit folgendem Text:

21. Trainingsstunde

▪ „Das Murmelspiel" (vgl. S. 224) und Arbeitsheft S. 33.

Bild: Klaus und Lisa spielen in der Pause mit Murmeln. Klaus hat schon fast alle seiner Murmeln in die Mulde gekickt. Lisa hat noch keine Murmel in der Mulde. Lisa weiß, dass sie Klaus' Vorsprung kaum noch einholen kann. Wie Lisa es geahnt hat, gewinnt Klaus.

Arbeitsfragen zur Situationsanalyse
- Gebt genau wieder, was hier passiert ist!
- Wo befinden sich die Kinder?
- Was macht Klaus genau?
- Was macht Lisa genau?
- Was denkt Klaus?
- Was denkt Lisa?
- Wie fühlt sich Klaus?
- Wie fühlt sich Lisa?
- Wie wird die Geschichte ausgehen?

Unangemessene Lösung bewerten

Der Trainer präsentiert die unangemessene Lösung per Overheadprojektor. Dieses Bild zeigt ein Kind mit einer geringen Frustrationstoleranz. Ausgelöst durch den eigenen Misserfolg, reagiert es mit Aggression gegen die Spielgegenstände. Es ist das Ziel mit den Kindern zu erarbeiten, dass es bei der Beurteilung eines Spielergebnisses nicht um die Bewertung der eigenen Person geht, sondern dass das Verlieren Teil des Spiels ist. Ein Mitspieler, der schlecht verlieren kann, wie die Comicfigur in dem Beispiel, setzt sich der Gefahr aus, zukünftig nicht mehr mitspielen zu dürfen.

Die Kinder sollen anhand strukturierter Fragen die Bildinformation der dargestellten Szene analysieren und herausarbeiten, welches Ziel mit dieser Reaktion erreicht wird. Abschließend werden die Kinder wiederum aufgefordert zu entscheiden, ob dies eine sozial angemessene Reaktion ist, die den Drachen zufrieden stellen würde. Die Kinder sollen die entsprechende Seite der Symbolkarte (Schatz oder Drache) in die Höhe halten.

▪ **Unangemessene Lösung** (vgl. S. 225).

Bild: Lisa ist wütend, dass sie verloren hat und kickt alle Murmeln mit dem Fuß zur Seite. Klaus guckt ganz entsetzt.

Arbeitsfragen zur Situationsanalyse
- Was macht Lisa genau?
- Was macht Klaus genau?

- Was denkt/sagt Lisa?
- Was denkt/sagt Klaus?
- Wie fühlt sich Lisa?
- Wie fühlt sich Klaus?
- Woran erkennt ihr das?
- Hat das Kind den Drachen besiegt? Wenn ja, wie? Wenn nein, warum nicht?

Transferfragen
- Wer von euch hat auch schon einmal bei einem Spiel verloren?
- Wer von euch hat genauso reagiert? Was ist daraufhin passiert? (Folgen, Ziel erreicht?)
- Wer hat sich anders verhalten? (Folgen, Ziel erreicht?)

Angemessene Lösung erarbeiten

Die Kinder erhalten nun die Aufgabe *möglichst viele angemessene Lösungen* zu finden. Zusätzlich finden sie eine Modelllösung im *Arbeitsheft auf Seite 34* vor. Dieses Bild zeigt ein Kind mit einer angemessenen Frustrationstoleranz. Der Comicfigur gelingt es, eine Niederlage im Spiel nicht zu tragisch zu nehmen, sondern als ein mögliches Ergebnis zu akzeptieren. Zudem sollte mit den Kindern herausgearbeitet werden, dass es beim Spielen mit anderen nicht ausschließlich auf den Wettbewerb ankommt, sondern auf die Freude am Zusammensein mit den Mitspielern.

Die Kinder sollen anhand strukturierter Fragen die Bildinformation der dargestellten Szene analysieren und herausarbeiten, welches Ziel mit dieser Reaktion erreicht wird. Abschließend sollen die Kinder wiederum entscheiden, ob dies eine sozial angemessene Reaktion sei, die den Drachen zufrieden stellen würde. Die Kinder sollen die entsprechende Seite der Symbolkarte (Schatz oder Drache) in die Höhe halten.

Angemessene Lösung (vgl. S. 226) und Arbeitsheft S. 34.

Bild: Lisa ärgert sich nicht und verabredet mit Klaus ein neues Spiel.

Arbeitsfragen zur Situationsanalyse
Siehe oben.

Transferfrage
- Was hättet ihr an Stelle von Lisa getan, um den Ärgerdrachen zu besiegen?

C. Vertiefung der Arbeitsinhalte im Rollenspiel

Nun bekommen die Kinder die Aufgabe, sich eine sozial angemessene Lösung auszuwählen und so zu spielen, dass der Drache besiegt wird. Sie können sich für ihre eigene oder die Modelllösung entscheiden. Die „Ferdi-Plan"-Kärtchen sollen sie bei sich tragen.

Im Vorfeld werden kurz die Rollenspielregeln wiederholt und entschieden, wer Beobachter und wer Spieler ist. Die Spieler werden gebeten, kurz vor die Tür zu gehen, um ihre Rollen einzuüben, während der Rest der Gruppe die „Bühne" herrichtet (Sitzkreis aufstellen). Die Beobachter sollen nach dem Rollenspiel beurteilen, ob die gewählte Lösung zum Sieg über den Drachen geführt hätte.

D. Ferdi-Aufgabe

Die Kinder werden gebeten bis zur nächsten Trainingsstunde zu beobachten, ob und wann sie selbst oder jemand anders die guten Lösungen anwenden konnten. Dabei soll ihnen ihr „Ferdi-Plan"-Kärtchen helfen.

3. Kurzreflexion und Tokenvergabe durch Ferdi

Die Kinder werden für ihre Analyse und das Rollenspiel gelobt und bekommen ihre Tokens (Punkte) im Rahmen des Verstärkerplans.

21. Trainingsstunde

11.22 Der Klassenkasper

Tabelle 23: Ziele, praktisches Vorgehen und Materialien der 22. Trainingsstunde

Ziele	Praktisches Vorgehen	Materialien
Angemessenes Lernklima	Ruheritual „Chamäleonpause"	Handpuppe „Ferdi"
Differenzierte Wahrnehmung eines Handlungsablaufs; Hineinversetzen und Einfühlen in andere sowie deren Situation	Analyse der Comicgeschichte „Der Klassenkasper"	Comicgeschichte **vgl. S. 231/ Arbeitsheft S. 35:** Ausgangssituation Overheadprojektor, Folien
Unterscheiden verschiedener Konfliktlösungen und Abschätzen von Konsequenzen	Analyse und Bewertung der angebotenen Lösungsstrategien	**vgl. S. 232:** unangemessene Lösung **vgl. S. 233/ Arbeitsheft S. 36:** angemessene Lösung
Aufbau des angemessenen Sozialverhaltens und Erweitern des Handlungsrepertoires	Rollenspiele	**vgl. Arbeitsheft S. 22:** Rollenspielregeln „Ferdi-Plan"-Kärtchen
Erkennen des Zusammenhangs von Verhalten und Konsequenzen; Aufrechterhaltung der Motivation	Verteilen der Tokens	Verstärkerplan Tokens (Punkte)

Struktur der Trainingsstunde

1. Chamäleonpause
2. „Schatzsuchertraining"
   A. Einleitung der Arbeitseinheit durch Ferdi
   B. Präsentation und Analyse der Comicgeschichte „Der Klassenkasper"
      Ausgangssituation wiedergeben
      Unangemessene Lösung bewerten
      Angemessene Lösung erarbeiten
   C. Vertiefung der Arbeitsinhalte im Rollenspiel
   D. Ferdi-Aufgabe
3. Kurzreflexion und Tokenvergabe durch Ferdi

1. Chamäleonpause

Durchführung der Chamäleonpause.

2. „Schatzsuchertraining"

Die Kinder werden wie immer durch Ferdi begrüßt und in die Aufgaben der Trainingsstunde eingewiesen. In dieser Stunde wird folgendes Thema bearbeitet: „Wie reagiere ich, wenn ich etwas im Unterricht nicht verstehe?". Mit der Comicgeschichte wird ferner nicht nur das Thema „Selbstkontrolle" berührt, sondern die Strategie des Nachfragens als wichtige Kompetenz herausgestellt. Es wird eine Ausgangssituation vorgestellt und gemeinsam analysiert. Es ist die Aufgabe der Kinder, zu überdenken, wie die Geschichte ausgeht. Danach werden den Kindern eine unangemessene und eine angemessene Lösung vorgestellt, die sie jeweils beschreiben und bewerten sollen.

A. Einleitung der Arbeitseinheit durch Ferdi

> **Textvorschlag „Ferdi"**
>
> Hallo, meine Schatzsucherfreunde,
> wer ist heute unser Ferdi-Aufgaben-Experte? Erzählt mal, wann ihr unsere guten Lösungen anwenden konntet!

Die Kinder berichten von der Ferdi-Aufgabe.

> Ich habe euch heute erneut eine Aufgabe mitgebracht, wie der Ärgerdrache sie stellen könnte. In der heutigen Bildergeschichte geht es um Tom. Tom versteht oft Dinge im Unterricht nicht. Wie er damit umgeht, könnt ihr gleich selber sehen. Zum Einstimmen in die Aufgabe zunächst unser Schatzsucherruf.

Durchführung des Schatzsucherrufs.

B. Präsentation und Analyse der Comicgeschichte „Der Klassenkasper"

Ausgangssituation wiedergeben

Jedes Kind schlägt sein *Arbeitsheft auf Seite 35* auf, auf der die Ausgangssituation abgebildet ist. Der Trainer erläutert diese mit folgendem Text:

> „Der Klassenkasper" (vgl. S. 231) und Arbeitsheft S. 35.

> *Bild:* Tom sitzt auf seinem Platz im Unterricht. Der Lehrer erklärt eine Matheaufgabe und Tom versteht nicht, um was es geht.

Arbeitsfragen zur Situationsanalyse
Der Trainer analysiert die Problemsituation anhand eines strukturierten Fragenkatalogs mit den Kindern:
- Gebt genau wieder, was hier passiert ist!
- Wo befindet sich Tom?
- Was macht der Lehrer genau?
- Was macht Tom genau?
- Was denkt der Lehrer?
- Was denkt Tom?
- Wie fühlt sich der Lehrer?
- Wie fühlt sich Tom?
- Wie wird die Geschichte ausgehen?

Unangemessene Lösung bewerten

Der Trainer präsentiert die unangemessene Lösung per Overheadprojektor. Die unangemessene Lösung zeigt eine negative Reaktion. Die Figur der Comicgeschichte erlebt die Unwissenheit als massives Defizit. Der Konflikt zwischen der Angst, die eigene „Unzulänglichkeit" zuzugeben und Langeweile, ausgelöst dadurch, dass dem Unterricht nicht mehr gefolgt werden kann, führt dazu, dass der Schüler sich mit einer alternativen Handlung zumindest die Langeweile vertreibt.

Von den Kindern wird anhand strukturierter Fragen die Bildinformation der dargestellten Szene analysiert. Im Anschluss daran sollen die Kinder die unangemessene Lösung bewerten. Dazu werden die Kinder unter anderem aufgefordert, die entsprechende Seite der Symbolkarte (Schatz oder Drache) in die Höhe zu halten.

Unangemessene Lösung (vgl. S. 232).

Bild: Tom beginnt, seine Mitschüler mit Papierkügelchen zu bewerfen, um sich die Langeweile zu vertreiben.

Arbeitsfragen zur Situationsanalyse
- Was macht Tom genau?
- Was machen die anderen genau?
- Was denkt/sagt Tom?
- Was denken/sagen die anderen?
- Wie fühlt sich Tom?
- Wie fühlen sich die anderen?
- Woran erkennt ihr das?
- Hat Tom den Drachen besiegt? Wenn ja, wie? Wenn nein, warum nicht?

Transferfragen
- Wer von euch ist schon einmal in eine ähnliche Situation wie Tom geraten?
- Wer von euch hat ebenso wie Tom gehandelt? Was ist daraufhin passiert? (Folgen, Ziel erreicht?)
- Wer von euch hat sich anders verhalten als Tom? (Folgen, Ziel erreicht?)

Angemessene Lösung erarbeiten

Nun erhalten die Kinder die Aufgabe, *möglichst viele eigene gute Lösungen* zu finden. Darüber hinaus steht eine Modelllösung zur Verfügung. Die Kinder schlagen ihr *Arbeitsheft auf Seite 36* mit der angemessenen Lösung auf. Dieses Bild vermittelt den Kindern eine Strategie, wie man sozial angemessen reagieren kann, wenn man im Unterricht nicht alles verstanden hat. Anhand der Comicgeschichte wird den Kindern vermittelt, dass Wissenslücken durch Nachfragen schnell geschlossen werden können. Wer viel weiß, kann dem Unterricht gut folgen und so kommt keine Langeweile auf. Auch diese Modelllösung wird anhand strukturierter Fragen erarbeitet.

Angemessene Lösung (vgl. S. 233) und Arbeitsheft S. 36.

Bild: Tom meldet sich und fragt den Lehrer, ob er die Aufgabe erneut erklären kann.

Arbeitsfragen zur Situationsanalyse
Siehe oben.

Transferfrage
– Was hättet ihr an Toms Stelle getan, um den Ärgerdrachen zu besiegen?

C. Vertiefung der Arbeitsinhalte im Rollenspiel

Die Kinder einigen sich, welche angemessene Lösung sie im Rahmen eines Rollenspiels umsetzen. Dabei haben sie die Möglichkeit, sich für die angebotene oder eine eigene angemessene Lösung zu entscheiden; sie werden an ihr „Ferdi-Plan"-Kärtchen erinnert.

Die Rollenspielregeln werden wiederholt. Der Trainer gliedert die Gruppe in Rollenspieler und Zuschauer. Die Spieler bekommen die Aufgabe, die Geschichte so zu spielen, dass der Ärgerdrache besiegt wird. Um ihre Rollen einzuüben, werden die Kinder kurz vor die Tür geschickt. Die Zuschauer bekommen die Aufgabe, die Bühne herzurichten, das heißt, einen Sitzkreis aufzubauen.

Die Zuschauer müssen hinterher beurteilen, ob die gewählte Lösung eine angemessene Konfliktlösung war, also zum Sieg über den Drachen geführt hat.

D. Ferdi-Aufgabe

Die Kinder werden gebeten bis zur nächsten Trainingsstunde zu beobachten, ob und wann sie selbst oder jemand anders die guten Lösungen anwenden konnten. Dabei soll ihnen wieder ihr „Ferdi-Plan"-Kärtchen helfen.

3. Kurzreflexion und Tokenvergabe durch Ferdi

Die Kinder werden für ihre Analyse und das Rollenspiel gelobt und bekommen ihre Tokens (Punkte) im Rahmen des Verstärkerplans.

22. Trainingsstunde

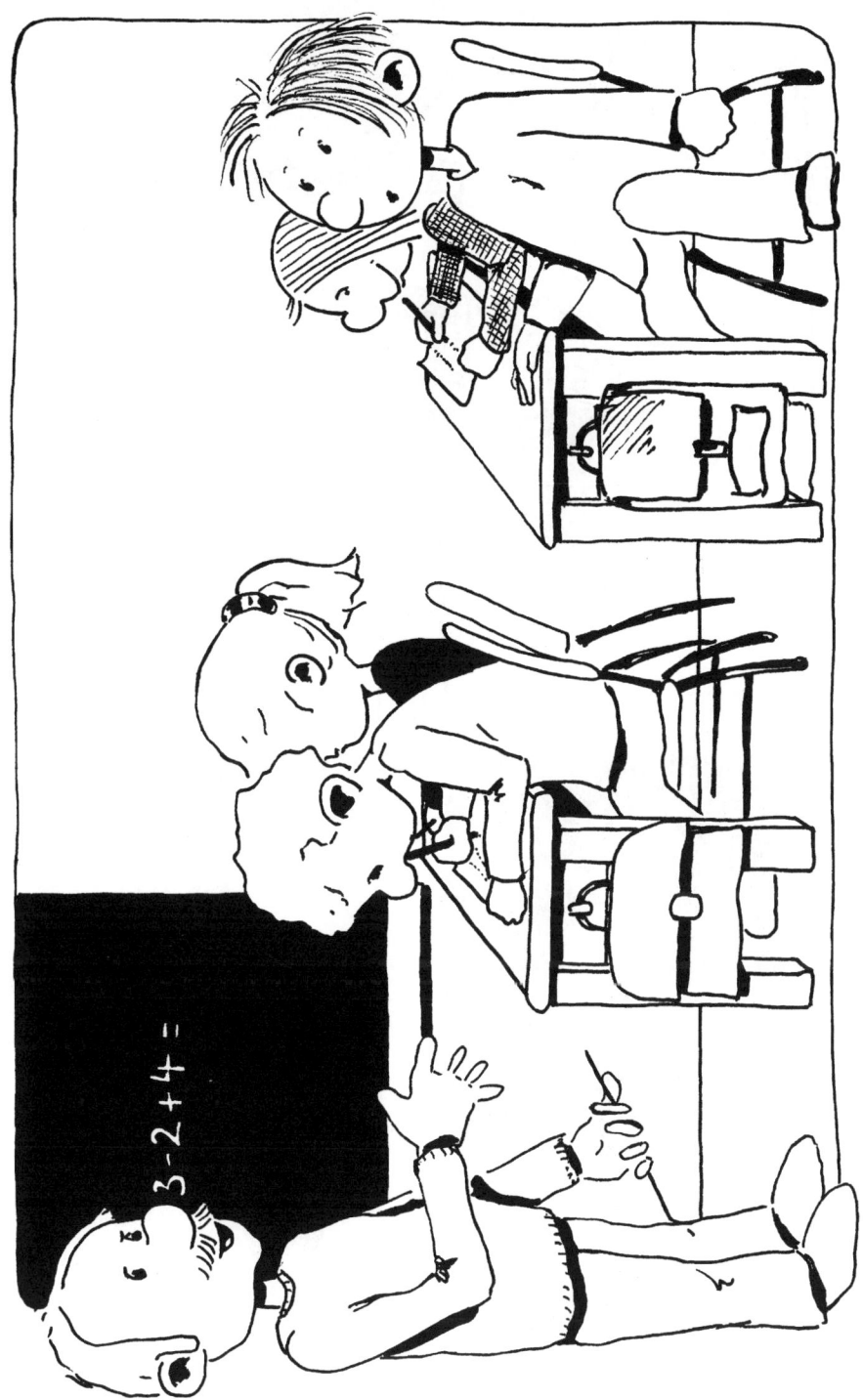

22. Trainingsstunde

11.23 Die Bewährungsprobe

Tabelle 24: Ziele, praktisches Vorgehen und Ziele der 23. Trainingsstunde

Ziele	Praktisches Vorgehen	Materialien
Angemessenes Lernklima	Ruheritual „Chamäleonpause"	Handpuppe „Ferdi"
Differenzierte Wahrnehmung eines Handlungsablaufs; Hineinversetzen und Einfühlen in andere sowie deren Situation	Analyse der Comicgeschichte „Die Bewährungsprobe"	Comicgeschichte **vgl. S. 239/ Arbeitsheft S. 37:** Ausgangssituation Overheadprojektor, Folien
Unterscheiden verschieden angemessener Konfliktlösungen und Abschätzen von Konsequenzen	Analyse und Bewertung der angebotenen Lösungsstrategien	**vgl. S. 240:** unangemessene Lösung **vgl. S. 241/ Arbeitsheft S. 38:** angemessene Lösung
Aufbau des angemessenen Sozialverhaltens und Erweitern des Handlungsrepertoires	Rollenspiele	**vgl. Arbeitsheft S. 22:** Rollenspielregeln „Ferdi-Plan"-Kärtchen
Erkennen des Zusammenhangs von Verhalten und Konsequenzen; Aufrechterhaltung der Motivation	Verteilen der Tokens	Verstärkerplan Tokens (Punkte)

Struktur der Trainingsstunde

1. Chamäleonpause
2. „Schatzsuchertraining"
   A. Einleitung der Arbeitseinheit durch Ferdi
   B. Präsentation und Analyse der Comicgeschichte „Die Bewährungsprobe"
       Ausgangssituation wiedergeben
       Unangemessene Lösung bewerten
       Angemessene Lösung erarbeiten
   C. Vertiefung der Arbeitsinhalte im Rollenspiel
   D. Ferdi-Aufgabe
3. Kurzreflexion und Tokenvergabe durch Ferdi

1. Chamäleonpause

Durchführung der Chamäleonpause.

2. „Schatzsuchertraining"

Die Kinder werden wie immer durch Ferdi begrüßt und in die Aufgaben der Trainingsstunde eingewiesen. In dieser Stunde sollen die Kinder lernen, wie man negatives Verhalten angemessen ablehnt. Als Grundlage dient die Comicgeschichte „Die Bewährungsprobe". Hierbei wird eine Ausgangssituation vorgestellt und gemeinsam analysiert. Es ist die Aufgabe der Kinder zu überlegen, wie die Geschichte ausgehen kann. Danach bekommen sie eine unangemessene und angemessene Lösung vorgestellt, die sie beschreiben und bewerten sollen. Schließlich stellen die Kinder eine als angemessen bewertete Lösung der Situation im Rollenspiel dar.

A. Einleitung der Arbeitseinheit durch Ferdi

> **Textvorschlag „Ferdi"**
>
> Hallo, Freunde und Schatzsucher,
> geht's euch allen gut heute morgen? Ich freue mich jedes Mal, euch zu sehen, aber ich vermisse auch meine Chamäleonfreunde so langsam. Aber wir sind ja bald da!
>
> Erzählt mal von der letzten Ferdi-Aufgabe! Wer von euch konnte sie gut lösen? Hat das „Ferdi-Plan"-Kärtchen geholfen?

Die Kinder berichten von der Ferdi-Aufgabe.

> Heute habe ich wieder eine prima Geschichte für euch mitgebracht. Es ist die Geschichte von Noel. Noel ist so alt wie ihr, geht also auch schon zur Schule. In Noels Klasse gibt es drei Jungen, die ganz dick miteinander befreundet sind. Sie halten immer ganz fest zusammen und verbringen fast ihre gesamte Freizeit zusammen. Von ihren Mitschülern werden die Jungen aber nicht nur um ihre tolle Freundschaft beneidet, sondern auch um das, was sie können, zum Beispiel gut Skateboard fahren. Noel würde so gern ihr Freund sein, aber er glaubt, dass er sowieso keine Chance hat, weil sie ihn nie beachten. Aber eines Tages sprechen sie Noel an und stellen ihm eine Aufgabe.
>
> Und was dann passiert, ob Noel die Aufgabe löst oder nicht und so weiter, das hört ihr gleich, aber vorher unser Schatzsucherruf, dann klappt es besser mit den guten Ideen.

Durchführung des Schatzsucherrufs.

B. Präsentation und Analyse der Comicgeschichte „Die Bewährungsprobe"

Ausgangssituation wiedergeben

Der Trainer fordert die Kinder auf, ihr *Arbeitsheft auf Seite 37* aufzuschlagen. Die Kinder analysieren zunächst die Bildinformation des ersten Bildes. Danach werden die Kinder aufgefordert, das zweite Bild der Ausgangssituation zu analysieren.

„Die Bewährungsprobe" (vgl. S. 239) und Arbeitsheft S. 37.

Bild 1: Noel steht allein auf dem Schulhof und beobachtet, wie die drei Freunde Oskar, David und Jan zusammen spielen.
Bild 2: Die drei Freunde versuchen, Noel dazu zu überreden, dem dicken Joachim in der Pause ein Bein zu stellen (Sprechblase mit Bild vom Beinstellen).

Arbeitsfragen zur Bildanalyse
Der Trainer analysiert die Ausgangssituation anhand eines strukturierten Fragenkatalogs mit den Kindern:
– Gebt genau wieder, was hier passiert ist!
– Wo befinden sich die Kinder?
– Was macht Noel genau?
– Was machen David, Oskar und Jan genau?
– Was denkt Noel?
– Was denken David, Oskar und Jan?
– Wie fühlt sich Noel?
– Wie fühlen sich David, Oskar und Jan?
– Wie wird die Geschichte ausgehen?

Unangemessene Lösung bewerten

Um die Kinder mit unangemessenem Verhalten zu konfrontieren, wird ihnen ein Beispiel für ein aggressives Verhalten der Hauptfigur präsentiert. Die Kinder sollen die Bildinformationen anhand des Fragenkatalogs herausarbeiten, die Handlung bewerten und versuchen, mögliche Folgen abzuschätzen.

Unangemessene Lösung (vgl. S. 240).

Bild: Noel stellt dem dicken Joachim tatsächlich ein Bein. Der fällt hin und weint. Im Hintergrund sieht man die erzürnte Aufsichtslehrerin auf Noel zukommen. Die drei Freunde lachen im Hintergrund über die Szene.

Arbeitsfragen zur Situationsanalyse
– Was macht Noel?
– Was denkt Noel?

- Wie fühlt sich Noel?
- Was machen die anderen Jungen?
- Was denken die anderen Jungen?
- Wie fühlen sich die anderen Jungen?
- Der Trainer fragt, ob Noel sich in der Situation angemessen verhalten hat: Hat Noel den Drachen besiegt? (Begründung!)

Transferfragen
- Wer von euch ist schon mal in eine ähnliche Lage gekommen wie Noel?
- Wer von euch hat ebenso wie Noel gehandelt? Was ist daraufhin passiert? (Folgen? Ziel erreicht?)
- Wer hat sich anders verhalten als Noel? (Folgen? Ziel erreicht?)

Angemessene Lösung erarbeiten

Schließlich sollen wie Kinder wieder *möglichst viele sozial kompetente Lösungen suchen* und zusammentragen. Darüber hinaus findet sich im *Arbeitsheft auf Seite 38* eine sozial angemessene Lösung. Hier verhält sich Noel sozial kompetent. Er widersteht dem Gruppendruck, lehnt das Angebot der Gruppe ab und macht einen Alternativvorschlag, so dass er sich die Möglichkeit offen lässt, trotzdem noch Mitglied der Gruppe zu werden.

Angemessene Lösung (vgl. S. 241) und Arbeitsheft S. 38.

Bild: Noel widersteht dem Druck und regt die Freunde dazu an, eine andere Aufgabe zu lösen, z. B. beim Skateboardfahren (Sprechblase von Noel: 1. Beinstellen beim dicken Joachim durchgestrichen, 2. Skateboard).

Arbeitsfragen zur Situationsanalyse
Siehe oben.

Transferfrage
- Was hättet ihr an Noels Stelle getan, um den Drachen zu besiegen?

C. Vertiefung der Arbeitsinhalte im Rollenspiel

Die Kinder einigen sich, welche angemessene Lösung sie im Rahmen eines Rollenspiels umsetzen. Dabei haben sie die Möglichkeit, sich für die angebotene oder eine eigene angemessene Lösung entscheiden; sie werden an ihr „Ferdi-Plan"-Kärtchen erinnert.

Zunächst werden die Rollenspielregeln wiederholt und mithilfe von Symbolen visualisiert. Der Trainer gliedert die Gruppe in Rollenspieler und Beobachter. Die Spieler bekommen die Aufgabe, die Geschichte so zu spielen, dass der Ärgerdrache besiegt wird.

Um ihre Rollen zu üben, werden die Kinder kurz vor die Tür geschickt. Die Beobachter bekommen den Auftrag, die Bühne herzurichten, das heißt, einen Sitzkreis aufzubauen. Die Beobachter sollen nach dem Rollenspiel beurteilen, ob die gewählte Lösung angemessen war, also zum Sieg über den Drachen geführt hat.

D. Ferdi-Aufgabe

Die Kinder werden gebeten, bis zur nächsten Trainingsstunde zu beobachten, ob und wann sie selbst oder jemand anders die guten Lösungen anwenden konnten; dabei soll ihnen ihr „Ferdi-Plan"-Kärtchen helfen.

3. Kurzreflexion und Tokenvergabe durch Ferdi

Die Kinder werden für ihre Analyse und das Rollenspiel gelobt und bekommen ihre Tokens (Punkte) im Rahmen des Verstärkerplans.

23. Trainingsstunde

11.24 Die Drachenprüfung

Tabelle 25: Ziele, praktisches Vorgehen und Materialien der 24. Trainingsstunde

Ziele	Praktisches Vorgehen	Materialien
Angemessenes Lernklima	Ruheritual „Chamäleonpause"	Handpuppe „Ferdi"
Differenzierte Wahrnehmung eines Handlungsablaufs; Hineinversetzen und Einfühlen in andere sowie deren Situation	Drachenprüfung: Analyse der Comicgeschichte „Die Schaukel"	**CD: Nr. 12 oder 13; 14 (Drachentexte)** Comicgeschichte **vgl. S. 246/ Arbeitsheft S. 39:** Ausgangssituation
Unterscheiden verschiedener Konfliktlösungen und Abschätzen von Konsequenzen	Analyse und Bewertung möglicher Lösungsstrategien	**vgl. S. 247/ Arbeitsheft S. 40:** angemessene Lösung Overheadprojektor, Folien
Aufbau des angemessenen Sozialverhaltens und Erweitern des Handlungsrepertoires	Rollenspiele	**vgl. Arbeitsheft S. 22:** Rollenspielregeln „Ferdi-Plan"-Kärtchen
Erkennen des Zusammenhangs von Verhalten und Konsequenzen; Aufrechterhaltung der Motivation	Verteilen der Tokens	Tokens (Punkte)

Struktur der Trainingsstunde

1. Chamäleonpause
2. „Schatzsuchertraining"
   A. Einleitung der Arbeitseinheit durch Ferdi
   B. Die Drachenprüfung: Präsentation und Analyse der Comicgeschichte „Die Schaukel"
      Der Drache stellt die Aufgabe
      Ausgangssituation wiedergeben
      Erarbeiten einer angemessenen Lösung
   C. Vertiefung der Arbeitsinhalte im Rollenspiel
   D. Kurzreflexion durch den Ärgerdrachen
   E. Ferdi-Aufgabe
3. Kurzreflexion und Tokenvergabe durch Ferdi

1. Chamäleonpause

Durchführung der Chamäleonpause.

2. „Schatzsuchertraining"

Die Kinder werden wie immer von Ferdi begrüßt und in die letzte Einheit des Problemlösetrainings eingeführt: die Drachenprüfung! Der Drache stellt den Kindern über eine CD-Einspielung eine Aufgabe, in der die Kinder dem Drachen beweisen müssen, dass sie sich einigen können, ohne sich zu streiten. Die Aufgabe wird mithilfe einer Comicgeschichte verdeutlicht.

A. Einleitung der Arbeitseinheit durch Ferdi

Textvorschlag „Ferdi"

Hallo, Schatzsucherfreunde,
Bevor wir loslegen: Berichtet mir erst einmal von der letzten Ferdi-Aufgabe!

Die Kinder erzählen von der Ferdi-Aufgabe.

Nach all den Trainingsstunden wird es heute ernst. Wie ihr sehen könnt, stehen wir direkt vor dem Drachen. Heute wird der Ärgerdrache uns also die Aufgabe stellen, bei der wir beweisen müssen, dass wir uns alle gut verstehen. Wir müssen dem Drachen beweisen, dass wir uns auf keinen Fall streiten werden, wenn wir vor dem Schatz stehen. Seid ihr auch so gespannt wie ich, die Aufgabe zu erfahren? Dann hört mal genau zu! Ich glaube, ich kann ihn schon hören.

B. Die Drachenprüfung: Präsentation und Analyse der Comicgeschichte „Die Schaukel"

Der Drache stellt die Aufgabe

Nachdem Ferdi in die Arbeitseinheit eingeleitet hat, stellt der Drache seine Aufgabe. Der Text des Drachen befindet sich auf der CD.

Text auf CD: Nr. 12 oder 13.

Hallo, Schatzsucher, könnt ihr mich hören? Natürlich könnt ihr mich hören, bei meiner kräftigen Stimme!

Könnt ihr mich auch sehen? Natürlich könnt ihr mich nicht sehen, denn ich sitze hinter einer Mauer und warte ganz gespannt, ob ihr meine Aufgabe, die ich euch stelle, lösen könnt. Aber glaubt ja nicht, nur weil ihr mich nicht sehen könnt, kann ich euch nicht sehen. Ich bin schließlich der Ärgerdrache – und ein Ärgerdrache sieht alles, was er sehen will!

Also, Schatzsucher, euer Lehrer/Trainer zeigt euch gleich eine Bildergeschichte. Die Bildergeschichte handelt von Anne und Jan, die beide in der Pause auf der gleichen Schaukel schaukeln wollen. Nun bin ich gespannt, ob ihr für die beiden eine Lösung findet, ohne dass sie sich streiten müssen. Wenn ihr glaubt, eine Lösung gefunden zu haben, spielt ihr sie mir vor!

Textvorschlag „Ferdi"

Ihr schafft das schon, da bin ich ganz sicher und wie immer hilft uns unser Schatzsucherruf beim Lösen einer Aufgabe.

Durchführung des Schatzsucherrufs.

Ausgangssituation wiedergeben

Die Kinder schlagen ihr *Arbeitsheft auf Seite 39* mit der Drachenaufgabe auf. Der Trainer fasst die Situation noch einmal kurz mit dem folgenden Text zusammen:

„Die Schaukel" (vgl. S. 246) und Arbeitsheft S. 39.

Bild: Die Schulklingel ertönt zur Pause. Jan und Anne stürmen beide auf die Schaukel zu. Jeder will zuerst schaukeln.

Arbeitsfragen zu Situationsanalyse
Der Trainer analysiert die Problemsituation anhand eines strukturierten Fragenkatalogs mit den Kindern:
– Gebt genau wieder, was hier passiert ist!
– Wo befinden sich die Kinder?
– Was macht Anne genau?
– Was macht Jan genau?
– Was denkt Anne?
– Was denkt Jan?
– Wie fühlt sich Anne?
– Wie fühlt sich Jan?
– Wie muss die Geschichte ausgehen, damit die Kinder den Ärgerdrachen besiegen?

Erarbeiten einer angemessenen Lösung

Die Kinder sollen zusammen mit ihrem Trainer *so viele angemessene Konfliktlösungen wie möglich* erarbeiten. Es sollen beide Kinder zu ihrem Recht kommen, ohne sich zu streiten.

Als zusätzliche Vorlage dienen die Abbildungen auf *Seite 40 des Arbeitsheftes*.

Ein Beispiel für eine angemessene Lösung:

▌ **Angemessene Lösung (vgl. S. 247) und Arbeitsheft S. 40.**

Bild 1 und 2: Anne und Jan einigen sich, gemeinsam zu spielen. Jeder darf abwechselnd schaukeln und wer am weitesten abspringt, hat gewonnen!

Zu jeder von den Kindern genannten Lösung wird von dem Trainer strukturiert nachgefragt:
– Haben die Kinder den Drachen besiegt? Wenn ja, wie? Wenn nein warum nicht?

C. Vertiefung der Arbeitsinhalte im Rollenspiel

Die Kinder einigen sich, welche angemessene Lösung sie im Rahmen eines Rollenspiels umsetzen. Dabei haben sie die Möglichkeit, sich für die angebotene oder eine eigene angemessene Lösung zu entscheiden. Die Kinder werden an ihr „Ferdi-Plan"-Kärtchen erinnert.

Zunächst werden die Rollenspielregeln wiederholt und mithilfe von Symbolen visualisiert. Der Trainer gliedert die Gruppe in Rollenspieler und Zuschauer. Die Spieler bekommen die Aufgabe, die Geschichte so zu spielen, dass der Ärgerdrache besiegt wird. Um ihre Rollen einzuüben, werden die Kinder kurz vor die Tür geschickt. Die Zuschauer bekommen die Aufgabe, die Bühne herzurichten, das heißt einen Sitzkreis aufzubauen.

Die Zuschauer müssen hinterher beurteilen, ob die gespielte Lösung eine angemessene Konfliktlösung war, das heißt, ob sie zum Sieg über den Drachen geführt hat.

D. Kurzreflexion durch den Ärgerdrachen

Eine weitere CD-Einspielung mit der Stimme des Drachen zeigt den Kindern, ob der Drache mit ihrer Lösung einverstanden ist und er sie zum Schatz durchlässt.

▌ **Text auf CD: Nr. 14.**

Drache: Ich kann es kaum glauben, ihr habt ja eine super Lösung gegen den Streit an der Schaukel gefunden. Ich bin begeistert! Ich denke, ich kann euch zu dem Schatz lassen. Ihr findet bestimmt eine Lösung, euch nicht um den Schatz zu streiten.

E. Ferdi-Aufgabe

Die Kinder werden gebeten bis zur nächsten Trainingsstunde zu beobachten, ob und wann sie selbst oder jemand anders die guten Lösungen anwenden konnten; dabei sollen sie ihr „Ferdi-Plan"-Kärtchen verwenden.

3. Kurzreflexion und Tokenvergabe durch Ferdi

Die Kinder werden von Ferdi für ihre tolle Leistung beim Lösen der Drachenaufgabe gelobt und erhalten ihre Tokens (Punkte) im Rahmen des Verstärkerplans.

Kapitel 11

24. Trainingsstunde

11.25 Der Schatz wird gehoben!

Tabelle 26: Ziele, praktisches Vorgehen und Materialien der 25. Trainingsstunde

Ziele	Praktisches Vorgehen	Materialien
Einüben von Kooperation und Hilfeverhalten	Bau einer Brücke für die Chamäleons	Kreide, Stühle Schatzkiste **vgl. S. 92 bis 98/ Arbeitsheft S. 41 bis 47:** Chamäleons einzeln **vgl. S. 251:** Vorlage Urkunde **vgl. Arbeitsheft S. 48:** Einklebeblatt für Urkunde
Erkennen des Zusammenhangs von Verhalten und Konsequenzen	Einlösen der Tokens (Punkte)	Verstärkerplan, materielle Verstärker (Belohnungen)

Struktur der Trainingsstunde

1. „Schatzsuchertraining"
   A. Einleitung der Arbeitseinheit durch Ferdi
   B. Bau einer Brücke für die Chamäleons
   C. Erkennen des Zusammenhangs von Verhalten und Konsequenzen
      Einlösen der Tokens (Punkte)
2. Kurzreflexion durch Ferdi

In dieser Stunde wird keine Chamäleonpause durchgeführt, da sich der Ablauf dieser Trainingsstunde von den vorangehenden Sitzungen unterscheidet.

1. „Schatzsuchertraining"

In dieser Stunde wird die eigentliche Schatzsuche abgeschlossen. Die Kinder sind an der letzten Aufgabe angelangt. Sie müssen nur noch die Brücke für die Chamäleons und sich selbst bauen, um an die Schatzkiste zu kommen. Die *Schatzkiste* muss *vor* der Trainingsstunde *präpariert* werden. Der Trainer sollte kleine Belohnungen für jeden Schüler besorgt haben. Der eigentliche Wert spielt hierbei eine untergeordnete Rolle. Wichtig ist die soziale Hervorhebung der individuellen Leistungen beim Einlösen der Punkte.

Für die konkrete Gestaltung dieser Stunde gibt es je nach Raum und Zeitangebot unterschiedliche Umsetzungsmöglichkeiten:
  I. *Durchführung im Klassenraum/Gruppenraum:* Die Tische müssen an den Rand des Klassenzimmers/Gruppenraums gestellt werden. Die Stühle stehen auf der einen Seite des Klassenraums/Gruppenraums, die Schatzkiste steht am anderen Ende. Die beiden Bereiche müssen als Land und Insel gekennzeichnet sein. Hier können zum Beispiel Zeichnungen mit Kreide auf dem Boden für die nötigen Abgrenzungen sorgen.
  Um die Anwesenheit der Chamäleonschatzsuchertruppe darzustellen, können auf der Landseite einzelne Bilder eines jeden Chamäleons aufgehängt/hinterlegt werden. Wenn die Kinder in die Gruppe kommen, begrüßt Ferdi die Kinder und weist sie in die Aufgaben der Trainingsstunde ein.

Chamäleonbilder (vgl. S. 92 bis 98) und Arbeitsheft S. 41 bis 47.

  II. *Durchführung in der Turnhalle:* In einer Ecke der Turnhalle wird durch Matten „die Schatzinsel" gekennzeichnet. Das Festland wird zum Beispiel durch Seile optisch vom „Wasser" getrennt. Die Kinder haben Bänke und Rollstäbe/Rollbretter zur Verfügung und sollen versuchen, mit diesen Materialien auf die Insel zu gelangen.
  III. *Durchführung auf einem Wandertag:* Wenn es der Zeitplan zulässt, kann der Abschluss der Schatzsuche auch in der freien Natur stattfinden. Der Phantasie sind hierbei keine Grenzen gesetzt.

A. Einleitung der Arbeitseinheit durch Ferdi

Textvorschlag „Ferdi"

Hey, Schatzsucherfreunde,
wir haben es geschafft! Wir haben fast alle Aufgaben gelöst!! Nur die letzte müssen wir noch lösen!!! Könnt ihr euch noch erinnern?

Genau, wir müssen noch eine Brücke zu der Schatzinsel bauen. Meine Chamäleonfreunde und ich waren dazu leider zu schwach. Aber mit eurer Hilfe schaffen wir das bestimmt. Oh, hier sehe ich ja schon einen großen Haufen Stein-Stühle. Stein-Stühle eignen sich besonders gut zum Bau von Brücken. Wusstet ihr das schon? O. k., dann lasst uns mal einen Plan machen, wie wir eine Brücke bauen können, ohne dass wir ins Wasser fallen.

B. Bau einer Brücke für die Chamäleons

An dieser Stelle muss mit den Kindern ein Plan entwickelt werden, wie man strukturiert eine Brücke bauen kann. Ein möglicher Vorschlag wäre, eine Kette zu bilden. Das erste Kind nimmt seinen Stuhl und stellt ihn ins „Wasser". Das in der Reihe stehende zweite

Kind reicht dem ersten Kind seinen Stuhl, damit es diesen vor seinen stellt. Hat es dies getan, krabbelt es einen Stuhl weiter. Das zweite Kind krabbelt auf den nun frei gewordenen Stuhl usw.

C. Erkennen des Zusammenhangs von Verhalten und Konsequenzen

Einlösen der Tokens (Punkte)

Auf der Insel bei der Schatzkiste haben die Kinder nun die Möglichkeit, ihre erarbeiteten Tokens (Punkte) gegen den entsprechenden Schatzkisteninhalt einzutauschen. Ziel dieser Trainingskomponente ist es, den Kindern erfahrbar zu machen, dass vom Ausmaß ihrer Beteiligung an den Trainingsstunden ihr Anteil am Schatz abhängt. Diese Erfahrung können die Kinder auf unterschiedliche Weise sammeln:
– *Möglichkeit 1:* Das Kind mit den meisten Tokens darf als Erster zu der Schatzkiste gehen und sich eine Belohnung aussuchen. Danach darf sich das zweitbeste Kind seine Belohnung aus der Schatzkiste aussuchen usw.
– *Möglichkeit 2:* Für alle Kinder befindet sich die gleiche Belohnung in der Schatzkiste. Die individuellen Leistungen werden durch die Verleihung von Urkunden hervorgehoben. Die Kinder können ihre Urkunde auf Seite 48 des Arbeitsheftes einkleben.
– *Möglichkeit 3:* Es gibt drei Belohnungskategorien, die drei verschiedenen Punkteklassen entsprechen. Die Aufteilung könnte wie folgt aussehen: 0 bis 7 erreichte Punkte entsprechen der dritten Kategorie, 8 bis 13 erreichte Punkte entsprechen der zweiten Kategorie, 14 bis 21 erreichte Punkte entsprechen der ersten Kategorie. Für jede der drei Kategorien kann ein bestimmter Belohnungstyp ausgewählt werden.

Vorlage für Urkunde (vgl. S. 251).

2. Kurzreflexion durch Ferdi

Ferdi lobt die Kinder, dass sie eine so tolle Schatzsuchergruppe waren und fragt sie, wie ihnen die Schatzsuche gefallen hat. Abschließend kündigt Ferdi an, in der nächsten Stunde wiederzukommen, auch wenn der Schatz nun gefunden ist.

25. Trainingsstunde

SCHATZSUCHE MIT FERDI
URKUNDE

_____

HAT

PUNKTE ERREICHT!

11.26 Was wir von Ferdi gelernt haben und wie es weitergeht

Tabelle 27: Ziele, praktisches Vorgehen und Materialien der 26. Trainingsstunde

Ziele	Praktisches Vorgehen	Materialien
Angemessenes Lernklima	Ruheritual „Chamäleonpause"	Handpuppe „Ferdi"
Regelabsprachen für die Zukunft	Gelenktes Unterrichtsgespräch: Was haben wir gelernt? Was fehlt uns noch?	

Struktur der Trainingsstunde

1. Chamäleonpause
2. „Schatzsuchertraining"
   A. Einleitung der Arbeitseinheit durch Ferdi
   B. Reflexion des „Schatzsuchertrainings"
      Überleitung zur Übungsaufgabe durch Ferdi
      Regelabsprachen für die Zukunft
3. Abschluss der Stunde durch Ferdi

1. Chamäleonpause

Durchführung der Chamäleonpause.

2. „Schatzsuchertraining"

Das Ziel dieser Arbeitseinheit besteht darin, die erlernten Strategien aus dem Schatzsuchertraining zu wiederholen und zu bearbeiten, wie die erlernten Strategien auch in Zukunft angewandt werden können. Methodisch wird dabei auf eine gelenkte Interaktion zwischen Ferdi und den Kindern der Gruppe zurückgegriffen.

A. Einleitung der Arbeitseinheit durch Ferdi

> **Textvorschlag „Ferdi"**
>
> Hallo, Schatzsucherfreunde,
> na, wer konnte die letzte Ferdi-Aufgabe gut lösen?

26. Trainingsstunde

Die Kinder berichten von der Ferdi-Aufgabe.

> Jetzt ist unsere Schatzsuche beendet. Wie hat sie euch gefallen? Seid ihr mit eurem Anteil aus dem Schatz zufrieden?
>
> Ihr wart eine tolle Schatzsuchertruppe. Mir hat das unheimlich Spaß gemacht, mit euch auf Schatzsuche zu gehen. Hat es euch auch so viel Spaß gemacht?

B. Reflexion des „Schatzsuchertrainings"
Überleitung zur Übungsaufgabe durch Ferdi

> **Textvorschlag „Ferdi"**
>
> Soll ich euch etwas verraten? Mir hilft das, was ich auf der Schatzsuche gelernt habe, auch jetzt noch. Gestern morgen zum Beispiel, da war ich in meiner Chamäleon-Schule, schließlich muss ein Chamäleon auch noch etwas lernen.
>
> In der Pause haben sich alle getroffen. Wie immer wollten wir gemeinsam etwas spielen. Fusseline hat auf der Geburtstagsfeier ihres Cousins ein neues Spiel kennen gelernt, das sie mit uns spielen wollte.
>
> Die Spielregeln eines neuen Spiels zu verstehen, ist ganz schön schwierig, vor allem, wenn man ganz hinten in der Reihe steht. Was glaubt ihr, was mir da eingefallen ist? Genau, unser Schatzsucherruf. Wisst ihr auch noch, wie der geht?

Schatzsucherruf rufen lassen.

> Also habe ich die Augen aufgemacht und genau zugehört, und so habe ich die Spielregeln sofort verstanden.
>
> Ganz hinten in der Ecke auf dem Schulhof sah ich das Chamäleon Carlos stehen. Carlos sah ganz traurig aus. Das habe ich natürlich gleich erkannt, weil der genauso aussah wie Baltasar. Wisst ihr noch, woran wir erkannt haben, dass Baltasar traurig war?

Die Kinder antworten lassen:
– Am Gesichtsausdruck
– An der Körperhaltung

> Ich wollte nicht, dass Carlos traurig ist. Also habe ich so gehandelt, wie ich es auf der Schatzsuche gelernt habe. Ich ging zu ihm hin und sagte: „Hallo, Carlos, ich sehe, dass du traurig bist. Magst du mir sagen, warum du traurig bist? Vielleicht kann ich dir ja helfen!" Da hat Carlos mir erzählt, dass er in den Pausen nie jemanden zum Spielen hat und dass er immer ganz traurig wird, wenn er sieht, wie die anderen Chamäleons

> miteinander Spaß haben. Ich habe dann versucht mir vorzustellen, ich wäre Carlos und ich hätte niemanden, der in der Pause mit mir spielt. Da wurde ich auch ganz traurig. Zum Glück habe ich das Einfühlen auf der Schatzsuche gelernt. Denn nun konnte ich mir überlegen, was mir helfen würde. Na, was glaubt ihr? War das schwierig, Carlos zu helfen? Was habe ich wohl gemacht?

Die Kinder können an dieser Stelle Vorschläge machen, wie dem Chamäleon Carlos zu helfen ist. Ferdi greift einen guten Vorschlag auf und bestätigt, dass er genau diese Lösung auch gefunden hat.

> Genau, ich habe die anderen gefragt, ob Carlos auch mitspielen kann. Die hatten gar nichts dagegen, weil das Spiel umso mehr Spaß macht, je mehr Spieler es spielen. So hatten wir, dadurch dass Carlos mitgespielt hat, alle noch viel mehr Spaß. Wie gut, dass ich gelernt habe zu erkennen, wie sich andere fühlen und wie man sie wieder fröhlich machen kann, sonst hätte ich nie bemerkt, dass Carlos traurig ist.
>
> So spielten wir eine Weile fröhlich weiter, bis plötzlich ein Chamäleon aus einer höheren Klasse auftauchte und anfing, hinter einigen von uns her zu laufen und ihnen ein Bein zu stellen. Ihr könnt euch sicher vorstellen, was mit mir passierte, als ich das sah. Ich wurde wütend. „Der macht uns unser ganzes Spiel kaputt", dachte ich. Gleichzeitig hatte ich aber auch ein bisschen Angst, dass der mir auch ein Bein stellt. Am liebsten hätte ich dieses gemeine Chamäleon auf den Mond geschossen. Leider geht das nicht in Wirklichkeit. Außerdem würde das dem Ärgerdrachen gar nicht gefallen.
>
> Was glaubt ihr, ist mir eingefallen? Wie kann man dieses gemeine Chamäleon dazu bringen (natürlich, ohne dass wir Ärger bekommen), uns in Ruhe weiter spielen zu lassen?

Die Kinder nennen mögliche Lösungen. Erneut wird ein Vorschlag der Kinder herausgegriffen und von Ferdi bestätigt.
Eine mögliche Lösung: Ein Kind schlägt vor, nach dem Grund der Handlung zu fragen. Daraufhin kann Ferdi zum Beispiel Folgendes antworten:

> Genau, das haben wir gemacht. Ich habe mich mit meinen Freunden abgesprochen. Wir haben uns an den „Ferdi-Plan" erinnert und hatten die Kärtchen dabei. Wir sind alle plötzlich stehen geblieben und haben das große Chamäleon ganz genau angeschaut und es gefragt, warum es uns ein Bein stellt.
>
> Natürlich hat es uns darauf nicht richtig geantwortet. Er hat nur irgendetwas Unverständliches vor sich her gemurmelt. Aber es ist dann schließlich gegangen und hat uns in Ruhe gelassen.
>
> Ich vermute ja, dass es uns geärgert hat, weil ihm total langweilig war und es viel lieber genauso toll spielen wollte wie wir.
>
> Was glaubt ihr, warum es uns geärgert hat?

Kinder antworten lassen.

> Ihr seht, eine einzige Pause, und ich konnte drei Tricks, die ich während der Schatzsuche gelernt habe, gebrauchen. Wisst ihr noch, welche drei Tricks das waren?

An dieser Stelle sollen die Kinder kurz wiederholen, welche Strategien aus dem Schatzsuchertraining Ferdi angewendet hat:
– Den Schatzsucherruf,
– sich in andere einfühlen und
– den „Ferdi-Plan".

> Wie ist das mit euch? Haben die Tricks, die ihr bei der Schatzsuche gelernt habt, euch auch schon einmal geholfen?

Kinder antworten lassen.

Regelabsprachen für die Zukunft

Angeregt durch Ferdis Schilderungen wird mit den Kindern gemeinsam entschieden, welche Regeln und „Tricks" des Schatzsuchertrainings auch weiterhin gelten und/oder welche hinzukommen sollen. Diese sollten erneut vertraglich festgehalten und von jedem Kind unterzeichnet werden. Der Trainer sollte sich im Vorfeld dieser Trainingsstunde notwendige Regeln für seine Gruppe überlegen und sie den Kindern vorschlagen, falls entsprechende Anregungen nicht aus dem Gruppenverband selbst kommen.

3. Abschluss der Stunde durch Ferdi

Ferdi lobt die Kinder. Er freut sich, dass sie so viel während der Schatzsuche gelernt haben.

> **Textvorschlag „Ferdi"**
> Ihr seht, wie wichtig unsere Schatzsuchertricks auch in unserem täglichen Leben sind. Also, immer wenn es Probleme gibt, denkt an die Schatzsuche und die Tricks, die ihr da gelernt habt.

Ferdi verabschiedet sich von den Kindern und verspricht, sie bald mal wieder zu besuchen.

11.27 Hinweise zur Stabilisierung der Effekte

Um die erreichten Effekte über einen längeren Zeitraum zu stabilisieren, sollten einzelne Elemente des Trainings weiterhin Bestand haben beziehungsweise regelmäßig wiederholt werden.

Wird die Handpuppe weiterhin benötigt?

Setzen Sie „Ferdi" über die eigentliche Schatzsuche hinaus möglichst regelmäßig ein. Besprechen Sie in diesen Ferdi-Stunden Problemsituationen aus ihrer Gruppe nach der Struktur der Situationsanalysen des Trainings und heben Sie mithilfe der Handpuppe Situationen aus ihrer Gruppe hervor, in denen Probleme gut gelöst wurden. Lassen Sie ihre Kinder die neuen Verhaltensweisen mithilfe von Rollenspielen einüben. Bedenken Sie, die Stunden sollen den Kindern weiterhin Freude machen, achten Sie darauf, dass sie für einzelne Kinder nicht zur „Anklagestunde" werden.

Soll das Ruheritual weitergeführt werden?

Wir schlagen vor, das Ruheritual in den Alltag zu integrieren. Zur Erinnerung: Mit dem Ruheritual sollen Anspannung und Erregungszustände abgebaut werden. Gelingt das, fördert dies die Konzentrationsfähigkeit und Anstrengungsbereitschaft der Kinder.

Werden die Schatzsucherregeln/Gruppenregeln weiterhin benötigt?

In der letzten Trainingsstunde verständigt sich die Gruppe erneut auf die Schatzsucherregeln beziehungsweise auf neue Gruppenregeln. Dieser Schritt sollte für alle vertraglich sichtbar festgehalten werden. Eine Sanktion für einen Regelbruch wird auf diese Weise für alle Beteiligten durchschaubar und erspart weitere Erklärungen.

Soll der Schatzsucherruf weiterhin verwendet werden?

Der Schatzsucherruf als Methode zur Aufmerksamkeitslenkung ist auch nach erfolgreicher Schatzsuche noch von Bedeutung. Wichtiger als der Ausspruch selbst sind die eingeführten Zeichen (Finger unter dem Auge als Zeichen für „Schau genau" sowie die Hand hinter dem Ohr als Zeichen für „Hör zu"). Auf diese Zeichen sollte auf keinen Fall verzichtet werden. Damit der Schatzsucherruf und damit die Bedeutung dieser Zeichen nicht in Vergessenheit gerät, sollte er von Zeit zu Zeit vor der Bearbeitung schwieriger Aufgaben durchgeführt werden.

Sollen der „Ferdi-Plan" und die Kärtchen weiterhin genutzt werden?

Das Problemlöseschema, das die Kinder gelernt haben, sollte unbedingt weitergeführt werden. Die Kärtchen sollten die Kinder zur Erinnerung weiterhin bei sich tragen.

12 Evaluation

Im Rahmen der Evaluation wurden die Lehrer zum Verhalten der Kinder zu drei Messzeitpunkten (Pretest, Posttest und Follow Up nach 6 Monaten) befragt.

Erfassungsinstrumente

Die Befragung der Lehrer erfolgte mittels des standardisierten Lehrerfragebogens über das Verhalten von Kindern und Jugendlichen TRF (Arbeitsgruppe Deutsche Child Behavior Checklist, 1993) sowie anhand eines von unserer Arbeitsgruppe entwickelten Trainerbeobachtungsbogens.

Der standardisierte Lehrerfragebogen TRF besteht aus einem eher qualitativ angelegten Teil, der die individuellen Ressourcen und Fertigkeiten der Kinder ermittelt, zum anderen aus einem 113 Fragen umfassenden Symptomfragebogen. Auf der Grundlage einer dreistufigen Einschätzungsskala (0 = nicht zutreffend, 1 = etwas zutreffend, 2 = genau zutreffend) sind die Lehrkräfte gehalten, das beobachtete Verhalten und Befinden der Kinder zu beschreiben. Die Auswertung erfolgt über die Zuordnung der Fragen zu insgesamt acht Subskalen wie zum Beispiel „Angst/Depressivität", „Aufmerksamkeitsstörungen" oder „Aggressives Verhalten". Die Subskalen „Sozialer Rückzug", „Körperliche Beschwerden" und „Angst/Depressivität" werden schließlich in der Skala „Internalisierende Störungen", die Subskalen „Aggressives Verhalten" sowie „Delinquentes Verhalten" in der Skala „Externalisierende Störungen" zusammengefasst.

Mithilfe des 30 Fragen umfassenden Trainerbeobachtungsbogens schätzten die Pädagogen die Auftretenshäufigkeit von Kinderverhalten anhand einer fünfstufigen Bewertungsskala (sehr selten = Punktwert 0 bis sehr oft = Punktwert 4) ein; dies erfolgte für sozial-kognitive und sozial-emotionale Fertigkeiten sowie für das Sozialverhalten. Für die Auswertung wurden die Punktwerte in den drei angegeben Bereichen jeweils aufsummiert.

Methodisches Vorgehen

Die Stichprobe (n = 142) wurde mittels eines Wartegruppendesigns in eine Förder- und eine Wartegruppe gegliedert. Während die Klassen der Fördergruppe (n = 70) das Programm durchführten, absolvierte die Wartegruppe (n = 72) das übliche schulische Curriculum. Das Verhaltenstraining wurde in den Klassen der Wartegruppe ein Schulhalbjahr später durchgeführt. Um die Wirksamkeit der Maßnahmen überprüfen zu können, fand die erste Erhebungswelle im September 1999 (t_0), die zweite Erhebungswelle (t_1) im Februar 2000 statt. Sechs Monate nach der Durchführung des Trainings in der Fördergruppe fand eine dritte Erhebungswelle (t_2) statt, um zum einen die *Stabilität der Effekte in der Fördergruppe* und zum anderen die *Wirksamkeit des Trainings in der Wartegruppe* zu überprüfen.

Ergebnisse

Mithilfe des Wilcoxontests wurde geprüft, ob sich in den Bereichen „Internalisierende Störungen", „Externalisierende Störungen" und „Aufmerksamkeitsstörungen" Veränderungen ergeben haben. Ebenso wurde mit den Skalen „Sozial-kognitive Ebene", „Sozial-emotionale Ebene" und der „Ebene des Sozialverhaltens" des Trainerbeobachtungsbogens (LBO) verfahren. Für alle Tests wurde ein Alpha-Fehler-Niveau von 5 % zu Grunde gelegt. In Tabelle 28 und 29 werden die wesentlichen Ergebnisse der relevanten TRF-Skalen und der Skalen des LBO dargestellt.

Den Tabellen 28 und 29 ist zu entnehmen, dass die Kinder der Fördergruppe ihr Verhalten durch das Training signifikant verbessert haben, während bei den Kindern der Kontrollgruppe (Wartegruppe) gegenteilige Effekte zu beobachten sind. Zur besseren Anschaulichkeit werden diese Effekte in den Abbildungen 5 bis 7 illustriert.

Tabelle 28: Ergebnisse des Wilcoxontests der Teacher Report Form (TRF), Vergleich t_0 und t_1.

TRF-Skala	Gruppe			Zeit	
	Gr	M1	M2	Z	AS (2-seitig)
Internalisierende Störungen	FG	7,17	4,97	–4,158	,000
	WG	6,36	8,28	–2,270	,023
Externalisierende Störungen	FG	12,33	9,53	–2,988	,003
	WG	8,13	10,14	–2,439	,015
Aufmerksamkeitsstörungen	FG	9,81	7,50	–4,772	,000
	WG	7,10	7,94	–2,113	,035

Anmerkungen: Gesamtstichprobe N = 142; Fördergruppe (FG) = 70, Wartegruppe (WG) = 72. Gr = Gruppe, M1 = Mittelwert zum 1. Messzeitpunkt (t_0), M2 = Mittelwert zum 2. Messzeitpunkt (t_1), Z = Z-Wert, AS = Asymptotische Signifikanz. Ein Anstieg der Mittelwerte beim TRF ist als Zunahme von Verhaltensauffälligkeiten zu werten.

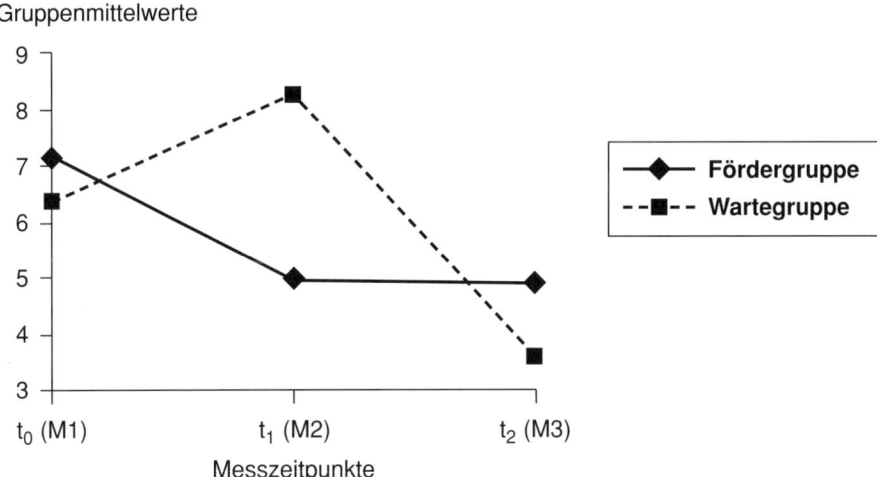

Abbildung 6: TRF-Skala: Internalisierende Störungen. Vergleich der Gruppenmittelwerte.

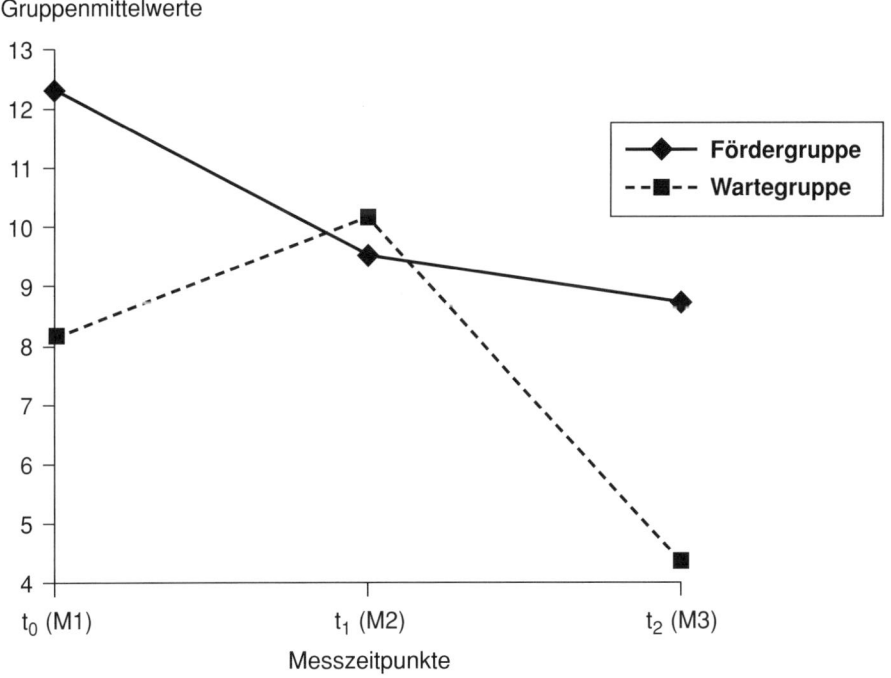

Abbildung 7: TRF-Skala: Externalisierende Störungen. Vergleich der Gruppenmittelwerte.

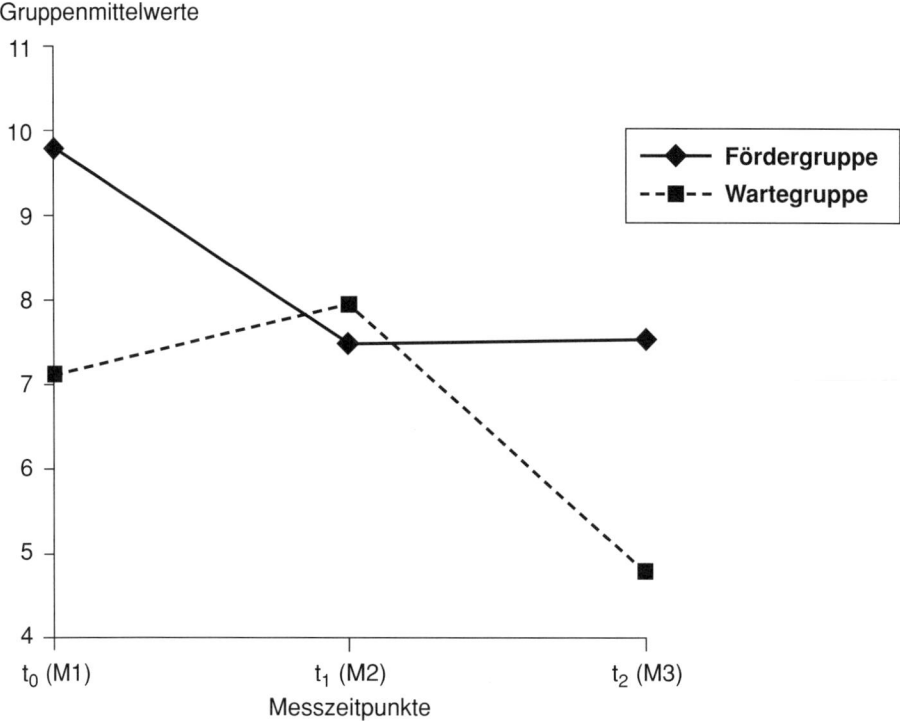

Abbildung 8: TRF-Skala: Aufmerksamkeitsstörungen. Vergleich der Gruppenmittelwerte.

Tabelle 29: Ergebnisse des Wilcoxontests des Trainerbeobachtungsbogens (LBO), Vergleich t_0 und t_1.

LBO-Skala	Gruppe			Zeit	
	Gr	M1	M2	Z	AS (2-seitig)
Sozial-kognitive Ebene	FG	21,46	24,31	−4,962	,000
	WG	22,58	23,01	−,928	,353
Sozial-emotionale Ebene	FG	14,43	18,68	−5,903	,000
	WG	16,44	17,22	−2,026	,043
Ebene Sozialverhalten	FG	26,89	32,06	−5,763	,000
	WG	29,39	29,35	−,164	,870

Anmerkungen: Gesamtstichprobe N = 142; Fördergruppe (FG) = 70, Wartegruppe (WG) = 72. Gr = Gruppe, M1 = Mittelwert zum 1. Messzeitpunkt (t_0), M2 = Mittelwert zum 2. Messzeitpunkt (t_1), Z = Z-Wert, AS = Asymptotische Signifikanz. Ein Anstieg der Mittelwerte beim LBO ist als Abnahme von Verhaltensauffälligkeiten zu werten.

Der Vergleich der Mittelwerte zeigt unterschiedliche Ausgangsvoraussetzungen in den Fertigkeiten zwischen der Förder- und der Wartegruppe. So liegen die Werte der Fördergruppe zum Messzeitpunkt t_0 im Bereich sozial-emotionaler Fertigkeiten sowie im Bereich des Problem- und Konfliktlösemanagements deutlich unter denen der Wartegruppe. Das mag darauf zurückzuführen sein, dass die Mehrzahl der Kinder der Fördergruppe aus einem sozial schwachen Einzugsgebiet stammt, somit einer erhöhten Anzahl von Risikofaktoren für den Erwerb von Verhaltensauffälligkeiten ausgesetzt sein könnte und daher im Vergleich ungünstigere Ausgangsbedingungen für die Entwicklung angemessener sozialer Fertigkeiten vorfand. Trotz dieser Risikobelastetheit der Fördergruppe konnten – im Vergleich zur Wartegruppe – deutliche Effekte erzielt werden. Selbstverständlich zeigte auch die *Wartegruppe, die die Förderung zwischen den Messzeitpunkte t_1 und t_2 erhielt, signifikante Verbesserungen* (vgl. Tab. 30 und 31).

Tabelle 30: Ergebnisse des Wilcoxontests der Teacher Report Form (TRF), Vergleich t_1 und t_2.

TRF-Skala	Gruppe		Zeit		
	Gr	M2	M3	Z	AS (2-seitig)
Internalisierende Störungen	FG	4,97	4,89	–,960	,337
	WG	8,28	3,59	–2,111	,035
Externalisierende Störungen	FG	9,53	8,74	–,861	,389
	WG	10,14	4,35	–3,278	,001
Aufmerksamkeitsstörungen	FG	7,50	7,53	–,433	,665
	WG	7,94	4,78	–3,693	,000

Anmerkungen: Gesamtstichprobe N = 142; Fördergruppe (FG) = 70, Wartegruppe (WG) = 72. Gr = Gruppe, M2 = Mittelwert zum 2. Messzeitpunkt (t_1), M3 = Mittelwert zum 3. Messzeitpunkt (t_2), Z = Z-Wert, AS = Asymptotische Signifikanz. Ein Anstieg der Mittelwerte beim TRF ist als Zunahme von Verhaltensauffälligkeiten zu werten.

Vergleicht man die Messzeitpunkte t_1 und t_2, so zeigt sich, dass die Effekte der Fördergruppe auch über einen Zeitraum von sechs Monaten nach Durchführung des Trainings stabil geblieben sind (vgl. Tab. 30 und 31). Es zeigte sich bei einer detaillierteren Analyse, dass Jungen wie Mädchen gleichermaßen von den Inhalten der Maßnahme profitierten.

Tabelle 31: Ergebnisse des Wilcoxontests des Trainerbeobachtungsbogens (LBO), Vergleich t_1 und t_2.

LBO-Skala	Gruppe			Zeit	
	Gr	M2	M3	Z	AS (2-seitig)
Sozial-kognitive Ebene	FG	24,31	26,15	−2,889	,004
	WG	23,01	27,24	−3,956	,000
Sozial-emotionale Ebene	FG	18,68	19,58	−1,925	,054
	WG	17,22	19,85	−2,181	,029
Ebene Sozialverhalten	FG	32,06	32,91	−1,364	,172
	WG	29,35	34,04	−2,740	,006

Anmerkungen: Gesamtstichprobe N = 142; Fördergruppe (FG) = 70, Wartegruppe (WG) = 72. Gr = Gruppe, M1 = Mittelwert zum 2. Messzeitpunkt (t_1), M3 = Mittelwert zum 3. Messzeitpunkt (t_2), Z = Z-Wert, AS = Asymptotische Signifikanz. Ein Anstieg der Mittelwerte beim LBO ist als Abnahme der Verhaltensauffälligkeiten zu werten.

Literatur

Arbeitsgruppe Deutsche Child Behavior Checklist (1993). *Lehrerfragebogen über das Verhalten von Kindern und Jugendlichen. Deutsche Bearbeitung der Teacher's Report Form der Child Behavior Checklist (TRF)*. Köln: Arbeitsgruppe Kinder-, Jugend- und Familiendiagnostik (KJFD).

Aronson, E., Wilson, T. D. & Akert, R. M. (2004). *Sozialpsychologie* (4., aktual. Aufl.). München: Pearson.

Bandura, A. (1976). *Lernen am Modell*. Stuttgart: Klett.

Bandura, A. (1977). Self-efficacy: Toward a unifying theory of behavioral change. *Psychological Review, 84,* 191–215.

Bandura, A. (1979). *Sozial-kognitive Lerntheorie*. Stuttgart: Klett-Cotta.

Beelmann, A. & Lösel, F. (2005). Entwicklung und Förderung der sozialen Informationsverarbeitung bei Vorschulkindern. Zusammenhang zu sozialen Problemen und die Prävention dissozialer Entwicklungsverläufe. In T. Guldimann & B. Hauser (Hrsg.), *Bildung 4- bis 8-jähriger Kinder*. Münster: Waxmann.

Buhrmester, D., Camparo, L., Christensen, A., Gonzalez, L. S. & Hinshaw, S. P. (1992). Mothers and fathers interaction in dyads and triads with normal and hyperactive sons. *Developmental Psychology, 28,* 500–509.

Caldarella, P. & Merrell, K. W. (1997). Common dimensions of social skills of children and adolescents: A taxonomy of positive behaviors. *School Psychology Review, 26,* 265–279.

Carey, G. & Goldman, D. (1997). The genetics of antisocial behavior. In D. M. Stoff, J. Breiling & J. D. Maser (Eds.), *Handbook of antisocial behavior*. New York: Wiley.

Caspi, A. & Moffit, T. E. (1995). The continuity of maladaptive behavior: From description to understanding in the study of antisocial behavior. In D. Cicchetti & D. J. Cohen (Eds.), *Developmental Psychopathology. Vol. 2 Risk, disorder, and adaption*. New York: Wiley.

Cillessen, A. H. N., & Bellmore, A. D. (2004). Social skills and interpersonal perception in early and middle childhood. In P. K Smith & C. H. Hart (Eds.), *Blackwell Handbook of Childhood social development*. Oxford: Blackwell.

Craig, W. M. & Pepler, D. J. (1997). Conduct and oppositional defiant disorders. In C. A. Essau & F. Petermann (Eds.), *Developmental psychopathology: Epidemiology, diagnostics and treatment*. Amsterdam: Harwood.

Crick, N. R. & Dodge, K. A. (1994). A review and reformulation of social information processing mechanisms in children's social adjustment. *Psychological Bulletin, 115,* 74–101.

Dadds, M. R., Sanders, M. R., Morrison, M. & Rebgetz, M. (1992). Childhood depression and conduct disorder: II. An analysis of family interaction patterns in the home. *Journal of Abnormal Psychology, 101,* 505–513.

Dishion, T. J., French, D. C. & Patterson, F. R. (1995). The development and ecology of antisocial behavior. In D. Cicchetti & D. J. Cohen (Eds.), *Developmental psychopathology (Vol. 2). Risk, disorders, and adaptation*. New York: Wiley.

Dodge, K. A. & Schwartz, D. (1997). Social information processing mechanisms in aggressive behavior. In D. M. Stoff, J. Breiling & J. D. Maser (Eds.), *Handbook of antisocial behavior*. New York: Wiley.

DSM-IV (1996). *Diagnostisches und Statistisches Manual Psychischer Störungen*. Göttingen: Hogrefe.

Dumas, J. E., LaFreniere, P. J. & Serketich, W. J. (1995). „Balance of power": A transactional analysis of control in mother-child dyads involving socially competent, aggressive, and anxious children. *Journal of Abnormal Psychology, 104,* 104–113.

Eisenberg, N., Fabes, R. A., Guthrie, I. K. & Reiser, M. (2000). Dispositional emotionality and regulation: Their role in predicting quality of social functioning. *Journal of Personality and Social Psychology, 78*, 136–157.

Eisenberg, N., Sadovsky, Spinrad, T. L., Fabes, R. A., Losoya, S. H., Valiente, C., Reiser, M., Cumberland, A. & Shepard, S. A. (2005). The relations of problem behavior status to children's negative emotionality, effortful control, and impulsivity: Concurrent relations and prediction of Change. *Developmental Psychology, 41*, 191–211.

Eisenberg, N., Smith, C. L., Sadovsky, A. & Spinrad, T. L. (2004). Effortful control: Relations with emotion regulation, adjustment and socialization in childhood. In R. F. Baumeister & K. D. Vohs (Eds.), *Handbook of self-regulation. Research, theory, and applications*. New York: Guilford.

Eisenberg, N. & Spinrad, T. L. (2004). Emotion-related regulation: Sharpening the definition. *Child Development, 75*, 334–339.

Fergusson, D. M. (1998). Stability and change in externalizing behaviours. *European Archives of Psychiatry and Clinical Neuroscience, 248*, 4–13.

Gerken, N., Natzke, H., Petermann, F. & Walter, H.-J. (2002). Prävention von hyperkinetischem und aggressivem Verhalten: Zur Wirksamkeit eines Programms für Schulanfänger. *Kindheit und Entwicklung, 11*, 119–129.

Gifford-Smith, M. E. & Rabiner, D. L. (2004). Social information processing and children's social adjustment. In J. B. Kupersmidt & K. A. Dodge (Eds.), *Children's peer relations: From development to intervention*. Washington, DC: APA.

Greenberg, M. T., Kusche, C. A., Cook, E. T. & Quamma, J. P. (1995). Promoting emotional competence in school-aged children: The effects of the PATHS curriculum. *Development and Psychopathology, 7*, 117–136.

Hanewinkel, R. & Knaak, R. (1997). *Mobbing: Gewaltprävention in Schulen in Schleswig-Holstein*. Kronshagen: Landesinstitut Schleswig-Holstein für Praxis und Theorie in der Schule (IPTS).

Hinshaw, S. P. (1992). Externalizing behavior problems and academic underachievement in childhood and adolescence: Causal relationships and underlying mechanisms. *Psychological Bulletin, 111*, 127–155.

Hurrelmann, K. & Settertobulte, W. (2002). Prävention und Gesundheitsförderung im Kindes- und Jugendalter. In F. Petermann (Hrsg.), *Lehrbuch der Klinischen Kinderpsychologie und -psychotherapie* (5., korr. Aufl.). Göttingen: Hogrefe.

Kanfer, F. H., Reinecker, H. & Schmelzer, D. (2004). *Selbstmanagement-Therapie: Ein Lehrbuch für die klinische Praxis* (4. Aufl.). Berlin: Springer.

Kavale, K. A., Forness, S. R. & Walker, H. M. (1999). Interventions for oppositional defiant disorder and conduct disorder in the schools. In H. C. Quay & A. E. Hogan (Eds.), *Handbook of disruptive behavior*. New York: Kluwer Academic/Plenum.

Kazdin, A. E. (1990). Psychotherapy for children and adolescents. *Annual Review for Psychology, 41*, 21–54.

Kazdin, A. E. (1993). Psychotherapy for children and adolescents. Current progress and future research directions. *American Psychologist, 48*, 644–657.

Kazdin, A. E. (2001). *Behavior modification in applied settings* (6th ed.). Belmont: Wadsworth.

Koglin, U. & Petermann, F. (2006). *Verhaltenstraining im Kindergarten*. Göttingen: Hogrefe.

Kounin, J. S. (2006). *Techniken der Klassenführung. (Reprints)*. Münster: Waxmann.

Lemerise, E. A. & Arsenio, W. F. (2000). An integrated model of emotion processes and cognition in social information processing. *Child Development, 71*, 107–118.

Linden, M. & Hautzinger, M. (Hrsg.) (2005). *Verhaltenstherapiemanual* (5., vollst. überarb. Aufl.). Berlin: Springer.

Lochman, J. E. & Dodge, K. A. (1998). Distorted perceptions in dyadic interactions of aggressive and nonaggressive boys: Effects of prior expectations, context, and boy's age. *Development and Psychopathology, 10,* 495–512.

Loeber, R. & Stouthamer-Loeber, M. (1998). Development of juvenile aggression and violence. Some common misconceptions and controversies. *American Psychologist, 53,* 242–259.

Lösel, F. & Beelmann, A. (2005). Social problem-solving programs for preventing antisocial behavior in children and youth. In McMurran & J. McGuire (Eds.), *Social problem solving and offenders: Evidence, evaluation and evolution.* Chicester: Wiley.

Lösel, F. & Bliesener, T. (2003). *Aggression und Delinquenz unter Jugendlichen.* Neuwied: Luchterhand.

Merrell, K. W. (2003). *Behavioral, social, and emotional assessment of children and adolescents* (2nd ed.). Mahwah: Erlbaum.

Olsen, S. L. (1992). Development of conduct problems and peer rejection in preschool children: A social systems analysis. *Journal of Abnormal Child Psychology, 20,* 327–350.

Olweus, D. (1999). *Gewalt in der Schule: was Lehrer und Eltern wissen sollten – und tun können* (2. Aufl.). Bern: Huber.

Pepler, D. J., Craig, W. M. & Roberts, W. (1995). Social skills training and aggression in the peer group. In J. McCord (Ed.), *Coercion and punishment in long-term perspectives.* New York: Cambridge Press.

Petermann, F. (Hrsg.) (1995). *Pädagogische Supervision.* Salzburg: Müller.

Petermann, F. (2002). Grundbegriffe und Trends der Klinischen Kinderpsychologie und Kinderpsychotherapie. In F. Petermann (Hrsg.), *Lehrbuch der Klinischen Kinderpsychologie und -psychotherapie* (5., korr. Aufl.). Göttingen: Hogrefe.

Petermann, F., Gerken, N., Natzke, H. & Walter, H.-J. (2004). Mit Ferdi auf Schatzsuche – Ein „Verhaltenstraining für Schulanfänger" zur Förderung sozialer und emotionaler Kompetenzen. *Praxis der Psychomotorik, 29,* 283–285.

Petermann, F., Koglin, U., Natzke, H. & von Marées, N. (2007). *Verhaltenstraining in der Grundschule.* Göttingen: Hogrefe.

Petermann, F. & Petermann, U. (2003). *Training mit Jugendlichen. Förderung von Arbeits- und Sozialverhalten* (7., erweit. Aufl.). Göttingen: Hogrefe.

Petermann, F. & Petermann, U. (2005). *Training mit aggressiven Kindern* (11., überarb. Aufl.). Weinheim: Psychologie Verlags Union.

Petermann, U. & Petermann, F. (2006). Lerntheoretische Grundlagen. In F. Petermann (Hrsg.), *Kinderverhaltenstherapie* (3., völlig verändert. Aufl.). Bartmannsweiler: Schneider-Verlag Hohengehren.

Petermann, F. & Wiedebusch, S. (2003). *Emotionale Kompetenz bei Kindern.* Hogrefe: Göttingen.

Petermann, U., Natzke, H. Petermann, F. & Brokhausen, S. (2005). Prävention von aggressivem und unaufmerksamem Verhalten: Ein Verhaltenstraining für Schulanfänger. *Zeitschrift für Heilpädagogik, 56,* 210–217.

Plomin, R. & Rutter, M. (1998). Child development, molecular genetics, and what to do with genes once they are found. *Child Development, 69,* 1223–1242.

Reid, J. B. (1993). Prevention of conduct disorder before and after school entry: Relating interventions to developmental findings. *Development and Psychopathology, 5,* 243–262.

Rose, A. J. & Asher, S. R. (1999). Children's goals and strategies in response to conflicts within a friendship. *Developmental Psychology, 35,* 69–79.

Rothbaum, F. & Weisz, J. (1994). Parental caregiving and child externalizing behavior in nonclinical samples: A meta-analysis. *Psychological Bulletin, 116,* 55–74.

Saarni, C. (1999). *The development of emotional competence.* New York: Guilford.

Saarni, C. (2002). Die Entwicklung emotionaler Kompetenz in Beziehungen. In M. von Salisch (Hrsg.), *Emotionale Kompetenz entwickeln. Grundlagen in Kindheit und Jugend*. Stuttgart: Kohlhammer.

Sanders, M. R. & Dadds, M. R. (1992). Children's and parent's cognitions about family interaction: An evaluation of video-mediated recall and thought listing procedures in the assessment of conduct-disordered children. *Journal of Clinical Child Psychology, 21*, 371–379.

Sanders, M. R., Dadds, M. R., Johnston, B. M. & Cash, R. (1992). Childhood depression and conduct disorder: I. Behavioral, affective, and cognitive aspects of family problem-solving interactions. *Journal of Abnormal Psychology, 101*, 495–504.

Scheithauer, H. & Petermann, F. (2002). Aggression. In F. Petermann (Hrsg.), *Lehrbuch der Klinischen Kinderpsychologie und -psychotherapie* (5., korr. Aufl.). Göttingen: Hogrefe.

Schick, A., Cierpka, M. (2003). Faustlos: Evaluation eines Curriculums zur Förderung sozial-emotionaler Kompetenzen und zur Gewaltprävention in der Grundschule. *Kindheit und Entwicklung, 12*, 65–70.

Schmeck, K. & Poustka, F. (2000). Biologische Grundlagen von impulsiv-aggressivem Verhalten. *Kindheit und Entwicklung, 9*, 3–13.

Schwartz, C. E., Snidman, N. & Kagan, J. (1996). Early childhood temperament as a determinant of externalizing behavior in adolescence. *Development and Psychopathology, 8*, 527–537.

Siegler, R., DeLoache, J. & Eisenberg, N. (2005). *Entwicklungspsychologie im Kindes- und Jugendalter*. München: Elsevier.

Stein, M. T. & Perrin, E. L. (1998). Guidance for effective discipline. American Academy of Pediatrics. Committee on Psychosocial Aspects of Child and Family Health. *Pediatrics, 101*, 723–728.

Webster-Stratton, C. H. (1996). Early intervention with videotape modeling: Programs for families of children with oppositional defiant disorder or conduct disorder. In E. D. Hibbs & P. S. Jensen (Eds.), *Psychosocial treatments for child and adolescent disorders: Empirically based strategies for clinical practise*. Washington: American Psychological Association.

Webster-Stratton, C. H. (2000). *How to promote children's social and emotional competence*. London: Paul Chapman.

WHO (1993). *Internationale Klassifikation psychischer Störungen. ICD-10, Kapitel V (F). Klinisch diagnostische Leitlinien* (2. Aufl.). Bern: Huber.

Zelli, A., Dodge, K. A., Lochman, J. E., Laird, R. D. & Conduct Problems Prevention Research Group (1999). The distinction between beliefs legitimizing aggression and deviant processing of social cues: Testing measurement validity and the hypothesis the biased processing mediates the effects of beliefs on aggression. *Journal of Personality and Social Psychology, 77*, 150–166.

Zimbardo, P. G. & Gerrig, R. J. (2004). *Psychologie* (16., aktual. Aufl.). München: Pearson.

Zimmer, R. (2005). *Handbuch der Sinneswahrnehmung. Grundlagen einer ganzheitlichen Bildung und Erziehung*. Freiburg: Herder.

Zirpoli, T. J. & Melloy, K. J. (2001). *Behavior management: Applications for teachers and parents* (3rd ed.). Upper Saddle River: Merrill.

Anhang

Trainerbeobachtungsbogen

Name: _____

Sozial-kognitive Ebene

	sehr selten oder nie	selten	manchmal	oft	sehr oft
1. Folgt dem Unterrichtsgeschehen aufmerksam, ohne sich durch äußere Reize ablenken zu lassen.					
2. Unterbricht andere nicht (z. B. hört sich Fragen oder Aufforderungen bis zu Ende an).					
3. Hält bei Aufforderungen oder in Gesprächen Blickkontakt.					
4. Kann eine angefangene Aufgabe (Arbeitsauftrag) vollständig zu Ende bringen.					
5. Arbeitet sorgfältig (z. B. ohne Flüchtigkeitsfehler).					
6. Analysiert soziales Verhalten unter Berücksichtigung von Handlungsfolgen.					
7. Kann sein Verhalten vorausschauend steuern.					
8. Fragt nach, wenn es einen Arbeitsauftrag nicht verstanden hat.					
9. Lässt sich nicht provozieren (erkundigt sich z. B. nach der Handlungsintention eines anderen).					
10. Äußert konstruktive Vorschläge zur Bewältigung von Problemen anderer (entwickelt Handlungsalternativen).					

Summe: _____

Trainerbeobachtungsbogen

Name: _____

Sozial-emotionale Ebene

	sehr selten oder nie	selten	manchmal	oft	sehr oft
1. Zeigt eigene Gefühle, ohne die Interessen anderer zu beeinträchtigen (situationsangemessen; in gebührender Lautstärke und Wortwahl).					
2. Kann erklären, warum jemand anderes traurig, ängstlich, ärgerlich oder fröhlich ist (kann Kausalzusammenhänge erkennen).					
3. Versucht Menschen in erkennbaren Notlagen zu trösten oder deren Traurigkeit bzw. Schmerz auf andere Art zu vermindern.					
4. Versucht Menschen in erkennbaren Notlagen zu beschützen oder deren Angst auf andere Art zu vermindern.					
5. Versucht andere zu beruhigen oder deren Ärger auf andere Art zu vermindern (z. B. durch Beschwichtigen oder Ignorieren).					
6. Kann die Freude anderer teilen.					
7. Kann die Intensität seiner/ihrer Gefühle bei alltäglichen Ereignissen *selbst* regulieren (zeigt angemessene Toleranz gegenüber Kummer, Enttäuschungen, Besorgnissen, Ängsten, Freude, Stress).					
8. Kann die Intensität seiner/ihrer Gefühle *mit Unterstützung anderer* ausreichend regulieren (z. B. durch Trost oder Beruhigung seitens des Lehrers).					

Summe: _____

Anhang: Trainerbeobachtungsbogen

Trainerbeobachtungsbogen

Name: _____

Ebene Sozialverhalten

	sehr selten oder nie	selten	manchmal	oft	sehr oft
1. Fragt, wenn es etwas von anderen haben möchte.					
2. Kann abwarten, bis es an der Reihe ist.					
3. Kommt Aufforderungen ohne weitere Ermahnungen nach (Bemühung erkennbar).					
4. Rächt sich nicht an anderen, gibt nach.					
5. Kann sich angemessen selbst behaupten (z. B. in gebührender Lautstärke und Wortwahl seine Meinung oder Kritik äußern).					
6. Bemüht sich mit anderen zu teilen, abzuwechseln.					
7. Kann angemessen mit Misserfolg umgehen (z. B. das Verlieren eines Spiels ertragen).					
8. Hält sich an vereinbarte Regeln (z. B. Klassenregeln, Spielregeln).					
9. Bietet anderen spontan Hilfe an.					
10. Stört das Unterrichtsgeschehen nicht.					
11. Bemüht sich mit anderen zusammenzuarbeiten (z. B. bei Gruppenarbeit).					
12. Kann Vorschläge anderer Kinder akzeptieren.					

Summe: _____

Problemanalysebogen

Auslösende Situation:

Reaktion des Kindes:

Reaktion des Pädagogen:

Annahmen über Ziele/Motive des Kindes:

Ziele/Motive des Pädagogen:

Hat das Kind sein Ziel erreicht?

Hat der Pädagoge sein Ziel erreicht?

Proaktives Pädagogenverhalten:

Arbeitsbogen „Konkretisierung des Zielverhaltens" (Schatzsucherregeln)

Bitte konkretisieren Sie hier, welches Verhalten die Kinder künftig zeigen sollen, wenn sie sich an die Schatzsucherregeln halten. „Fair bleiben" oder „Mitmachen" sind abstrakte Begriffe und beschreiben kein konkretes Verhalten. Denken Sie zudem daran, das Zielverhalten so zu formulieren, dass die Kinder vor allem erfahren, was sie tun und nicht was sie unterlassen sollen.

Leitfragen für die Schatzsucherregel 1: Was dürfen die Kinder in Ihrer Gruppe sagen oder tun, wenn sie sich ärgern bzw. wütend sind? Welche Wortwahl und welche Verhaltensweisen sind bei Ihnen erlaubt?

Leitfrage für die Schatzsucherregel 2: Welche Einschlusskriterien gibt es in Ihrer Gruppe für Mitmachen und Helfen? Denken Sie daran, hier auch leistungsschwächere Kinder zu berücksichtigen.

Leitfragen für die Schatzsucherregel 3: Was dürfen die Kinder in Ihrer Gruppe sagen oder tun, wenn sie etwas haben möchten? Welche Wortwahl und welche Verhaltensweisen vermitteln Sie den Kindern?

Schatzsucherregel 1	Konkretes Zielverhalten der Kinder
Wir bleiben fair, auch wenn wir ärgerlich sind.	➡ ➡ ➡

Schatzsucherregel 2	Konkretes Zielverhalten der Kinder
Wir machen beim Training mit und helfen anderen, wenn sie uns brauchen.	➡ ➡ ➡

Schatzsucherregel 3	Konkretes Zielverhalten der Kinder
Wir fragen, bevor wir etwas von jemandem anderen nehmen.	➡ ➡ ➡

Arbeitsbogen „Logische Konsequenzen bei Regelbefolgung und Regelverletzung"

Bitte konkretisieren Sie hier, welche Konsequenzen bei der Einhaltung und Verletzung der Schatzsucherregeln Sie für sinnvoll halten. Beziehen Sie in Ihre Überlegungen ein, dass Sanktionen immer in einem sinnvollen Verhältnis zum Verhalten des Kindes stehen und umsetzbar sein sollten.

Schatzsucherregel 1	Logische Konsequenzen bei Regelbefolgung	Logische Konsequenzen bei Regelverletzung
Wir bleiben fair, auch wenn wir ärgerlich sind.		

Schatzsucherregel 2	Logische Konsequenzen bei Regelbefolgung	Logische Konsequenzen bei Regelverletzung
Wir machen beim Training mit und helfen anderen, wenn sie uns brauchen.	– Punkt/Stempel	– kein Punkt/kein Stempel

Schatzsucherregel 3	Logische Konsequenzen bei Regelbefolgung	Logische Konsequenzen bei Regelverletzung
Wir fragen, bevor wir etwas von jemandem anderen nehmen.		

Ute Koglin
Franz Petermann

Verhaltenstraining im Kindergarten

Ein Programm zur Förderung sozial-emotionaler Kompetenz

2006, 143 Seiten, inkl. CD-ROM,
€ 29,95 / sFr. 48,90
ISBN 3-8017-2004-7

Das Verhaltenstraining im Kindergarten stellt ein universelles Präventionsprogramm zur Förderung der sozial-emotionalen Kompetenz dar. Es richtet sich an Kinder im Alter von drei bis sechs Jahren. Die Kinder lernen im Spiel, Gefühle bei sich und bei anderen zu entdecken und Konflikte im Alltag besser zu bewältigen. Sie bearbeiten typische Konflikte aus dem Kindergartenalltag, erproben positives Verhalten in Rollenspielen und erweitern so ihre Kompetenzen in sozialen Situationen. Bildmaterialien und Arbeitsblätter für die Durchführung des Trainings können von der beiliegenden CD-ROM direkt ausgedruckt werden. Zusätzlich zum Buch sind Spielmaterialien über die Testzentrale lieferbar (www.testzentrale.de).

Das Arbeitsheft zum »Verhaltenstraining für Schulanfänger«

Franz Petermann / Heike Natzke
Nicole Gerken / Hans-Jörg Walter

Auf Schatzsuche

Ein Abenteuer mit Ferdi und seinen Freunden. Das Arbeitsheft für Kinder zum »Verhaltenstraining für Schulanfänger«

2., veränderte Auflage 2006,
48 Seiten, Großformat,
€ 7,95 / sFr. 12,90
ISBN 3-8017-2027-6

Das Arbeitsheft wurde speziell zur Unterstützung des »Verhaltenstrainings für Schulanfänger« entwickelt. Es enthält alle notwendigen Arbeitsmaterialien für die Schüler. Das Arbeitsheft besteht aus attraktiv gestalteten Bildmaterialien, die ausgemalt werden können. Die Trainingsaufgaben sind in eine altersgerechte Rahmenhandlung eingebettet: Die Kinder begeben sich gemeinsam auf eine spannende Schatzsuche. Begleitet und unterstützt werden sie dabei vom Chamäleon »Ferdi«. Spielerisch wird gelernt, soziale Problemsituationen zu bewältigen.

Franz Petermann
Silvia Wiedebusch

Emotionale Kompetenz bei Kindern

(Reihe: »Klinische Kinderpsychologie«, Band 7)
2003, 227 Seiten,
€ 29,95 / sFr. 49,80
ISBN 3-8017-1648-1

Der Band stellt aktuelle Befunde zur Entwicklung emotionaler Fertigkeiten bei Kindern in den ersten sechs Lebensjahren vor, beschreibt Verfahren zur Diagnostik emotionaler Fertigkeiten und stellt Präventions- und Interventionsmöglichkeiten zur Förderung emotionaler Kompetenz dar.

Herbert Scheithauer
Tobias Hayer
Franz Petermann

Bullying unter Schülern

Erscheinungsformen, Risikobedingungen und Interventionskonzepte

(Reihe: »Klinische Kinderpsychologie«, Band 8)
2003, 229 Seiten,
€ 29,95 / sFr. 49,80
ISBN 3-8017-1327-X

Das Buch stellt den aktuellen Forschungsstand zum Bullying dar und bietet einen Überblick über Präventions- und Interventionskonzepte für einen sinnvollen Umgang mit dem Phänomen an Schulen.

HOGREFE

Hogrefe Verlag GmbH & Co. KG
Rohnsweg 25 · 37085 Göttingen · Tel: (0551) 49609-0 · Fax: -88
E-Mail: verlag@hogrefe.de · Internet: www.hogrefe.de

Manfred Wünsche
Hans Reinecker

Selbstmanagement in der Erziehung

Ein Training mit Eltern

(Reihe: »Therapeutische Praxis«)
2006, 112 Seiten, Großformat,
inkl. CD-ROM, € 29,95 / sFr. 52,50
ISBN 3-8017-1908-1

Der Band stellt ein sechs Sitzungen umfassendes Elterntraining vor, welches an den Prinzipien der Selbstmanagement-Therapie orientiert ist. Ziel ist es, Eltern in die Lage zu versetzen, autonom, selbstbestimmt und eigenverantwortlich ihre erzieherischen Ziele zu erreichen. Im Training werden relevante Erziehungssituationen bearbeitet und erzieherisches Handeln geübt. Die Umsetzung des Gelernten im jeweiligen erzieherischen Alltag der Teilnehmer wird durch Rollenspiele, Übungen und Hausaufgaben zwischen den Sitzungen unterstützt.

Gerhard W. Lauth
Bernd Heubeck

Kompetenztraining für Eltern sozial auffälliger Kinder (KES)

(Reihe: »Therapeutische Praxis«)
2006, 190 Seiten, Großformat,
€ 34,95 / sFr. 56,–
ISBN 3-8017-1829-8

Bei diesem ressourcenorientierten Gruppentraining lernen Eltern von sozial auffälligen Kindern, belastende Alltagssituationen in der Familie zu identifizieren und ihre eigenen Stärken zu erkennen, um anschließend das Lösen der bestehenden Schwierigkeiten zu üben. Das Buch schildert nicht nur den theoretischen Hintergrund des Konzeptes, sondern gibt auch eine genaue Anleitung zum Training und enthält alle Materialien.

Sigrun Schmidt-Traub

Zwänge bei Kindern und Jugendlichen

Ein Ratgeber für Kinder und Jugendliche, Eltern und Therapeuten

2006, 165 Seiten,
€ 16,95 / sFr. 27,40
ISBN 3-8017-1979-0

Der Ratgeber erläutert die Besonderheiten von Zwangsgedanken und Zwangshandlungen im Kindes- und Jugendalter. Anschaulich werden zudem verhaltenstherapeutische Behandlungsmöglichkeiten dargestellt. Mit Hilfe zahlreicher Fallbeispiele wird Kindern und Jugendlichen sowie deren Eltern und Erziehern beschrieben, was sie selbst zur Bewältigung der Zwänge beitragen können.

Sonja Bieg
Michael Behr

Mich und Dich verstehen

Ein Trainingsprogramm zur Emotionalen Sensitivität bei Schulklassen und Kindergruppen im Grundschul- und Orientierungsstufenalter

2005, 221 Seiten, Großformat,
€ 39,95 / sFr. 69,90
ISBN 3-8017-1809-3

Emotionen bestimmen jegliches Denken und Handeln. Ein günstiger Umgang mit Emotionen sollte daher frühzeitig erlernt werden. Mit Hilfe des Trainingsprogramms können Kinder im Alter von 8 bis 12 Jahren in ihrer Gefühlswahrnehmung, in ihrem Umgang mit Gefühlen und in ihrer Angst- und Stressbewältigung gefördert werden. Konkrete Instruktionen sowie Arbeitsblätter und Vorlagen erleichtern die praktische Umsetzung des Trainings. Die Inhalte des Programms orientieren sich an den Bildungsplänen der Bundesländer und sind ausgesprochen flexibel und universell einsetzbar.

HOGREFE

Hogrefe Verlag GmbH & Co. KG
Rohnsweg 25 · 37085 Göttingen · Tel: (0551) 49609-0 · Fax: -88
E-Mail: verlag@hogrefe.de · Internet: www.hogrefe.de